经济学的预言与劝说

[英] 凯恩斯______著　　刘蒙______译

Essays In Persuasion

地震出版社
Seismological Press

图书在版编目（CIP）数据

经济学的预言与劝说 /（英）凯恩斯著；刘蒙译．
-- 北京：地震出版社，2021.12
书名原文：Essays In Persuasion
ISBN 978-7-5028-5273-3

Ⅰ．①经… Ⅱ．①凯… ②刘… Ⅲ．①凯恩斯 (Keynes, J.M. 1883—1946) —经济学—文集 Ⅳ．① F091.348

中国版本图书馆 CIP 数据核字 (2021) 第 224537 号

地震版 XM4645/F（6168）

经济学的预言与劝说
［英］凯恩斯 著
刘蒙 译
责任编辑：李肖寅
责任校对：王亚明

出版发行：地震出版社
北京市海淀区民族大学南路 9 号　　邮编：100081
发行部：68423031　68467991　　传真：68467991
总编室：68462709　68423029
证券图书事业部：68426052
http：//seismologicalpress. com
E-mail：zqbj68426052@ 163. com
经销：全国各地新华书店
印刷：固安县保利达印务有限公司

版（印）次：2021 年 12 月第一版　2021 年 12 月第一次印刷
开本：710 × 960　1/16
字数：276 千字
印张：19
书号：ISBN 978-7-5028-5273-3
定价：78.00 元

走出经济萧条的圣经

——来自凯恩斯的劝说

序 言

本书收集的是一个预言者12年来的研究思索，以及因事态发展而对世人进行的劝说。从这个角度来说，这本书应该命名为《预言与劝说集》。不幸的是，与劝说相比，本书所做的预言更为成功。但是我还是要申明，本书中撰写的大部分内容主旨在于劝说，在于试图对舆论有所影响。其中有许多文章在当时被认为是言辞不当、措辞偏激的。但我认为，如果今天再重新阅读一遍的话，读者将会承认当初对那些文章的看法主要是与当时占主导地位的观点和主张南辕北辙，而不是因为其本身的特性。当我把这些文章重新阅读一遍之后，我感觉正相反，这些文章所论述的内容并没有过分地夸大事实，而是强调得还不够。出现这种情况的原因，是当时写这些文章时所处的特定环境。当我在写这些文章的时候，就意识到了肯定会有很多人站出来反对，支持我的人将寥寥无几，因此我不得不对那些自己也无法确定的东西尽量保持沉默。回首往事，让我记忆犹新的是，自己始终保持着谨慎的态度，并在自己能够确定和论据充足的范围内，在言语措辞上尽力谦和。

根据内容，这些文章被分为四个部分，上面所说的主要适用于前两个部分；

也就是说，适用于两个重要的争论——通货紧缩政策和恢复金本位制[1]，实际上这两个争论在某些方面是密切联系的。对于这些争论，我完全参与其中。由于我迫切地想对读者进行及时的劝服，于是便仓促地写完了这些文章。后面两部分由于在时间上间隔较远，因而少了一些让人生厌的噪声。我把着眼点放在了未来，所深思的问题需要一个缓慢的演变过程，才能给出明确的是非判断。对于这些问题，我都是以慎重和冷静的态度去思考的。这里较为明显地表达出了我始终坚持的一个中心论点，即深信我们所认为的经济问题——短缺和贫困的问题以及各个阶级和各个国家之间的经济斗争问题，只是一种可怕的、暂时的、不必要的混乱状态。由于西方世界已经拥有了资源和技术，只要我们能够创造出可以利用这些条件的组织体制，那么就能够使当前耗费我们的精力和物力的经济问题退居次要地位。

虽然这些文章有些许聒噪，但我依然希望并相信在不远的将来，经济问题将回到它应有的位置，我们的精力将用来解决我们真正所面临的问题——生活问题、人类关系问题和有关创造、行为与宗教的问题。我在不经意间发现，从分析经济的过程中能够得到一个微妙的推论，它能够告诉我们信心为何能够在这种情况下会发挥作用。因为如果我们始终假设在乐观的情况下采取行动，那么假设就将会趋向于实现；而如果假设在悲观的情况下采取行动，那么我们将会永远陷于贫乏之中而难以自拔。

这些文章是从我已经出版的作品中收集出来的，有的摘自小册子，有的摘自报纸和杂志上的文章，在收集时并未加以区别。原则上，在进行汇编时，对原文的任何部分，凡是对文章的主要论点来说是冗余的或不必要的内容章节，以及那些缺乏趣味性的陈旧事件的部分，一律删除（删除处本书未予注明）；而被保留下来的部分，其内容不能做任何的改动。

1　1923年，在我们恢复金本位制之前，我曾写过一篇《关于将来如何调节货币的正面建议》的文章，即本书第二部分的第三篇。我依然坚持这篇文章的观点。如果我们继续实行金本位制，那么这些建议有必要暂搁一边。但如果有人想知道作者是如何解决今天我们所面临的通货问题，大体上所持有的观点，可以从这篇文章中获知。

我认为选择在这个时期出版这本书是合适的，因为我们正处在一个拐点上，也就是国家危机。但这种说法略欠妥当，因为对于英国来说，最重要的危机已经过去，现在正处在休养阶段。1931年的秋季，我们正在两条瀑布之间的一个安静的水潭中休憩。最重要的一点是我们又重获了选择的自由。我们中的大部分人对于下一步该怎么做，以及如何好好利用我们重新获得的选择自由的问题，仍然是一个模糊不清的想法。因此我更愿意联系过去、预言未来，以提醒读者我们是如何走过来的，目前现状如何，以及我们过去所犯错误的性质。

J.M.凯恩斯

1931年11月8日

目　录

第一部分

通货膨胀与通货紧缩

第一篇　通货膨胀（1919年）

通过持续的通货膨胀[1]，政府可以悄无声息地掠夺国民的财富，把大量财富向少数人转移，使富者愈富、穷者愈穷。这种随意重置财富的现象不仅影响经济生活，而且也会让人们对财富分配的公平性产生怀疑。在这一过程中，有些人获得的意外之财，不仅超出了他们应得的份额，甚至还超出了他们的期望，使他们成了真正的“暴发户”。于是，这些人便成了中产阶级的仇恨对象，因为通货膨胀给中产阶级带来的损失并不亚于无产阶级所遭受的损失。一般来说，债务人与债权人之间持久稳定的关系是资本主义制度存在的重要基础，而通货膨胀的加剧使货币的实际价值波动过于剧烈，完全打乱了这种信用关系，使得获取财富的过程变成了一种全凭运气的“赌博”行为。

到了战争（第一次世界大战）后期，所有参战国或许是迫不得已，或许是能力不足，都在实行集中分配方案。即使现在战争已经结束，其中的多数国家由于

1　通货膨胀指在纸币流通条件下，因货币供给大于货币实际需求，也即现实购买力大于产出供给，导致货币贬值，而引起的一段时间内物价持续而普遍上涨的现象。其实质是社会总需求大于社会总供给（供远小于求）。纸币、含金量低的铸币、信用货币，过度发行都会导致通胀。——译者注

自身存在难以克服的问题，仍在继续实行这类计划。而且，许多欧洲国家的现任政府采取的政策措施既鲁莽又轻率，没达到什么效果，然而他们却把不良政策所造成的恶果推到所谓的“暴发户”阶级身上，让民众对这个阶级产生仇恨心理。实际上，这些“暴发户”属于资本家队伍中的企业家阶级，他们是整个资本主义社会中的活跃分子和建设性分子。在价格上涨时，不管他们是否怀有期望，都必然会迅速暴富起来。如果价格持续攀升，则每一个拥有存货或拥有房产和工厂的商人都将赚取大量利润。所以，许多欧洲国家的政府蓄意引导民众对这个阶级产生仇恨心理，采取的方式就是制造通货膨胀。“暴发户”的产生，是价格上涨的必然结果，而不是导致价格上涨的原因。通货膨胀必然会严重扰乱契约关系和既定的财富均衡，从而冲击社会安全，再加上对企业家阶级的仇恨心理，这些政府已经无法继续维持19世纪时建立起来的社会和经济秩序。可是，他们还没有代替这一秩序的计划，因此他们不得不面对这种状况。

第二篇　币值变动对社会的影响（1923年）

货币的价值就在于它可以购买人们所需要的物品。因此，货币单位的变动并不会造成任何影响，因为这种变动具有一致性，它对所有交易的影响都是相同的。假如价值的既定标准发生了变化，某人的一切权益和一切努力成果按货币计量是以前的两倍，但同时所有的生活成本也上升了两倍，那么这种变化完全没有给他造成任何影响。

由此可见，货币价值变动的意义，也就是价格水平发生变化对社会所具有的重要意义，只是由于它在其影响范围内的作用程度是不相同的。不管是在过去，还是现在，这样的变化都会对社会造成巨大的影响，因为当货币价值发生变化时，它对一切个人或一切计划目标所产生的影响并不是均等的，个人的收入和支出并不是以同一比例标准来调整的。因此以货币计量的价格和报酬的变化对不同阶级一般都会产生不同的影响，把财富从一个阶级转移到另一个阶级，使一些人突然暴富，一些人贫困潦倒，财富的重新分配破坏了既定的计划，使原有的期望落空。

自1914年以来，货币价值的波动规模之大、波及范围之广，使其成了近代经济史上的重大事件之一。以金、银或纸币计量的价值标准，都曾发生过前所未有的剧烈波动。不仅如此，在被这种波动所侵扰的社会，与以往任何时代相比，人们普遍认为其价值标准应该是比较稳定的。

在拿破仑战争以及其后的一段时间里，英国物价剧烈波动，一年间的涨落幅度高达22%。在19世纪初期，我们一贯把这个时期看作货币史上最混乱的时期，价格水平达到了峰值，但就价格水平的最高点与最低点的差距而言，在长达13年的时间里，两者相差还不到1倍。我们可以把上述情况与近9年来不同寻常的变化进行对比。从1914年到1920年，所有国家都发生了通货膨胀，也就是说，货币供应量远远超过了可供购买的商品供应量。从1920年起，金融局势得以控制的那些国家，并不仅仅满足于消除通货膨胀，它们过于缩减货币供给，又导致了通货紧缩[1]。而那些没能控制住金融局势的国家，通货膨胀的程度要比以往更加严重。

不管是通货膨胀还是通货紧缩，都会造成巨大的损害。它们都会对财富在不同阶级之间的分配产生影响，不过相比而言，通货膨胀的影响更为严重一些。它们也同样会对财富的生产具有影响，通货膨胀会产生过度刺激的作用，而通货紧缩则会产生阻碍作用，在这一点上，通货紧缩的危害性更强。因此，把我们所要讨论的问题按照以上方式进行分类研究，应该是最方便的做法——首先考虑货币价值变化对财富分配的影响，这时主要关注的应是通货膨胀；其次分析对财富生产的影响，这时主要关注的应是通货紧缩。

1　通货紧缩指当市场上流通货币减少，人民的货币所得减少，购买力下降，造成物价之下跌的现象。通货紧缩就是产能过剩或需求不足导致物价、工资、利率、粮食、能源等各类价格持续下跌。——译者注

一、币值变动对分配的影响

（一）投资者

在货币所具有的各种职能中，那些与广义的货币投资契约有关的职能，是以假设货币的实际价值在某一时期内几乎固定不变为依据的。这类契约——规定在一段时期内支付一定数额货币的契约——正是我们为方便起见，所称呼的投资制度的特色所在，投资制度不同于一般的财产制度。

在19世纪发展起来的资本主义这一阶段里，实行的许多举措都是为了使财产的经营权从其所有权中分离出来。这些举措主要分为以下三种类型：①财产所有者失去对财产的经营权，但仍然保留财产的所有权，即实际的土地、建筑物、机器或构成其财产的任何其他东西的所有权，保留所有权的典型方式是持有股份公司的普通股；②财产所有者暂时同其财产脱离关系，并在此期间每年收取一定数量的货币，但财产最后仍由所有者收回，此类型的典型形式是租赁；③财产所有者同其财产永久地脱离关系，由此获得的报酬或是无限期的以货币计量的固定年金，或是有限期的年金，在期满时归还以货币计量的本金，此类型的典型形式是抵押贷款、债券、公司债券和优先股。第三种类型体现了投资形式的全面发展。

只要有货币的贷出和借入，就必然存在规定将来某一时间收回一定数额货币的契约（至于将来收回货币时的实际价值可能发生的变化，契约内并没有规定）。租赁和抵押的形式，以及对政府和少数私营企业的永久性贷款形式，如东印度公司的永久性贷款，这些在18世纪就已经很常见了。而到了19世纪，这些方面有了新的发展，重要性也有所加强。到20世纪初期，有产阶级分化为两种组群——“企业家”与“投资者”——两者在利害关系上存在着某些区别。这种区分在个人之间并不是很明显，因为企业家也可以是投资者，而投资者也能够持有普通股。但是这种区分又是真实存在的，并不能因为很少受到关注而认为这种区分并不重要。

凭借这样的制度，积极活跃的企业家阶级不仅可以利用自己的财富，还可以

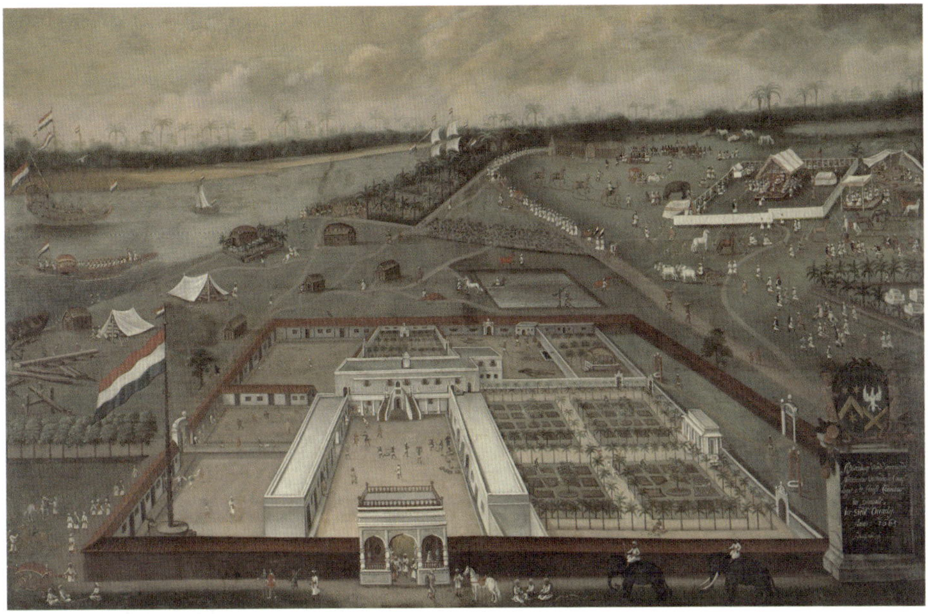

▲1665年时的荷兰东印度公司

运用整个社会的储蓄来资助他们的企业。与此同时，职业阶层和有产阶级同样找到了利用他们资金的一种方式，这种方式既减少了麻烦，也无须承担什么责任，而且（据说）风险也很小。

这种制度在整个欧洲实行了一百年，并获得了极大的成功，使物质财富得到了史无前例的巨大增长。对于一个阶级来说，储蓄和投资既是一种义务，又是他们的一种喜好。储蓄很少被取出，通过复利，储蓄的积累使物质充裕成为可能。当然，在我们今天看来这一点是理所当然的。

在这种氛围下，企业扩张的要求以及不断增长的人口需要与一个安逸富足的非商业阶级的发展协调一致，相得益彰。在这种制度下，投资者的命运主要依托于货币的稳定，但是在普遍享受安逸和进步的过程中，人们对于货币能否稳定或者能在多大程度上保持稳定，常常有所忽视。他们大多持有一种深信不疑的信念，认为这些事情会自行解决，不必杞人忧天。于是，投资风潮越传越广，数额也越来越大，以至于到后来，对于中产阶级而言，金边债券[1]成为最持久、最可靠的财产的代名词。在这个时代，人们对货币契约的稳定性和安全性的传统信念是根深蒂固的，而英国的法律鼓励财产受托管理人把他们的信托资金全部用于此类交易，但事实上，除了地产交易以外（这是一个例外，其本身就是早期情况下的一个遗留物），信托资金不得用于任何其他用途[2]。

19世纪的人们总是认为自己的幸福经历会长期持续下去，而对以往发生的不幸事情视若无睹，不吸取任何教训。在这方面是这样，在其他方面也是如此。人们也许忘记了，即使货币以某一金属的固定量来体现，历史上也没有能够保证货币绝对稳定的例子，现在要想以不变购买力所体现的货币趋于稳定，那就更不太可能了。实际上，货币是由国家规定的、用于履行货币契约的适当的法定清偿物而已。到了1914年，黄金不再是英国的价值标准已有一个世纪了，而在其他国家，黄金不再作为唯一的价值标准也已有半个世纪了。每一次的长期战争或严重的社会动荡，都无一例外地伴随着法定货币的变化。从每一个国家关于货币的历史记载来看，法定货币的实际价值是不断下降的。此外，在历史的长河中，货币价值不断下降的过程并不是偶然发生的，在这背后，隐藏着两个巨大的推动力——政府的贫困和债务人阶级的强大政治影响力。

自从罗马帝国首次使用征税权以来，由货币贬值而引发的征税权已经成为国家固定使用的一项权利。不管是过去还是现在，法定货币的铸造依然是政府的最后储备手段。任何国家或政府，只要保留这一手段而未加以使用，就不会宣告破产或垮台。

此外，我们还会看到，不仅仅政府从通货贬值中获得好处，农民、债务人以及到期偿还定额货币的一切责任人都会从其中获得好处。在现代经济体系中，活

1　早在17世纪，英国政府发行过一种以税收保证支付本息的政府公债，当时这种债券带有金黄边，并被认为是最稳定可靠的债券，因此被称为金边债券。后来，“金边债券”一词泛指所有国家中央政府发行的债券，即国债。——译者注

2　在德国，直到1923年财产受托管理人才免除了与上述相类似的责任，因为到那个时候，以货币所有权形式投放的信托基金，其价值已经全部化为乌有。

跃分子是企业家，而在以前，活跃分子却是上述群体。那些曾经促使货币贬值的世俗变迁，对新兴群体起了推波助澜的作用，将他们从死气沉沉的过去中解脱出来，他们用旧财富换来了新财富，以建立企业的方式代替了以往的财富积累方式。以前货币的贬值倾向可以有效削弱由复利产生的累积成果和财产继承的强大力量，但是现在却对原有财富的严格分配以及财富所有权与行使权相分离等方面的影响大为减弱。通过这种方式，每一代所继承的遗产都会被剥夺一部分。除非整个社会都能自觉地慎重考虑，以其他某种更为公平、合理的方式来取代这种方式，否则，建立永久性财产制度的计划必定会遭受挫折。

总之，在这两种力量的影响下——政府的财政需要和债务人阶级的政治影响力——时而受到这种影响，时而受到那种影响，通货膨胀的进展是不连续的。如果我们将考察的时间跨度延长至公元前6世纪最早发明货币时，就会发现这种趋势是一目了然的。有时价值标准会自然下降，如果这一点没有发生的话，货币的贬值就会来完成这个工作。

由于我们已经习惯了在日常生活中使用货币，就很容易忽略货币的本质内容，从而把货币本身当作绝对的价值标准。此外，对于一般人来说，当上百年的真实事件并没有干扰到他上述的原有观念时，他就会把错觉当作事实，就会把历经三代而不变的事实当作社会的固定组成部分。

在19世纪，事态的发展历程印证了这种观念。在19世纪最初的20多年里，拿破仑战争时期的物价高涨伴随着货币价值的快速增长。在随后的70年，除了某些暂时的波动以外，价格呈不断下降趋势，在1896年达到了历史最低点。就整体趋势而言，价格确实是不断下降的，但从长期过程来看，其显著特征却是价格水平的相对稳定。1826年、1841年、1855年、1862年、1867年、1871年和1915年，以及与这些年份相近的时期内，价格水平大致相同。1844年、1881年和1914年[1]也基本处在同样的价格水平上。如果我们将这三年的物价指数定为100，我们会发现，从1826年起到大战爆发为止将近一个世纪的时期里，物价指数上下波动的最

1　现在再补充一点，1931年的情形也不例外。

大幅度都未超过30个点，也就是说，物价指数从来没有超过130或是低于70。难怪我们对货币契约在长期内的稳定抱有如此坚定的信心。黄金作为一种人为规定的标准，并不具有所有的理论优势，但是它的价值并不是能够随意操纵的，实践证明它是可靠的。

同时，19世纪初期，英国统一公债的投资者在三个方面都做得很不错。首先是保证了投资的安全，在这一点上，可以认为是近乎完美了；其次是投资的本金有了一定程度的增值，造成这一点的原因除了上述内容之外，主要还是由于利率的逐渐下降，使得体现资本年收入的年购买力指数有了提高[1]；最后，每年货币收入的购买力整体上也有了提高。例如，如果我们考察一下从1826年到1896年这70年间的情形（其中滑铁卢战役[2]之后紧接着出现了短期的明显上涨，这里暂且不予考虑）将会发现，统一公债的本金除了短暂的回落以外，基本上是逐步提高的。具体来说，是从79提高到109（尽管在戈申[3]执政时，公债利率在1889年从3%降至2.75%，又于1903年降至2.5%），同时年利息收入的购买力在利率有所下降的情况下仍然提高了50%。另外，统一公债在稳定性方面也有了很大提升。在维多利亚女王统治时期，除了危机时期以外，统一公债的价格从未跌落至90以下；即使在1848年君主王权濒临崩溃，其跌幅也仅仅是5个点而已。维多利亚女王登基之时，公债价格是90，而等到她举行登基60周年纪念活动时，公债价格达到了历史最高点。因此，我们父母的那辈人会把统一公债看作一个极好的投资对象，也就不足为奇了！

于是在19世纪，产生了一大批既有权有势，又非常受人崇敬的新兴阶级，这些人都很富有，财富总量也是相当庞大。他们拥有的财产形式并不是房产、土地、企业或金银珠宝，而是一种权利，凭借这一权利，他们每年都可以获得一定数额的法定货币。这种在19世纪产生的特殊产物，成了那个时代值得骄傲的一件

1 举例来说，如果利率从4.5%降至3%，那么统一公债的价值就从66提高到100。

2 拿破仑一世的最后一战。于1815年6月18日，由法军对英普联军在比利时小镇滑铁卢决战。由于种种原因，英普联军获得了决定性胜利。这次战役结束了拿破仑帝国。——译者注

3 乔治·戈申，第一代戈申子爵，1887年1月14日至1892年8月11日任英国财政大臣。——译者注

▲1815年，由英普联军与法军在比利时小镇滑铁卢进行的决战，史称滑铁卢战役。这次战役反法联军获得了决定性胜利，拿破仑自此退出历史舞台

事，结果大多数中产阶级都把他们的积蓄投入于此。习惯和令人满意的经历使此类投资在安全性方面享有令人信服的声誉。

战前，由于价格和利率的上升，这些中产阶级的财产就已经开始蒙受损失（与19世纪中期的顶峰时期相比）。伴随着战争爆发而来的一些货币方面的事件，使这类财产的实际价值，在英国损失了1/2，在法国损失了7/8，在意大利损失了11/12。而在德国、奥匈帝国和大俄帝国分裂之后又重新成立的那些国家，这类财产几乎毫无价值。

受战争影响，以及战时和战后所实行的货币政策的结果，投资者阶级所有的财产的实际价值中的很大一部分都损失掉了。这种损失发生得很快，同时又与其他一些更糟的损失交织在一起，因此单就这项损失会造成怎样的后果这一点而言，人们还不得而知。尽管如此，它的影响已经使不同阶级之间的相对地位发生了重大变化。在整个欧洲大陆，中产阶级在战前用于投资债券、抵押贷款或银行存款方面的积蓄，已经大部分或全部损失掉了。毋庸置疑，这场经历改变了人们对储蓄和投资的社会心理。这种过去被认为是最安全的投资，现在却被认为是最不安全的投资。一个既不胡乱花费，也不“投机倒把”的人，只求能“适当地补贴家用”，他赞美安全，严格信守从实践中得来的经验教训，以及明哲保身的可敬信条。的确，他不想侥幸获得财富，结果却遭受了最沉痛的打击。

就我们当前的目的而言，我们能够从上述情况中吸取些什么教训呢？我认为，至关重要的一点是，把在19世纪期间发展起来（至今仍然保留着）的社会组织体制，同货币价值的自由放任政策结合在一起的做法，既不安全，也有失公正。如果有人认为我们先前的安排进展得很顺利，那就错了。如果我们想要把社会的自愿储蓄吸引到“投资”领域，就应该使体现储蓄和投资的价值标准保持稳定，并以此作为审定国家政策的一个基本方针。随着时间的推移，在遗产法和复利累积作用的影响下，如果不从事企业经营活动的懒散分子比从事企业经营活动的积极分子在收入中获取的份额相对过多时，那确实应当重新分配国民财富。但是应当采取其他一些方式进行调整，涉及所有形式的财富，而不应当只集中在比较无助的“投资者”身上，对待他们要一视同仁。

（二）企业家

长期以来，企业家和经济学家都持有这种观点——价格上涨对企业有促进作用，对企业家也是有利的。

首先，正如我们所知道的那样，价格上涨会使投资者遭受损失，但同时也会让企业家从中获取利益。当货币价值下跌时，那些从事企业经营的积极分子显然会从中获取利益，因为他们每年从其所得利润中必须支付的货币数额是固定不变的，而随着货币的贬值，这项固定支出占货币周转额的比例必然会比以往有所降低。这种利益不仅发生在价格转变的过渡时期，而且当价格稳定在一个新的、较高的水平之后，就原有的债务关系而言，这种利益依然存在。例如，凡是以前通过抵押贷款方式购置土地来进行农业生产的农场主，他们现在几乎已经完全从债务负担中解脱出来了，但是这种解脱却是以牺牲债权人利益为代价的。

此外，在价格逐月上涨的变动时期，企业家还可以获得一笔更大的意外收入。不管他是一位商人还是一位实业家，通常都是先买后卖，所以他的部分存货至少会面临价格变动的风险。随着价格的上涨，他手中的存货也会随着升值，这样他就会处在一种“待价而沽”的有利地位，由此获得的利润将会超过他原来所预期的收益。在这种时候，做生意是非常容易的。任何一个人，只要能借到钱，只要不是时运不济，都会从中获利，而且回报将远远大于付出。因此，当价格上涨时，通过借钱经营的企业家就会处于有利地位，他所要偿还的借款，以实际货币价值衡量时，不仅没有借款利息，甚至比原先借来的本金还要少。

货币贬值可以给企业家带来财富，但同时也会让他们背负骂名。对于消费者来说，企业家的额外利润是造成令人生厌的价格上涨的原因，而不是结果。与此同时，企业家本人在财富快速变动的过程中，也不再像原来那样安分守己，他所关注的只是眼前的巨大利益，对于在正常经营情况下获得的相对较少却是持久稳定的利润，已经逐渐失去了兴趣。他已经不再像以前那样注重企业的长远利益，现在他满脑子里想的全是赚取暴利的念头。不过这种暴利并不是他有意为之的，他原来并没有这样的打算，然而一旦他尝到了这种甜头，他就决不肯轻易放弃，会全力以赴地争取继续占有这种意外之财。作为一个企业家，如果他有这样的欲望，可以想象，其内心会忐忑不安的。以往他对与社会的关系充满自信，认为自己在经济体中发挥着至关重要的作用，是必不可少的，但今天他的这种自信已经荡然无存。他对自己未来的事业以及其所属阶级的前途感到惴惴不安。他把财富抓得越紧，就越是感觉缺少安全感。在不久以前，作为社会的中流砥柱及未来前途建设者的企业家，他的经营活动和所得报酬还得到了宗教的认可，他被认为是所有人类及所有阶级中最应受到尊敬和赞许的，是最不可或缺的一分子。如果他的活动受到别人阻挠的话，人们通常认为这不仅会造成严重的不良后果，而且也是一种失敬和无礼的行为。但是现在的情况不同了，每个人都对他侧目而视，他

▲20世纪30年代，美国经济大萧条，众多失业男子在芝加哥由Al Capone开设的汤厨房外面排队领取免费的食物，店门口的牌子上写着“免费汤”的字样

也感觉到自己受到了别人的怀疑和攻击，觉得自己是这个不公正的有害法律条例的受害者，对自己成了一个“暴发户”感觉有点歉疚。

在这个世界上，既有富人，也有穷人。如果一旦认为富人的财富只是凭借侥幸的投机得来的，那么但凡是有气概的人就绝不会安于贫困。企业家蜕变成奸商，对资本主义制度来说着实是一个沉重的打击，因为它打破了人们心理上的平衡，而这种心理平衡正是保证不平等收入继续存在的前提条件。所谓正常利润的经济原则，人们对它只有模糊的认识，但它却是资本主义合理存在的一个必要条件。企业家的收益，只有在大体上或在某种程度上跟他对社会有所贡献的活动相联系时，才能得到社会的认可。

以上所述内容，是由货币贬值造成的对现存经济秩序的第二种干扰。如果说货币贬值会打击投资活动，那么它同样会对企业造成伤害。

即使在经济繁荣时期，企业家也不容许独自占有其全部的额外利润。为了消除当前存在的弊端，我们采取了一系列广为人知的补救措施，如补助金、价格和租金方面的规定，以及不正当利润的取缔，对超额利润课税，等等，然而这些措施不仅是徒劳无益的，而且最终它们自己也变成了这些弊端中不可忽视的一部分。

当经济萧条时，价格开始下降，这对拥有存货的那些人所造成的影响，与价格上涨时的情况正好相反。大量的损失代替了额外的收入，而这种现象与企业经营的效率是毫不相干的。因此每个人都尽可能地将存货减少到最低程度，结果导致整个工业陷入停顿状态。这一点，同过去竭力囤积存货的过度追捧现象，形成了鲜明对比。此时，失业取代了投机倒把，成了当前的突出问题。

（三）工资收入者

工资变动总是落后于价格变动，这已经成了经济学教科书上的一个常识。因此，当价格上涨时，工资收入者的实际所得将会减少。过去的情况确实如此。即使在今天，对于某些处境不佳、组织混乱的工人阶级来说，他们在改善自己的地位时，情况也依然如此。但不管怎样，英国和美国的工人阶级中的关键阶层已经开始改变这种状况，他们充分利用当前的形势，争取使所得货币工资的实际购买力不但要和以前一样，而且还要有所增加，将工资的增长与工作时间（或者是工作量）的缩减协同起来。在英国出现这种情况，恰好是在整个社会总财富趋于减少的时候。这种违反常规的现象并非出于偶然，其中肯定存在一些可察觉到的确切原因。

有些劳工团体，如铁路员工、矿工、码头工人等，为了争取增加工资，其组织比以往有了很大的改进。与传统的标准相比，也许是战争历史上首次，军队中的生活在许多方面都有所提高。士兵们穿得比以前要好，饮食方面也好于工人阶级，他们的妻子除了在战争时有机会得到“家庭分离补偿”以外，在思想认识方面也比以前有所提高。

这些影响虽说是引发工人要求改善生活水平的动机的一个因素，但是如果没有另一个因素，即企业家获取的大笔横财，那么还缺少达到目的的手段。众所周知，企业家获取的巨额利润，已经远远超过了正常的商业利润，这一点很容易会招致来自其雇员以及公众舆论的谴责和不满，不过由于在财力上十分富足，他们能够镇定自若地应对来自这些方面的压力。事实上，为了平息风波，他们愿意支付一笔赎金，与工人共享所得的意外横财。

因此，在战争结束后的几年，除了“暴发户”以外，工人阶级的地位相对于其他任何阶级，有了很大程度的提高，在某些重要方面，他们的绝对地位也有了提升——工作时间缩短了，劳动力价格提高了，得到的实际报酬也比过去增加了。尽管这种发展势头深受工人阶级欢迎，但是这种状态的稳定性如何，我们无法估计，除非能够确切了解报酬增长的来源。一般来说，不同阶级之间收入发生的变化，可能是因为决定国民生产总值在不同阶级之间分配的那些经济因素发生了永久性的变化——在这种情况下，变化后的收入状况是稳定的；也可能是由通货膨胀引起的价值标准的变动导致的——在这种情况下，变化后的收入是不稳定的，会反复变动。那么，我们所说的工人收入增长状况，到底属于以上两种情况中的哪一种呢？

在经济萧条时期，工人阶级难免会受到不利影响，但这种影响并不是实际工资的降低，而是工人失业，只不过由于国家的帮助，失业带来的严重程度已被大大地缓解了。随着价格的下降，工资也呈下降趋势。但在1921年至1922年的经济萧条时期，工人阶级在早些年前取得的相对优势，不但没有倒退，而且也没出现明显的下降。与战前相比，在考虑了工时缩短这一因素后，1923年英国的工资水平明显要比生活费用提高得更快。

二、币值变动对生产的影响

对于企业家来说，无论任何原因，无论正确与否，只要价格下跌，生产进程就会面临停滞；反之，如果价格上涨，那么就会出现过度生产的情形。价值标准的波动根本不会改变世界财富、需求或生产能力的状况。因此，价值标准的波动对生产的性质和产量都不会产生影响。至于相对价格，即各种不同商品之间的比价关系，如果发生了变动，则会影响生产的性质，因为相对价格的变动表明各种不同商品之间的生产比率，这与原来的情况已经完全不同了。而一般价格水平发生变动时，却不会出现这样的情况。

事实上，对一般价格水平变动的预期会影响到生产进程，这主要是因为社会现存经济结构的特有本质。我们已经知道，当一般价格水平发生变动时，也就是说，当确定货币借入者（生产如何进行由他们自主决定）对贷出者（货币一旦贷出后，他们在生产方面便处于被动地位）所负债务的价值标准发生变动时，将会对双方的实际财富再分配产生影响。此外，借入者实际上是处于主动地位的，如果能事先预见到这种变化，就可以提前采取措施，从而在价格变化后将自己的损失降到最低程度，或是把损失转嫁给另一方，以另一方的牺牲为代价，从中增加自己的资金所得。如果借入者预计价格要下跌，他们就会刻意缩小生产规模，这样做对他们也许是有利的，但会导致整个社会经济进入萧条期。如果预计价格要上涨，他们就会加大资金投入以扩大生产。由于我们曾说过他们由此获得的实际报酬需要对社会整体的损失给予补偿，因此生产规模必然要扩大到足以提供这种补偿的程度以上。当然，有些时候价值标准的变化，特别是未曾预料的变化，会使某一方从中受益，另一方受到损害，不过这种利益变动程度与这一变化对生产量所产生的影响相比，也许根本微不足道。但是处于主动地位的一方如果事先预估到了这一变化的话，那么总体趋势就会同上面所描述的那样。简单来说，生产规模的大小主要取决于在现有条件下企业家所预期的实际利润。然而对整个社会来说，只有在对各方面利益的微妙调整没有被价值标准的变动所打乱时，这一判断准则才具有正确性。

另外，货币价值的不稳定性会带来很大的风险。在长期的生产过程中，企业内会有一些货币支出，如工资以及其他生产费用方面的支出等，而在企业产品出售之后，获得的收入就可以补偿这类支出。这就是说，就整个商界而言，它必然经常处于这样一种境况，即价格上涨时会获得收益，价格下跌时会有所损失。不管企业界是否愿意，货币契约制度下的生产技术总是使其行为带有很大的投机性。如果想要摆脱这种局面，那么生产过程必将陷入停顿状态。在企业中存在一定程度的职能专业化，其中有一种职业投机商，他们给予生产者一定的援助，会替其分担一部分风险，但这一事实不影响上述观点。

由此可见，当发生价格变动时，不仅会使某些阶级从中受益，还会使另一些阶级遭受损失，而且由于价格下跌所引起的心理恐慌，可能会使整个生产过程陷入停顿。因为如果预期价格会下跌，冒险者大多不愿意处于先买进后卖出的投机地位，这就意味着，企业家不愿意从事预支货币而事后才能收回的长期生产过程——由此会带来失业。事实上，价格的下跌确实会给企业家造成损失，因此对价格下跌的恐惧心理将促使他们限制自己的生产运营，以此来保护自己免受损失。然而生产和就业主要取决于单个企业家对风险的评估，取决于他们愿意承担风险的程度。

更为严重的情况是，关于价格变动趋势的预期如果被人们普遍接受的话，那么就会造成价格的累积性变动。如果企业家预计价格将上涨，并且按照这一预期来开展生产经营活动的话，那么就会造成价格上涨，而价格上涨又证实了原来的预期，结果又进一步增强了对价格变动的心理预期。同理，当价格下跌时，会引起价格进一步下跌的心理预期。由此可见，一个相对微小的起因足以引起一场巨大的波动。

要想根除个人主义的这种弊病，最好的办法莫过于将价格普遍上涨或下跌的任何预期失去其存在的可能，或是通过某种方式控制价格。即使出现意外，价格的变动幅度也不会很大，不至于迅速扩大影响，产生严重的后果。如此一来，尽管价格的变动会导致财富的再分配，但财富总量不会因此而减少。

为了得到上述结果，就必须消除由初始变动所引发的一切可能的影响，不过这看起来似乎是难以实现的，可能实现的补救措施之一就是对价值标准进行严格控制。不管什么时候，只要事态的自然进展会影响一般价格水平变动的预期，管理者就应该采取措施，通过应用一些与当前预期趋势相反的因素来抵消预期的影响。这类政策实施的目的在于消除预期，避免价格发生实际变动，虽然行动的结果有时会不尽人意，但总比采取袖手旁观、不管不问的政策要好得多。如果让价值标准完全由偶然因素所支配，有意脱离中央的管辖控制，因此而产生的后果就是，生产活动要么陷于瘫痪状态，要么处于过度亢奋状态。

由此可见，价格上涨与价格下跌各有弊端。通货膨胀会对个人和某些阶级造成不公正的后果，特别是对利益获得者来说，因此不利于储蓄。通货紧缩导致价

▼在第一次世界大战后德国的高度通胀时期，柏林一家银行存储的大量马克。1923年，1美元价值8亿马克

格下跌，为了避免损失，企业家将限制生产，从而导致工人阶级和企业陷入困境，这对就业相当不利。当然，通货膨胀与通货紧缩两者的性质，也并不是完全泾渭分明的，后者对借入者来说，也同样会造成不公正的后果；而前者会使生产活动过度亢奋，也同样是一个不利因素。但这些影响并不像以上所述的那样明显，因为借入者在保护自己避免受到通货紧缩影响时，相比贷出者在保护自己避免受到通货膨胀影响时，他们总是处于更为有利的地位。而且工人阶级在经济过度繁荣的情况下进行自卫，相比在就业不足的糟糕局面下进行自卫，要更为有利。

可想而知，通货膨胀所引起的后果是不公正的，而通货紧缩所引起的后果则是不合时宜的。如果把恶性通货膨胀除外，对于德国而言，通货紧缩所引起的后果相对更糟糕一些，因为在世界处于贫困的情况下，失业问题比利益获得者受到打击要糟糕得多。但是，我们没有必要去对这两种不利情况做比较。还有人认为，两者都是应当尽力避免的弊端。当今，在以个人主义为基础的资本主义制度下，储蓄是委托给个体投资者的，生产则是交给个体雇主的。正因为这样，必须要保证价值标准的稳定，否则资本主义是不会行之有效的，可能还会不复存在。

我们曾有过这样一种怀疑：价值标准的调节并不能够随意决定。基于上述的重大成因，我们必须打破这种观念，从这种怀疑中解脱出来。过去我们一直以为，价值标准具有与众不同的特性，这在不同程度上是由天气、人口出生率和组织结构等一些自然原因造成的；或者是许多个体独力行事的结果；或者认为除非通过一场大变革，否则很难改变这些特性。这样的观念已使我们深受其害，现在，我们决不能再听之任之，决不能再把有关价值标准的问题纳入此类范畴去考虑了。

第三篇　法国法郎（1926年，1928年）

一、写给法国财政部部长（不管他是谁或可能是谁）的一封公开信（1926年1月）

先生：

我曾在报纸上读到了您以及前任财政部部长关于起草新预算和筹集偿付旧债本息资金的日常计划。这个计划之所以让我印象深刻，是因为在我看来属于技术性分析层面的问题，当局几乎没有加以讨论。这样的预算提交给国会，是不会通过的。因此，希望您暂时把注意力转移到对某些基本问题的考虑上来。

最近几年，我曾多次著书谈到法郎，直到现在，我仍然坚持原有的看法。1924年，我曾指出："法郎的价格水平早晚是要确定的，其决定因素不是投机活动或贸易差额，也不是鲁尔事件[1]的结果，而是法国纳税人容许从其劳动所得中取走以支付给法国利益获得者的比率。"现在我依然坚持这一观点，这才是您制定计划应当依据的根本思想。

显而易见，现在有两种办法可以使其达到期望中的平衡。您要么增加纳税人的负担，要么降低利益获得者的权利要求。如果您选用第一种办法，法国国民收入的1/4左右将被归为税收。您觉得这可能吗？我是一个外国人，对于他国的政治氛围若确实看得真切的话，那么根据近来的迹象，我敢说，为了满足在现有水平上利益获得者的要求，要将纳税负担增加到如此程度，法国民众是决不会答应的。这样的赋税，即使在政治上是可行的，但在行政管理上还是会遇到挫折。当前，法国财政部的迫切任务，不是想方设法增加赋税，而是建立一个能够胜任的

1　战后，在赔款问题上，德法两国的矛盾不断激化，终致1923年1月11日法国伙同比利时出动10万大军，进占德国鲁尔地区，由此制造了鲁尔事件。当时这一事件在国际上引起强烈反响，英美政府极力向这一事件施加影响，法国被迫于1925年撤军，结束了占领。鲁尔事件使法国丧失了赔款问题的领导权，法国外交政策遭到了大战后最惨重的失败。——译者注

行政管理机构，来从事现有的赋税征收工作。如果我处于您的位置，作为一个政治家，我将不再去考虑新的赋税计划。就我的职务所辖属的财政部分来说，我将专心致力于已有税收制度的加强和管理。

只做到这一点是远远不够的，因此您下一步要做的——前提是您接受我对法国民众思想情绪方面的提议——应当是冷静下来仔细思索一下，如何通过最适当的方式，来降低利益获得者的权利要求。针对这个问题，有三个方案可供选择：第一，实行普遍的资本课税；第二，强制降低公债利率；第三，提高价格，借此降低利益获得者的货币债权的实际价值。毫无疑问，从优势、公平和理论方面看来，第一个方法是最可行的。若是英国也处于类似的状况，我肯定会建议采用第一种方法。但就法国当前的形势来说，进一步的征税计划，将会在政治方面和管理方面遇到困难，所以我就没有必要在这一点上浪费时间了。如果只是因为不会带来管理方面的困难的话，第二个方法肯定具有很大的吸引力。我相信，法国有关当局是赞同这个办法的。然而，如果我处在您的位置，我将拒绝这一看似合理的方法，因为与一般的资本课税或货币贬值不同，这完全可以说是一种赖债行为，是背信弃义的举动，在财政措施中使用这样的手段是极其危险的，除非在最后紧要关头，否则绝对不能轻易采纳。

因此，在经过逐项排除之后，只有最后一种方法最合适——提高国内价格水平。但从这一点出发，应该把我们的注意力从财政方面转移到价格水平、外汇、法国银行的黄金储备、国外投资量以及贸易差额等方面。在此，我必须请您特别注意关于法郎的一种非常有趣的矛盾现状。

其实，历任财政部部长都曾竭尽全力，都曾大规模地推行通货膨胀政策，而法郎的价值除短期回升以外，一直在逐步下跌。除此之外，他们还能做些什么呢？希望能从我所指的出路中找到一种合适的解决办法。

我想说，历任财政部部长虽然已经竭尽全力，但最终都失败了，他们没能充分降低法郎的国内购买力。您目前面临的困难，并不是由于纸币的通胀或汇率的下跌（其实这些事对您解决困难总会有帮助的）造成的，而是由于这些因素没能相应地降低利益获得者的货币债权的国内购买力。

以下所列举的数字，可以说明您所面临困难的症结所在。1925年12月，以外汇汇价核算的法郎是其战前平价水平的19%，而当时世界金价约为战前水平的158%。因此，以战前水平为基础时，流通中的纸币和法郎价格水平应该达到战前水平的830%（158 ÷ 19≈8.3）。当前流通中的纸币，约为战前数值的1000%，这同外汇汇价的水平大致上是一致的。不过，考虑到领土的扩大以及流通中金银币的退出，若以战前水平为依据，这一数值和外汇汇价相比，似乎不是过高而是过低。

另外，国内法郎的价格水平则大为不同。进口原材料的价格，已经无法避免地上涨到国际平均水平。然而列入生活费用指数项目下的那类商品，如食品和日用品，主要是由国内制造的，远远低于均衡价值。1925年11月，食品批发价格是战前的490%，巴黎（包括13类商品）的零售价格是战前的433%，巴黎第三季度的生活费用指数达到了401%。也许这些数字低估了价格的实际上涨幅度，但可以肯定的是，法国国内价格与战前相比，其上涨的幅度应该不会超过5倍。这意味着，按目前汇率折算的法国国内产品的价格，还不到世界价格水平的一半，实际上低于按黄金计值的战前水平。由此可见，通货膨胀对于汇率方面，也就是进口商品价格方面，充分发挥了作用；但在国内产品价格方面，基本没能发挥类似的作用。

至于分摊到纳税人身上的利益获得者的负担，却是用法郎的国内购买力来衡量，前者必须从中拿出一部分转移给后者。因此，如果国内价格的上涨速度能与汇率的下跌速度一样快，那国债的实际负担就可以至少减轻1/3了。因此，我认为，要解决您所面临的财政困难，除了提高国内价格水平以外，别无他法，而且有一点是显而易见的，无须进一步实行通货膨胀，也无须使汇率进一步下跌。

至于您认为国内价格应处于什么样的水平，才能与预算保持平衡，则要由您自行决定。您下一步要做的是，尽可能地通过有序和科学的办法来促使价格上涨。在我这个局外人看来，使国内价格水平提高到战前的8倍至9倍，应该就可以了。在这样的情况下，没有必要再进一步实施通货膨胀政策和降低法郎汇价。您所要做的一切，目的就在于使流通中的纸币和法郎汇价稳定在当前的水平。同时，需要留出宽裕的时间，以便国内价格能相应地上涨。

目前法郎价格处于较低水平，究竟是什么原因导致的呢？我认为主要原因有以下几点：①时间因素，国内价格“行动迟缓”，但只要假以时日，迟早会达到它应有的水平；②纸币的贮藏，其在规模上甚至比以前还要大，导致现有通货的流通过于缓慢；③缺乏信心，由此导致法国的对外投资出现了超前发展，结果使汇率下降到与商业形势相适应的水平以下；④在地租等方面的法律限制。

这些影响因素并不是固定不变的，其中第一点会随着时间的推移有所改观，至于第二点和第三点，主要是内部信心恢复的问题。因此正确的策略应当是致力于信心的恢复，等待事态的进展。关于恢复信心的方式，不是依靠大量增加租税，而是使法郎汇价稳定在目前的水平附近，从而避免引起质疑或指责。

那么，该怎么去稳定法郎的汇价呢？其实，要做到这一点并没有想象的那么困难。目前的贸易差额对法国来说是很大的优势。目前的国内价格水平，有利于出口而不利于进口。法兰西银行的黄金储备（以当前汇率折算）约占纸币发行额的40%。在这种情形下，我认为，只需要做一件事，即法兰西银行应明确宣布，至少在两年内，只要美元对法郎汇率不低于已公开确定的水平，该行就可以无限制地凭法郎供应美元；同时，法兰西银行也要做好准备，为了这一措施的顺利实施，在必要的情况下，不惜动用黄金储备。至于公开确定的汇率，大体上应当处在1美元兑换25法郎至30法郎之间。比较稳妥的办法是先选用后一比率，希望通过努力能最终达到前一比率[1]。要想该计划顺利实现，只需对银行所采取的措施给予充分的信任。以这样的稳定态势为基础，您就可以通过借入充足的资金来渡过这一难关，而不必依靠进一步的通货膨胀。

至于其他的一些问题，您可以等待恰当的时机加以解决。随着国内价格水平

1　真的被我说中了，因为两年半以后，实际所采用的汇率是1美元兑换25.5法郎。

逐渐上升到与汇率保持均衡，以及随着征税机构的逐步改善，您的预算收入也会逐月增长，直到收支相抵为止。此外，但凡是以法郎计收的、非从价税的那些租税，同样也会随着价格的上涨而同步提高。

法国政府在处理这两个问题时应当要有坚定的决心——一个是保持法郎最低限度的汇价，对于这一点，即使动用黄金储备也在所不惜；另一个是最大限度地收集税款。这些措施都是必不可少的。目前的这一阶段，盲目地提高税率，只是白费功夫，不会取得成功。

有些人对上述的主张会有反对意见。但细细斟酌一下就会发现，这些反对意见的论据完全是政治性的。反对者认为，任何依靠大幅度提高价格的政策，都会引起生活费用的提高，对于广大民众来说，这是不会受到欢迎的，这样的政策是不会成功的。此外，凡是促使国内价格与国外价格保持平衡的政策，必然有损于出口业的利益，因为出口业的繁盛正是依赖于这两种价格的不平衡。对于这些反对意见，也许以下这种说法在偏重现实的人们面前未必有足够的说服力。关于第一点，除非纳税人甘愿为了利益获得者的利益而牺牲自己，否则国内价格迟早要上涨；关于第二点，除非让法郎汇价一直下跌，否则国内和国外价格的平衡也是迟早的事。

但另一方面，也确实要考虑一些很有力度的政治因素。农场主和农业生产者，一直是以极低廉的价格出售其产品，所以，他们对于农产品价格的提高肯定会举双手赞同。而且，政府所应采取的明智之举就是事先说明，政府无意使工薪阶层和公务人员遭受损失；并制定法律明文规定，在随后的两年里，所有的工资和薪金按季度自动上调，使之与生活费用的提高相适应。

我认为值得考虑的意见都已列出。无论您是否满意，我认为，以下问题是您必须慎思的：

1.国内价格水平的提高，真能解决您的困难吗？

2.不依靠提高价格，您还能解决困难吗？

3.想最终阻止价格上涨的目的是不是能够达到？

4.如果达不到的话，还不如顺水推舟，让价格有条不紊地上涨，这难道不是一种明智的抉择吗？

5.无论您采取的是上述建议还是其他的方针政策，对于利用法兰西银行的黄金储备以稳定法郎汇价这一点，您有没有充分的反对理由呢？

您忠实的

J. M.凯恩斯

二、法郎的稳定（1928年）

我们对政治家有很多不满，不是由于他们在政策上的反复无常，而是由于他们的顽固不化。他们只是我们命运的诠释者，而不是主宰者。简而言之，他们的工作就是记录既成事实。从这一点来看，我们认为，普恩加莱先生[1]的精神是值得称赞的，他不在乎受到因政策上前后不一致所招致的批评指责，没有因此成为他推行政策的绊脚石。多年来，他一直认为法郎贬值会让国家处于破产的境地，从而会给整个民族带来耻辱。他将法郎价格固定在战前黄金价值的1/5左右，这的确是一件了不起的丰功伟绩，他甚至以辞职为由来威胁和抗争那些想阻挠他的人。

最终选定的法郎价值水平似乎是合理的，但法国当局的某些高层人士却宣称，把法郎定位于战前金值的1/6（即150法郎兑换1英镑）会更为恰当、可靠。但把法郎价格定位于战前金值的1/5，具有一个很大的优势，即与近18个月以来的汇率实际水平基本上是一致的。有人认为普恩加莱先生犯了一个错误——他把法郎稳定在一个将引起通货紧缩的水平上。但据有关统计资料显示，实际情况并非如此。在1925年12月到1926年11月期间，汇率的波动异常剧烈，使得国内价格根本来不及与这一剧烈的波动相适应，除此之外，法郎价值（以金值计）从来就没低

1　雷蒙·普恩加莱（1860—1934年），法国政治家。他在1912—1913年任总理兼外长期间，确立法国对摩洛哥的殖民统治；在1913—1920年任总统期间，积极备战，促使内阁通过3年义务兵役法。——译者注

过现在所选定的水平。此外，预算的平衡，还必须依赖于纳税人按目前水平所能承受的公债利息负担。所以，在我看来，没有充分的理由把法郎定位在比目前更低的水平上。

那么，选定的法郎价值是不是太低了呢？对此，法国国内存在一些批评意见。批评者主要是从以下两点来考虑的：第一，法郎价值与国内价格相适应的水平相比是否偏低；第二，要求利益获得者所放弃的东西是否有些偏多。官方公布的物价指数（若以所包括商品的面值为依据）表明，与价格相一致的法郎金值差不多接近战前价值的1/4（100法郎兑换1英镑），而与战前价值的1/5相比差得较远。但法国的物价指数只是一个粗略的估计，其中可能存在较大的误差，况且两年半以前，法郎的价值就高于现在所选定的水平，要知道两年半是一个相当长的时间，足以使物价向上调整。再者，物价向上调整总是比向下调整要快得多。毋庸置疑，房租必然会有所提高；至于其他方面的物价，与国外金价相比，即使有所提高，上升幅度应该也不会太明显。对于利益获得者而言，极为严厉的资本课税已经令他们胆战心惊了，好在特别棘手的局面并没有发生，现在如果在原有的基础上再逼近一步，这种要求多少有些强人所难。或许，普恩加莱先生更愿相信另外三个与实际情况相联系的论点：第一，如果法郎价值估算得过高，可能会破坏预算平衡，而这一点却是费尽心血才达到的；第二，过高的法郎价值，将导致从事出口业的企业家濒临破产，但这些企业家有着很大的政治影响力，让其破产是不可能的；第三，也许是最切实的一点，作为政府的代理人，法兰西银行按当前的汇率已经购入了3亿英镑的外汇，因此提高法郎价值，会使该行遭受损失。例如，若把汇率固定在100法郎兑换1英镑的水平上，法兰西银行可能会损失6000万英镑，从而让外国人从中获得很大一部分收益。就这一点来说，普恩加莱先生和其他任何一个法国人应该都是非常明白的。

因此，普恩加莱先生排除异议，坚持按原有的立场行事。这一决定消除了世界各地的金融市场以及证券交易所中有关法郎汇价的不确定因素，也正因为如此，法国的进口商和制造商不再犹豫不定。于是，原来闲置的大量购买力，现在

▲1915年，巴黎警方阻止了一群人跑向一家法国银行。第一次世界大战中，法国虽然是战胜国，收复了阿尔萨斯和洛林，夺取德国一些殖民地，但损失惨重。战后经济严重困难，政局不稳，为了恢复经济生产，政府阻止人们把储蓄的钱从银行取出来

又可以重新发挥对生产所起的推动作用。由此可见，普恩加莱先生的确是做了些有意义的事，不得不承认，我们都为他的这一决定而感到高兴。

将英法两国在战后的诸多演变情况进行一番比较是非常有意思的。在英国，我们的当权者总是闭口不谈法国同行们所说的那些看似毫无意义的话，也从来不违反稳健的财政原则。但是，英国是在一种特殊情况下从过渡期挣扎出来的——战争债务的负担日益沉重，欠美国的贷款丝毫没有减少，通货紧缩的财政政策仍占主要地位，结果导致英国的税收负担加重，数百万人陷入失业的困境之中。但是，法国的情况并非如此，它的战争内债减少了4/5，而且经过与盟国协商，它的外债减免了一半以上，因此它当前正在竭力避免由通货紧缩造成的损失。法国在努力争取实现这些目的的同时，并没有违反稳健的财政政策和资本主义原则，

并没有因此而让其信誉受到丝毫的损害。因此，法兰西银行看起来要比英格兰银行强大得多，而且人们依然认为法国是坚持储蓄和利息想法的最后堡垒。这样看来，英国并没有从它的行事原则中得到什么好处。

也许，我们得到了应有的惩罚。法国背弃了原则，立场上也未能始终如一，但它总是把那些可以避免的损失拒之门外，归根结底，它是遵从经验教训的。而英国既不听取理论上的警告，又不顾事实上的压力，唯条约是从。

第四篇　劳合·乔治关于失业的承诺能够兑现吗（1929年）

序言

早在1924年4月，《民族》周刊就开设了专栏讨论英国当前的经济形势，在随后的几个月里，该专栏成了这家刊物的主要特色。当时，有许多权威经济学家和工业家纷纷向《民族》周刊投稿，各抒己见，其中包括威廉·贝弗里奇爵士[1]、鲍利教授、R.H.布兰德先生、阿尔弗雷德·蒙德爵士、威尔勋爵以及已故的博拉尤的蒙塔古勋爵、威廉·阿克沃思爵士等著名人物。讨论的起点源于当时的一种主流见解，同时也是我们长期以来形成的一种固有观念，即战后英国所面临的经济困难甚至比战后遗留的世界贫困和动荡不安还要严重得多，因此亟须实施一项积极的、切实可行的国家发展政策，以解决战后的失业问题。

在我们的大力倡导下，劳合·乔治先生最先引发了这场讨论，因为当时在持有这种观点的杰出公众人物中，他是典型代表，他曾公开谴责过一种当时存在的乐观主义倾向，这一倾向认为战后的失业问题，在不

1　威廉·贝弗里奇（1879—1963年），英国人，是福利国家的理论建构者之一，对当代社会福利政策及健保制度深具影响。——译者注

久的将来会自行解决，不需要采取专门的挽救措施。由此他也受到了众多非议，他被称作是一个悲观主义者和失败主义者。目前对劳合·乔治先生的责难之声此消彼长，认为他提出的国家发展政策对于竞选目的来说，显得有些陈旧过时了。然而劳合·乔治先生在1924年4月12日写给《民族》周刊的那封信却完全经受住了时间的考验，并且证明了这些非议是毫无道理、毫无根据的。

《民族》周刊上所讨论的问题与学校委员会正在考虑的问题不谋而合，于是该委员会与劳合·乔治先生携手共同创立了自由党工业调查委员会。该机构在国内的一些著名经济学家和企业家的协助下，历时两年，搜集了与问题相关的尽可能详细的资料。他们的研究成果于1928年初发表在“自由党黄皮书”（即《英国工业前景》）上。以“黄皮书”为依据，自由党形成了一系列决议，并于1928年3月末，民族自由党联盟召开了一次特别会议，呼吁与会各方研究讨论这些决议。

《英国工业前景》一书详细完整地阐述了自由党的行动纲领。最近自由党人士刊出了一本名为《我们能够战胜失业》的小册子，它的亮点在于把问题的抽象本质具体化为若干个简明扼要的提议。这里我们对此补充一些其他的材料，目的在于专门答复近期的有关批评意见。

在劳合·乔治先生发表承诺之前，他做了四年周密细致的准备工作，因而我们完全有理由相信，这个承诺是建立在严肃的、长时间的思考与研究基础之上的。

J. M.凯恩斯，H. D.亨德森

1929年5月1日

承诺

在下次大选中，如果自由党有幸能够赢得国民的信任，被委以主持政府事务的重任，我们将立即实行一项公共工程计划，这一工程不仅本身大有裨益，而且对增加国民福利来说也至关重要。这一工程能在一年时间之内，把当前严重的失业数字降低到正常水平；而且，当这一工程结束之时，国家财富以及各项设备都会得到相应的提高和改善，从而使国家在国际贸易活动中处于非常有利的竞争地位。值得一提的是，这项计划不会给政府或地方税收带来任何的负担。

当然，要想实现这一承诺，必须付出很多的艰辛的努力，但在座的各位当中，有一部分人为了国家利益，已经成功地完成了比这一承诺更为艰苦卓绝的任务。

摘自劳合·乔治先生对自由党候选人的即席演讲

1929年3月1日

一、劳合·乔治先生的承诺

劳合·乔治先生发表的关于削减失业的承诺，得到了大多数民众的强烈赞同与支持。几乎所有人，包括其他政党在内，都对这个承诺充满信心，相信其中会有一些实质性的内容。但有些人认为这个承诺难免有些夸大其词了。

由此可见，即使在不太愿意完全接受乐观主义论调的那些人之中，也有很多人是支持自由党提出的政策方针的。对于这些人来说，虽然这项政策需要一年多的时间才能够正式实施，虽然它会给纳税人带来些许负担，虽然它只能创造仅仅40万或50万个就业机会，可这又有什么关系呢？毕竟，它是一个方向明确的行动方案。相比于其他两个政党的“光打雷不下雨”的政策，它无疑要好得多。在这个观点上，没有人能像格雷勋爵那样表述得如此清晰明了，他指出：“即使这项政策不能完全实现我们所有的希望，即使这个承诺结果证明是过于乐观了，即使这项政策需要两年或三年、甚至四年的时间才能达到我们所期望的结果，但它也绝不是一次失败之举，它依旧是一项正确的政策。”

在这本小册子中，我们准备考察一下最近几个星期以来出现的猜忌、犹豫、批评背后的各种原因，同时还准备答复一些有理性的人提出的有关问题。我们不会逃避任何困难，即使对于所需答复的这些问题，难以用流行的语言去表述。

我们希望通过本文说明自由党的政策方针不仅是一种常识，而且是经过对我们当前经济形势的一番细致入微的研究之后才得到的正确适宜的补救措施。

承诺是否有些过于乐观了呢？劳合·乔治能办到吗？

要想实现这个承诺，需要有一定数量的立法，但是这一立法过程会被哪些精心设置的障碍所耽搁，没有人能事先说清楚。如果劳合·乔治先生能在毫无阻碍、毫无耽误的条件下展开工作，也就是说，劳合·乔治先生在限定期限内实现其承诺所假定的条件全部具备，那么我们的结论是，他对未来保持乐观的心态是有道理的。

我们确信，经济繁荣的复苏所产生出的累积效果，将比我们预期得要好。实践的结果表明：比《我们能够战胜失业》一书中所提出的框架性计划要小一些的计划，就完全能使局势重新好转起来，使国家从萧条低迷走向繁荣昌盛，进而改变国家的整体风貌。病人看起来的确有些弱不禁风，但只要他的病情有所好转，其恢复速度之快，连为他治疗的医生们也会感到万分诧异。

有些人对劳合·乔治先生能否在限定期限内实践其承诺表示怀疑。根据我们的调查，他们之所以会这样，并不是因为创造工作机会的困难或为此提供资金方面的困难，而是关于“劳动力转移”问题，即把劳动力从那些总是多余的行业内转移出来，并安置到新的工作岗位上的困难——如果确实出现了这样的情况——并不是我们胆小怯懦的理由，而应当是鼓励我们奋发向前的动力。因为我们耽搁得越久，“转移”问题就会变得越严重，而且为那些被迫长期失业而养成“失业”习性的闲置人员提供工作岗位的任务也会越来越困难。

要想真正解决“转移”问题，不仅要为失业人员创造就业机会，而且雇主对劳动力要有所需求。除此之外，其他的办法都只是事倍功半。这也正是政府目前在处理“转移”问题上徒劳无功的缘由所在。说到底，“万事俱备，只欠东风”，只有创造了新的就业机会，劳动力才可能转移。对于雇主而言，除非劳动力变得易于接受，比方说，大批效率低下的矿工都可以找到工作，否则，他们非但不会同意劳动力的流动，反而还会万般阻挠。

因此，我们预计，在自由党政策实施的初期阶段，许多行业都会出现明显的劳动力短缺现象。随之而来的就是大量招收劳动力的阶段，而这一阶段正是我们尽全力解决“转移”问题的时候。劳合·乔治先生是否能在限定期限内兑现承诺，主要取决于第二阶段的问题能否快速得到解决。

对于这项宏大的国家发展计划，有些人则表示异议，他们怀疑这样做是否值得，怀疑财政是否予以足够的支持，并以此为理由延缓计划第一阶段的实施，这种想法绝对是错误的。关于这一点，我们希望能给读者一个确切的说明。

因此，我们应当具有在战争时期克服千难万阻时的那种必胜信心、大无畏的乐观精神，奋发向上、斗志昂扬地面对这项艰巨的任务，力争在预定的期限内，不负众望地实现计划的各项目标。

二、问题之常识

自由党政策是一个浅学易懂的常识。近来出现了许多的反对意见，但其中的大部分并不是由那些有切身经历的或有实际经验的人提出的，而是由那些依据高度抽象理论的人提出的。然而，他们对这些受人尊崇而又深奥晦涩的理论只是略懂皮毛，他们所依据的理论恰恰与事实相反。

鲍德温先生关于这个问题的讲话简直是胡说八道，任何有敏锐观察力的人，只要对此稍做一番清醒的、不带偏见的思考，都会看出他的讲话是愚蠢至极的。既然有事可做，又有人愿意做，那为什么不能把两者结合到一起呢？对此，鲍德温先生说道：“是的，两者确实不能结合，高级财政学和经济理论可以告诉我们两者为什么不能结合，不过其中的道理太过深奥，一般人是难以理解的。倘若非要使两者结合，则是非常草率、鲁莽的，甚至会引来整个国家的灭顶之灾。凡事有得必有失。假如没有人失业，我们的境遇又会有所不同，而且就算现在每个人都有了工作，但也无法完全保证他们在此后的三年内一定不会失业。如果我们大

▲1910年，无家可归的男人睡在公园的长椅上

力修建房屋，积极推进交通设施的建设，全面开发土地，那我们的子孙后代还能做什么呢？”鲍德温先生大呼道：“不！这样做太不公平了！现在我们工作得越多，留给后辈们可做的事情就越少。失业问题是我们人类不可避免的。我们这代人应当去做属于我们自己的那份工作，公正地看待现实中存在的问题，而不应当满腹牢骚、愤愤不平。凡事都要有个度，切记‘欲速则不达’。”

可实际上，鲍德温与他的同僚们无法用经济学知识来阐明这一问题，如同他们无法解释爱因斯坦发表的物理学定律一样。如果他们能像劳合·乔治先生那样不偏离常识，那他们就会少犯些错误，因为这些常识是得到经济科学多方面支持的。

因此，我们的首要任务就是要让读者相信自己的直觉，那些乍看起来是合理的其实就是合理的，而那些乍看起来是荒谬的其实就是荒谬的。我们希望通过本文向读者阐明我们的结论：第一，在新的就业方式下，将会有更多的人找到工作，这是显而易见的结果，其间并不存在潜伏着的障碍；第二，失业人员重新回到创造财富的工作岗位，这也就意味着国民财富的增加；第三，那种莫名其妙地认为如果通过这种方式来改善生活就会使我们在财政上陷入困境的观点，简直就是一派胡言！

三、失业之事实

这八年来，除了1924年在恢复金本位前一个短暂的经济复苏以外，有将近十分之一或更多的劳动人民，一直处于失业状态，这种情况在历史上是从来没有过的。自从1923年劳工部开始统计以来，因失业而领取失业保险金的人数，从来就没有低于100万，到了1929年4月，失业人数总计达114万。

自1921年以来，我们对失业人员的现金支出达5亿英镑，这是一笔没有丝毫回报的支出。这些钱能够修建100万套房屋；几乎是邮政储蓄、银行全部储蓄额的两倍；这些钱能够修建的道路可以占到全国所有道路的1/3以上；这些钱远远超过所有各种矿产价值的总和，完全可以用来彻底更新整个国家的工业设备；这些钱完全可以为全国每个家庭配备一辆汽车，甚至提供一笔基金让全国人民能终身免费观看电影。

但是，给国家造成的损失不止于此。更大的损失是在失业者本身、失业津贴与全额工资之间的差异，以及对体力、精力和信心上的削弱。此外，雇主的利润、财政大臣的税收都会因此而遭受损失。对整个国家来说，持续十年之久的大规模失业给经济发展造成的损失是难以估量的。

依据1924年的生产统计，一个英国工人一年净产出的平均价值约为220英镑。由此推算，从1921年起由失业造成的损失大约20亿英镑，而这笔巨额资金完全可以将全国的铁路翻修两遍。这几乎是我们欠美国全部债款的两倍，各协约国向德国索要的赔款全部加起来也达不到这个数目。

我们需要对提到的这些数字有所了解和领会，这是很有必要的，因为这可以让我们对劳合·乔治先生计划中所需花费的估计数字能有一个正确的认识。据他推测，每年投入1亿英镑实行全面发展，将会增加50万个就业机会，与由于失业而年复一年累积起来的浪费和损失比起来，这项支出并不算很大。通过与上面引用的数字相比较，这一点很容易就可以看出来。这项支出，只占到从1921年以来由失业所造成损失的5%，大概相当于国民收入的2.5%。如果连续3年实行每年投资1亿英镑的发展计划，即使所有的支出最终都被浪费掉，那么这项支出后的每年应计利息也只不过使预算增加2%还不到。简言之，这是一项非常适度的计划。有人认为这个计划难免有点小题大做，认为所要医治的病症并不如想象般严重，而所使用的方法却面临着极大的风险。但事实恰恰与此相反，所面临的风险微不足道，而要拯救的却是一个非常可怕的奇特现象。

就这项计划自身的目的来说，它所包括的内容都是值得一试的。即使这项计划支出的一半最终被无形地浪费掉了，我们还是能够从中获益，改善我们当前的处境。对此，难道我们不应该果断一些，冒险一搏吗？

当然，我们也可以袖手旁观，也可以对提出的建议不予采纳，对某些人来说，这样消极的态度也许更明智些。但你要知道，当我们冷眼旁观的时候，会出现更多的失业者，而失业者的潜在劳动力是不可能存放在银行的户头上，以便我们日后使用的。这些劳动力最终只会白白地浪费掉，由此造成的损失也是无法挽回的。因此，鲍德温先生抽一口烟的时间，好几千英镑就随之烟消云散了。

四、自由党的计划

对于当前的失业问题，自由党希望通过强有力的国家发展计划来解决，这样做的理由一方面是为了能及时为大量的失业人员提供工作岗位，另一方面能使商业和工业从它们因循守旧的处境中解脱出来，重新回到高速发展的轨道上，使它们以后可以依靠自身的力量向前发展。

因国家发展所需而开展的各项工作，由于迟迟没能得到落实而积压得非常多，以至于需要相当长的一段时期才能完成整个计划。而在这一时期结束之时，劳动力从旧行业转移到新行业的这一过程也已经完成，同时整个国家的工业生产方式已渐趋合理化。政府方面的观点认为，我们当前所面临的困难并不会持续太久，或许在2年至5年内就能得到解决。劳工部特别指出，在下一个五年期间内，后继的年轻一代对工业就业所造成的压力将会大大地减轻。有些人反对这一政策的理由是，依靠我们现有的实力永远也不可能维持这项规模如此庞大的计划，但以上的分析表明，这种理由是没有根据的。

《英国工业前景》一书对自由党的计划进行了全面细致的阐述。此外，关于计划中某些部分进一步的详细阐述，可以参考《我们能够战胜失业》一书。

这两本书不约而同地都表明了一点，即我们当前并不是无事可做。如果一个积极的、具有敏锐洞察力的政府能够审慎、细致地分析问题，毋庸置疑，这将给它带来许多机会，从而做出明智的抉择。当然，事先很难确定哪一项计划才是最急需的、最贴合实际的，以及执行过程中碰到麻烦最少的。为了最大限度地减少需要“转移”的劳动力数量，至关紧要的一点就是要仔细选择一项均衡得失的计划。

如果读者需要更为详细的有关资料，建议你们去参阅上面提到的那两本书。我们在这里只是简单叙述而已。

1. 国家交通运输系统

在自由党的计划中，最大的一个项目是对公路和铁路系统进行改造，以适应现代运输的需要，使这两方面所能提供的最好服务与其他方面所能提供的最好服务更好地结合起来。

公路完全是国有的，而铁路的一半所有权则归私人所有。从外部来看，前者现代化进程所提供的就业机会与后者相比，更容易在数量上加以确定。正因如此，在《我们能够战胜失业》一书中拟定的各个具体项目中，公路项目是居于首要地位的。

这一点也许会使某些人认为自由党计划实际上主要集中于公路建设，而不把铁路（或许还包括其他大部分的发展项目）列入其考虑范围之内。这种想法完全是一种误解，是不对的，他们可以从以上推荐的那两本书里，对计划的解释这一部分认识到这一点。例如，《英国工业前景》一书特别强调，那种以牺牲铁路运输为代价来发展公路交通的想法，从原则上讲是完全不正确的。

因此，有些人极力主张公路计划与铁路现代化应当并驾齐驱、协调一致，应该享有同样重要的地位，对此我们完全赞同。以此为宗旨实行一项大规模的公共工程计划将是大有裨益的，它能够改进铁路车场和铁路终点站的必要设施；能够促使某些铁路线实现电气化。而最为重要的一点是，它能够升级当前的铁路系统，用国外铁路系统普遍使用的大型货车代替我们的小型货车。在今年的预算中，政府已经注意到改造这类公共设施的必要性。他们已经免征铁路旅客税，但前提条件是铁路公司必须把等额的一笔资金用于改造铁路基本设施。就政府的这一举措本身而言，是很有意义的，但遗憾的是，它能够发挥的作用却小之又小。因为，这笔资金总额（650万英镑）很明显不足以为铁路系统配置载重20吨的大型货车。

“自由党黄皮书”提出的建议是，根据商业辅助计划的方针，以提供担保贷款的方式来资助这类公共工程。具体运作的方法可以参考工业事务联席会议为萧条工业的合并和重组计划提供新的所需资金时建议的方法。

我们认为，这类对国家发展大有裨益的公共工程所涉及的领域将是非常广泛的。不过，现在无法确切地说出这类工程具体实施规模的大小，因为这个主要取决于政府与各利益集团之间的合作关系。拿铁路来说，政府的确可以对铁路公司予以鼓励和支援，甚至有所要求，但具体的工作依然应在铁路公司的管理下进行。由此可见，这类公共工程同《我们能够战胜失业》一书建议的其他计划相似，难以提供关于支出和就业方面的详细数据。但是铁路的改造无法作为实践承诺坚实而可靠的基础的这一事实，并不能成为对这个承诺可取性和紧迫性进行指责的理由。事实上，实践将证明，这类公共工程的实施规模是十分庞大的，在这一点上我们深信不疑。

▲英国皇家阿尔伯特大桥。这座大桥是一座铁路大桥，位于英格兰，横跨泰马河，连接普利茅斯和康沃尔两座城市。该桥长666.8米，宽5.13米，高度约52.4米，于1854年建成，由阿尔伯特亲王亲自宣布开放，是一座富有历史感的古桥

在公路和桥梁建设方面，计划两年内投入1.45亿英镑。对公路改造方面的这笔资金大体上是适度的，我们对此很满意。彻底更新我们当前的公路系统可能需要花费至少15亿英镑，而计划提议的公路扩建和重建规模只需花费这一数字的10%。因此，相比较而言，这项公路计划是非常划算的。考虑到公路运输业的迅速发展以及巨大的增长潜力，像这种规模的公路系统改造计划绝对不能说是过度的。相关当局的某些高层人士，如亨利·梅伯里爵士、蒙塔古勋爵等，一直认为近年来交通系统的发展速度无法跟上时代的步伐，因而需要集中一切力量大力发展公共事业。

实际上，我们认为实现劳合·乔治先生的承诺只需要实施部分的公路计划，没必要把全部力量都投入此处，尽管这样做是切实可行的。

2. 国家住宅建筑业

如果读者想了解自由党计划中关于国家住宅建筑业的更多详细资料，除了参考以上推荐的两本书之外，还可以参阅E.D.西蒙先生所著的《如何消除贫民窟》。

保守党削减津贴的政策必然会阻碍到建筑业的发展，每年建造10万多套住宅

（战前水平）的希望也将因此而化为泡影。自由党则打算此后每年建造20万套住宅，同时发放必要的津贴。

一方面，保守党的政策勉强能够满足人口增长对住房的需要，重建那些由于工业需要以及其他原因必须要拆毁的房屋。但这一政策几乎没有提供任何住宅用来改善贫民窟当前的拥挤状况，也没有考虑为贫民窟留有些许空地，贫民窟的现状更加恶化了。

另一方面，为了解决贫民窟的住房问题，自由党的政策是计划在10年内，每年修建100万套住宅。这一政策对缓解贫民窟当前的拥挤状况，以及清除大部分最容易暴发瘟疫疾病的贫民居住点，肯定会大有帮助。同时，它还将持续提供15万个新就业机会。10年的时间，节省下来的失业救济金总额应该不少于7500万英镑。否则，这笔失业救济金将在10年内每年给政府带来1200万英镑的财政负担，而且在10年后，这一负担还将每年再增加600万英镑。

此外，建筑业是当前失业现象最普遍的行业之一。

在国家交通运输和住宅计划的开展过程中，需要特别注意保护乡村的原有面貌。现在该由国家采取措施来保护我们的草原、荒野、湖泊、森林、丘陵以及乡村的土地，为我们的子孙后代留下这片美丽多姿而又令人心境开阔的自然景色。确实，我们非常感谢公民个人的慷慨之举，感谢国家文物保管委员会[1]和公地与步行道路保护协会等民间团体。但随着人口的持续增长，随着居民安居点在全国范围内的分布越来越趋于均匀，随着公路、动力运输和电力供给方面的改进而带来的工业和人口分布格局的合理化，个人或私人团体参与社会公共福利的能力和范围已经跟不上时代发展的步伐，因而需要由国家来管理全国公共区域的保护工作。因此，自由党的政策打算逐步采取措施，把全国的公共区域，如萨里公地、南部丘陵、索尔兹伯里平原、达特穆尔高地、埃克斯穆尔高沼和皮克山区与湖区的部分地带等地区的管辖权掌控在政府手中。这一措施所需的开支并不是很大，

1　一个非政府机构，创立于1895年，其任务是保护和保管英格兰、威尔士和北爱尔兰三个地区的历史文物、名胜古迹、纪念碑、自然景区等。——译者注

而由此产生的未来收益却是不可估量的。

3. 其他发展项目

国家交通运输和住宅计划是自由党计划中最大的项目，这一点是毋庸置疑的，但我们不能轻视其他为数不多的小项目，这些小项目汇聚起来也是规模巨大的。同以上两个项目一样，由于消极政策的延误，这些小项目也迟迟未能实施。

近几年来，皇家委员会、部门委员会、政府各部门、公众委员会、地方当局和某些半官方团体都曾提出过各自感到满意的政策方案，但毫无例外全部被财政部否定了。在政府机关内，搁置着大量的计划方案，无人问津，而在这个国家内有许多思维敏捷、思想进步的有才之士，他们广泛地分散于各个阶级和各个地区，我们只有通过为他们提供工作机会的方式才能够将这些人才挖掘出来。

当我们对反对意见不再采取回绝、拖延、甚至扼杀的态度，而是形成一种务真求实的崭新氛围时，大量的有识之士才会主动地提出种种权利要求，才会激活每个人的思维，而他们这种严谨的作风事先是不会表现出来的。

许多带有这种性质的计划方案，在以往出版的各种自由党刊物中，都曾有过大致说明。根据规模大小依次排列为电话通信项目、电力发展项目和排水系统项目。据估计，这三个项目可以带来15万个就业机会。

这些类型各不相同的计划，单就个体而言的确很小，但其数量众多，总体来说具有相当大的规模，它们的实施必然会对国家产生积极的影响，我们对此抱有很大的信心。我们曾在上面提到，为了支持私营企业的发展，有必要扩大商业辅助方案的实施范围。

很明显，现在我们应当积蓄全部力量以推进国家的发展与重建工作，其中影响范围最为广泛、产生效果最大的是公共工程建设，如公路、住宅、电力、电话通信，以及铁路、码头、港口等。

我们认为，自由党刊出的《我们能够战胜失业》这本小册子并不是高估，反而是低估了当前需要完成的工作量，而且还低估了计划所需的定额支出对就业产生的影响。自从自由党小册子发行以来，许多评论家都十分重视铁路改造计划，这也从一个侧面反映了在当前的情况下，带有发展性质的可行的公共工程，不仅影响范围广泛，而且由此涉及的行业类型繁多。

五、政府的辩释

劳合·乔治先生是在3月1日自由党候选人的午餐聚会上宣布他的承诺。在此之前，对国家发展计划持反对意见的人采取了一种欲擒故纵、欲进先退的迂回策略，他们并不直接攻击这一计划，而是对此置之不理、不屑一顾，企图通过缄默的方式使这一计划实施的可能性降到最低。

从原则上讲，在失业形势如此严峻的情况下，推行适当的公共工程建设计划是正确合理的；但有种种迹象表明（或者暗示）政府的方案却是以目前不存在实施国家发展计划的可能性为行动原则的。对于这项备受瞩目的提案最权威的表述，公布在贝尔福工业与商业委员会最终决议的报告中。贝尔福委员会首先表示："有关部门一致认同应尽快实施一项必要的公共工程计划"。接着，该委员会说："尽管如此，但我们也不能指望这种行动方案能够产生十分显著的效果。大部分公共工程的建设项目并不能在各自的行业内为大量的失业人员提供就业机会，这一特性决定了公共工程建设可以推迟进行，也可以加快实行。不仅如此，在战前的萧条时期，政府为了尽快解决当时的失业问题，曾长期对地方当局使用了很多劝诱措施以及其他手段来加快必要的公共工程的进程，然而事实却无情地表明，在长期的萧条状况下，我们是不可能在短期内解决失业问题的。在这种情况下，通过这样的方式提供的就业不仅会渐渐失去它原有的经济特性，而且会渐渐退变得和普通的救济工作没什么本质区别。"

最近，有些人企图从另一个方面来证明国家发展政策是"毫无用处"的。他们指出，这一政策将使一定数量的资本支出所能提供的就业机会减少到最低程度。于是，丘吉尔先生在去年11月8日的下议院发言中做了以下说明：

“在最近的几个月里，公共部门对各种可能的救济工作做了非常审慎、仔细的研究……”（在这里，丘吉尔先生使用的“救济工作”是来描述资本支出计划的，这是内阁成员们借以混淆、争论问题的一贯手法。）

“从一般立场出发，我们是不赞同这类计划的，尤其是由国家来直接指导实施的时候。据最近的实例研究，我们惊奇地发现，与其他任何情况下的支出效果相比，我们为解决失业问题而实施的公共工程建设实际上所取得的成果少之又少，实在是令人大失所望。”

丘吉尔先生的态度，使内阁成员们更加坚定了支持官方调查的决心。因此，工业运输委员会在他们的报告中讨论了“人工创造就业”的问题，只是这一部分的论据缺乏、内容枯燥，使该委员会的报告逊色许多。报告的部分内容现转述如下：

“根据当前的成本实例研究，我们估算，1350个非熟练工人从事为期一年的主干公路改建工作需要花费100万英镑。而同样数目的一笔资金用于排水系统改造时，可以为大约1000个非熟练工人提供两到三年的工作。政府为了解决当前所面临的失业问题，试图建立一个规模足以影响就业形势的人工替代性的就业市场，但以上数字很明显地指出，为解决失业问题而采取的任何措施所需要的费用太高，高到令人望而却步。”

官方委员会做出的报告及其数字都是通过官方信息得来的，这是为了能够引起英国民众的重视。但凡有理解能力的、思想开明的人，在以前是不会听信这类言辞的；但在贝尔福委员会和工业运输委员会等权威机构的大力灌输之下，他们也逐渐认同了政府的结论，理所当然地认为，虽然国家发展政策在原则上是正确的，但实际上对就业能够产生的影响却微不足道。内阁成员们利用一切手段，就是为了让民众相信他们的观点。

“你们总是振振有词地要求我们干实事，那么请你们明确指出究竟想让我们做哪些事”——这就是内阁成员们多年以来颇为自得的反驳之词。例如，在上面引述的丘吉尔先生的发言中，他对那些批评者质问道：“某位光明磊落的绅士曾说，我们必须做出抉择，要么支付失业救济金，要么投资公共工程。当然，如果他能告诉我们如何才能选择前者而不是后者，那么我们将会毫不犹豫地做出抉择。”

有一种观点认为公共工程所能提供的工作机会不仅数量不多，而且种类也不合适。在下面的论述中，我们将着重讨论这一观点。自由党人士在《我们能够战胜失业》一书中对这一观点进行了独辟蹊径的驳斥，他们把计划依据的理由划分成若干个具体的条件。自由党的国家发展计划源于“自由党黄皮书”（即《英国工业前景》）中的有关建议，随后在1928年3月，自由党正式决定把该计划作为该党派的行动纲领。如果现在内阁成员们仍然只是想把自由党政策看作一个模糊不清的方案，恐怕不太可能了。

因此，内阁成员们已经改变了反对自由党计划的策略。现在他们承认确实有许多工作要做，但又坚持认为，我们所做的任何事情仅仅是把就业从一个行业转移到另一个行业，总体来说，对就业的影响微不足道。

与此同时，政府依然坚持按其原来的原则行事。在1927年9月之前的一年里，新建房屋的数量达到了近年来的最高点，总计为21.2万套，但因为政府削减津贴，国家计划在下一年只新建房屋10.1万套。公路改造工程也同样受到了限制，蒙塔古勋爵生前曾说：“在过去的两年里，几乎没有任何关于新建主干公路的计划或举措。”从这两个事实来看，我们就能够明白为什么这一时期的就业形势会令人如此沮丧，而丘吉尔先生却说道：“这是我自1914年以来记忆中头脑清晰时间最长的时期。”

六、自由党计划可以提供多少就业机会？

在分析自由党宣言的过程中，人们自然而然地就会想到两个问题：第一，既定数量的资本支出可以提供多少就业机会；第二，提供的工种是否适合当前的失业者。

关于第一个问题中所涉及的数字，一直是人们争论的焦点，在《我们能够战胜失业》一书中，自由党通过实例为自己的结论辩解。因此，为方便起见，我们先从第一个问题开始叙述。

1. 每100万英镑的支出可以提供的就业量

在《我们能够战胜失业》这本册子中，自由党声称，每年向公路改造投资100万英镑，这意味着会直接或间接地提供5000个就业机会，其具体内容如下：

“据专家估计，从总支出中，大约会拿出80%的资金将直接或间接地用于支付工资。这就意味着每100万英镑的支出可以提供大约5500个就业机会。其中直接提供的就业量是2000～2500个，其余的则由材料的生产和运输间接提供。总而言之，每100万英镑的支出提供5000个就业机会基本上不存在什么问题。”

从上述可以看出，这一数字几乎是工业运输委员会在其报告中所提及数字的4倍。让我们回忆一下，他们的估算是“为1350个非熟练工人提供一年的公路改造工作将花费100万英镑”。他们在报告中强调了“非熟练工人”，确实，这一点很容易解释这两者之间的估计偏差。但是他们忽略了两点：①直接受雇于公路建设的熟练工人；②由生产公路建设所需原料而间接创造的就业量。但是工业运输委员会一直认为，1350这一数字已经充分估计了公路改造所能提供的就业量。他们完全就没有考虑到间接创造的就业量；而且以1350这一数字为依据，做出了国家发展政策不可能对失业问题产生实质性效果的结论。

庆幸的是，这一争论问题现在基本上已经得到了解决。内阁成员们是如此的轻率和鲁莽，以致武断地认定自由党所估计的数字明显被夸大了。1929年3月4日，也就是在劳合·乔治先生宣布其承诺的几天后，经济部部长菲利普·坎利夫·利斯特爵士说过一段话：

“我曾询问过运输部，实施一项公路改造计划能够提供多少个就业机会。他们的回答是，100万英镑的支出只能为2000名工人提供一年的工作。”

当然，菲利普·坎利夫·利斯特爵士也同样忽略了间接就业的创造。此后，关于这一问题的提案交由下议院审议，结果作为提供数据的运输部部长，阿什利上校只得道出实情：

“假如整个工程所包括的大部分计划项目均在城市范围内实施，而且很大一部分手工劳动者由此可以获得就业机会，则这一数字或许会增加至2500左右。

至于在工程实施范围以外的地区可以提供多少就业量，迄今为止，还没有足够的资料可以判断出一个合理的估计数字。但有一种假定认为，对于受雇于实际工程的每一个人而言，将相应地有另外一个人通过生产和运输工程所需原料以及其他途径而间接地获得就业机会，一般说来，这样的假定是不无道理的。”

由此可见，官方实际上也承认自由党的估计绝不是无中生有、凭空臆造的。实际调查情况表明，直接提供的就业量在2000～2500之间，阿什利上校由此断定，自由党小册子的估计数字是十分准确的，因为考虑到间接创造的就业数量，这一数字“基本上是靠谱的”。但是考虑到内阁成员们以往对此有过定论，阿什利上校采取了一种低调处理的方式，他仅仅是轻描淡写地提到了实质上具有决

▼休姆大坝建于1936年，在澳大利亚的新南威尔士州，用于防洪和水力发电

定性意义的间接就业的创造问题。因此，我们认为关于公共工程所能提供的就业数量，自由党的小册子并没有夸大其词，可以说，5000这个数字是“一个十分稳妥、确切的总体估计”。阿什利上校在下议院的陈述足以表明，自由党小册子对公路建设将提供的就业数量的估计是完全正确的，而内阁成员们与工业运输委员会所竭力散播的结论，事实上是完全错误的。

一般来说，我们认为每100万英镑的资本支出可以提供大约5000个就业机会，考虑到自由计划囊括许多类型不一的项目，总体而言，这是一个比较可信的平均估计数字。

2.　间接就业创造的重要性

间接就业的创造在好几个方面都大有裨益。在过去的一段时期，《我们能够战胜失业》一书中所涉及的相关计算问题，一直是某些人士质疑自由党计划的焦点所在。这场争论无形中有利于问题的澄清。最终的结果表明，小册子中列举的计算数字完全是立足于可靠的专业技术分析之上的。这一事实使我们有足够的理由相信自由党关于住宅建设、电话通信等方面的资本支出对就业影响的估计，但公共工程的支出对就业的影响还不止于此。现在我们可以清楚地看出，官方借反对国家发展计划为由（或依据）是十分不切实际和轻率的。工业运输委员会完全忽视了与公路建设有关的所有间接就业创造的因素，也许在他们看来这样做很合理。更进一步说，但凡断言国家发展支出成效“不理想”的那些人，都忽略了这一因素的存在。为什么有这么多人都忽略了这一因素的存在呢？事实上，自由党的提议并没有任何奇异、微妙之处。公路建设势必会对原材料有所需求，而原材料的生产则需要劳动力和其他一些商品，同样，这些其他商品的生产也需要劳动力。实际上，诸如此类的连锁效应就是工业活动过程中的本质体现。所以，想要正确理解经济科学，既要对这类连锁效应所波及的范围有充分的了解，还要对普通商品的生产过程中所涉及的众多行业有足够的认识。举例来说，一套服装的剪裁对布料产生了需求；布料的生产则产生了对棉纱和毛线的需求；由此又产生了对原毛的需求。在这一过程中，农场主、商人、工程师、矿工、运输工人、店员所提供的劳务互为因果，有机地结合成了一个整体——这也正是经济科学的基本常理。然而，我们的内阁成员们和工业运输委员会却孤立地看待服装的制作，好像在这一过程中，除了需要裁缝之外，再没有其他行业与此有联系。显然，这种看法犯了一个低级的错误，然而可悲的是，近些年来，我们的政策方针正是被这类谬误主宰着。

一般来说，资本支出计划提供的间接就业数量要大过直接创造的就业数量。因为随着这类计划的不断推进，它会引起一系列的连锁效应，最终由此提供的就业数量中的很大一部分将广泛分布于整个国家的各个行业内，这就是间接就业的创造过程。假如有人以“范围太大”为托词，认为间接就业数量至少是无法估算的，甚

▼位于田纳西河上的瓦茨坝大坝建于20世纪40年代初，是田纳西河谷管理局公共工程项目的一部分

至是凭空臆造的，那么这就毫无道理可言了。实际上是刚好相反的，在适度的范围内，这一数量完全可以估测出来。在这一点上，我们对《我们能够战胜失业》一书中的保守估计感到很满意，因为就总体而言，低估要比高估更为可靠一些。

3. 商业活动的累积效应

资本支出计划对就业的影响作用还不止上述的两个方面。除了间接就业的创造之外，国家发展政策还将以其他方式促进就业。我们可以设想一下，如果现在领取失业津贴的无业人员重新找到了工作，有了工资收入，这就意味着有效购买力会有所提升，对于商业来说，这肯定是一针兴奋剂。不仅如此，商业活动具有自我加速促进的特性，这也就是说，在商业走向繁荣的过程中，存在着一种可以产生累积效应的力量；当然，在商业萧条时期也同样存在这样的力量，只是发挥作用的方向不同而已。具体来说，当商业处于萧条期时，会出现延期订货的趋势，人们普遍不愿留有存货，对未来充满质疑，在风险面前畏缩不前；不过，当商业开始复苏时，这种力量就会加速促进商业活动的发展，在这个时候，整个企业界普遍存在着创立新企业、进行资本扩张的乐观氛围。于是，商业扩张形势越来越强，最终走向繁荣的顶峰。

对于这种累积效应，到目前为止，还没有什么方法可以准确地加以衡量，因此，在《我们能够战胜失业》一书中对这方面几乎没有加以说明。但在我看来，这方面对就业的影响具有重大意义。正因如此，我认为，既定资本支出对就业产生的实际效果要远大于自由党小册子中的估计。从劳合·乔治先生的承诺中可以看出，他所考虑的诸多事项全部与时间因素有关。从公路建设工程开始实施，到这项工程对就业产生全部影响时为止，这中间存在着一段很长的时间间隔，某些人认为这一段时期将白白浪费，没有任何意义，对此我表示反对，我认为这种认识是大错特错的。俗话说："未见其人，先闻其声。"经济科学告诉我们，一旦公共工程计划开始实施，立即会对这个国家的整个商业和工业产生刺激效应。

4. 就业工种的适宜性问题

关于国家发展计划，有一种反对意见最为常见，即认为由此提供的就业在工作种类上并不适合绝大多数失业人员。

如果完全忽视间接就业创造因素的存在，这种反对意见似乎是有些道理的。假如国家发展计划的目的在于使大量的失业人员从事户外工作，诸如公路建设等，那么这种结果绝对是对自由党计划的一种讽刺。实际上，劳合·乔治先生早已说明，公路建设将至少涉及47个不同的行业，而且由此创造的就业岗位中绝大多数并不是在本行业内，而是广泛地分布于其他47个相关行业内。所以，以只有一部分失业人员适合做重体力工作的事实作为争论的依据，是偏离主题的。

有一种观点认为，总失业人数当中只有很小一部分可以称为永久性失业人员，而绝大多数只是临时下岗人员或暂时失业人员，这些人是能够在本行业内再次获得就业机会的。的确，这是普遍存在的事实，但同样与这里所讨论的问题没有关系，不过这一事实有助于我们对问题的理解。国家发展计划的资本支出将对各行各业产生广泛而深远的刺激作用，在这一过程中，许多行业将重新吸收熟悉本行业的失业人员或临时下岗人员。随着劳动力的不断吸收，失业人数自然而然会逐渐趋于减少。

举例说明，国家发展计划需要大量的钢铁原料。为了满足这一需求，钢铁工业需要吸收一定数量的劳动力以扩大生产，但它没必要雇用不熟悉本行业的人员，因为它可以雇用那些有经验的失业人员或临时下岗人员。劳动力的吸收意味着失业的减少，因此，那认为这一计划无法“利用”暂时失业人员的说法是不切实际的。当然，由于钢铁业经营不善而临时下岗的那些工人是完全可以利用的。而且，以全日制工作代替非全日制工作，不管在事实上，还是在统计上，都意味着实际失业人数的减少。

在分析失业问题时，我们通常是把过去8年里每一年的总失业人数做一番比较，这种做法常常使我们忽视了失业人数在各个行业内分布的变化情况，而这一点却是最重要的。1924年，各煤矿企业的在编员工大约为120万人；到1928年

8月时，在编员工人数还没有90万。在前一时期，失业矿工总计只有2.6万人；而后一时期却几乎将近30万人。到目前为止，失业矿工人数已经缩减到14.5万人，造成这种结果的部分原因是煤矿业的复苏，但主要还是失业矿工向其他行业的转移。另外，建筑业的失业人数从1926年3月的6.4万人增至1929年3月的10.4万人。在同一时期里，诸如公路改建等建设工程行业的失业人数从2.6万人增至3.7万人。

有些人认为，大规模的行业援助计划并不是一项适宜的补救措施，它无法解决建筑业以及某些衰退行业的失业问题。我认为，这是一种没有根据的臆断。在某种程度上，失业现象广泛地存在于各行各业，当某些行业的就业形势持续恶化时，自然就会发生劳动力的转移，也就是说，劳动力会流向那些就业机会较多的

▼1910，在俄罗斯乌拉尔山脉的巴卡利山区，一家人拿着铁锹和马车在铁矿工作

行业。如果总体失业水平一直居高不下，表面看来是因为行业吸收劳动力的后劲不足，然而从本质上讲，是因为行业系统出现了问题。

5. 需要多长时间才能实现目标

某些现任政府官员曾经说过，即使实施强有力的政策，也不可能在一年之内把失业数字降低到正常水平；但是就在最近几个星期里，他们却毫不迟疑地把法规的制定立足于这样一种假定，即失业数字将在一年之内降低到正常水平，这种言行不一的做法，着实有些讽刺意味。1929年年底，政府根据布拉内斯堡委员会的建议，审议并通过了一项失业保险法案，其中包括众所周知的“30项贡献法令”。这一法令规定，凡是在过去两年里没有做到30项贡献的人——例如那些长时间一直处于失业状态的人——都丧失了享有失业津贴的资格。假如这一法令实施的话，绝大部分的失业矿工将失去领取失业津贴的权利。但法案规定这一法令在未来的18个月内暂不执行。为了平息舆论的压力，下议院的政府发言人对这一法令的具体条款进行了辩护，同时声明，政府推迟实施期限的原因是相信失业问题会在这一法令生效之前降低到正常水平。

实际情况表明，政府的美好期望并没有实现。因此，政府在3月审议了一项修正法案，规定“30项贡献法令”继续延期施行，但期限只有一年。由此可以看出，劳工部仍然相信其乐观的假定，虽然已经有些底气不足；同样，内阁成员们也坚定原有的立场，相信失业状况会在这一年回落到正常水平。与格雷勋爵有所不同，他们相信的是劳合·乔治先生承诺的目标，而不是所使用的政策。就自由党计划本身来说，其目的和手段是高度统一的，是一个不可分割的有机整体。既然政府深信失业将回落到正常水平的目标，并以此作为议会法案的依据，那为什么要拒绝使用这一计划所建议的政策手段呢？这种做法的确匪夷所思。事实上，只有借助于强有力、具有决定性意义的政策，才可能实现设定的目标。

七、自由党计划的成本

劳合·乔治先生在其承诺中曾明确表示，自由党计划的实施不会带来额外的税收负担。当然，他也承认这一计划并不是毫无代价的；但他坚信，这一计划的未来收益是相当可观的，仅仅是其中的三项收益——某些其他方面的节余、政府岁入的增加以及诸如军备开支的削减——就完全能够补偿计划所需投入的资金。

或许正是这一部分的承诺引起了那些怯懦分子的猛烈抨击。但这些人事实上并没有发言权，因为他们对计划的成本没有一个明确的概念。其实，劳合·乔治先生原本应该很有信心地许诺更低的成本，他实际的做法只不过是为自己留有更大的回旋余地而已。

接下来，我们试着从一组非常不利于劳合·乔治先生的假定（几乎极端化的假定）出发，看一看即使在最糟糕情况下，计划所需的成本到底有多少。这一组假定依次为：①计划在实施完毕之前需要花费3亿英镑；②计划中任何一个项目的最终收益均为零；③单从最狭义的方面考虑由此造成的预算得失，而国民收入与福利方面的得失暂不考虑。另外，我们进一步假定，在计划所需贷款的利息和偿债基金方面，每年必须支付本金的6%。

事实上，上述的假定是不可能发生的，因为三年内耗费3亿英镑，最终竟然连一个便士也赚不回来，天下实在没有这等事。不过我们姑且就这样假定。依照这些假定，每年预算的费用是1800万英镑。

这笔费用大约占目前政府收入的25%。倘若就业增加5%可以使目前的税收收入增加1.5%，倘若军备开支能够削减7.5%，那么这笔费用毫无疑问是可以得到补偿的。

当然，依照这些假定所预估的费用，必定会远远超过劳合·乔治先生承诺的计划成本。而实际上，他的计划需要耗费的资金远远低于1800万英镑。

首先，公路发展计划的所需资金完全可以由改建后公路的“增值”和现有公路基金的专项拨款提供，所以它不会给预算带来任何负担。

其次，住宅建设计划作为自由党计划中耗资最大的一个项目，确实需要资金方面的援助，但它将来可以通过租金的形式逐渐收回所投入的资金。E.D.西蒙先生指出，与保守党每年新建10万套住房的计划相比，虽然自由党计划的20万套规模比较大，但其所需的资金主要可以通过出租住宅的方式自我筹集，因此它每年给预算带来的费用仅为120万英镑，三年总计为360万英镑。另外，这一计划每年需要支付60万英镑的利息，三年累计则是180万英镑，加上前面的支出，所需费用总共540万英镑。并且，住宅计划将带来15万个就业机会。

最后，自由党计划中众多类型不一的项目，例如电话通信和商业辅助贷款，总体来说能够做到自给自足。

根据失业部的统计，为了满足计划中需要财政援助项目的资金要求，预算支出每年要增加250万英镑；由于计划的实施期限为三年，总共来说，750万英镑（当然是能够收回的）将是绰绰有余了。

此外，政府无须为每年250万英镑的预算支出感到担忧，由这一计划增加的政府收入与军备开支的削减将完全可以为财政带来相应的收入，与计划的未来收益相比，这笔费用根本就是微乎其微的。当然，我们希望自由党执政政府能在这个基础上更进一步。毕竟，250万英镑只相当于政府收入的0.33%和军备开支的3%。

但是，这一计划所带来的收益远不止上述的那些。因为失业减少而带来的失业基金方面的收益我们还没有考虑。严格地说，失业基金是独立于预算的国家专项资金的，所以这方面的收益并不会对于预算状况的好转有直接的帮助。但它对预算有间接的帮助，因为失业基金方面的赤字早晚得由预算来填补。

如果失业人数减少50万，则失业补助基金每年可省下2500万英镑。读者稍加计算就可以看出，与以上估计的计划每年给预算带来的费用相比，这一数字是多么庞大，具体来说，后者是前者的10倍之多。而且我们还没有考虑由此省下的实施济贫法案方面的支出，当然，还有各项基金的利息支出。

▲1914年4月20日，罢工的煤矿工人在科罗拉多州特立尼达市的一个帐篷区遭到警卫袭击，共有 19人遇害，其中包括妇女和儿童

由此可见，这一计划每年所需资本费用的1/4可以通过失业基金方面的收益于当年之内予以补偿。

另外，由于国民收入增加而带来的政府收入的增加部分，或许能够于当年或下一年度内抵消其中的1/8。

因此，一半左右的计划所需资本费用完全可以得到即时补偿。因此我们可以说，这一计划并不会给国家带来任何明显的损失，而且平均来说，每年5%的成本还可以带来2.5%的收益。

到目前为止，我们考虑的范围仅仅局限于国家财政方面，而国民福利方面根本没有涉及。如果我们试图进一步估算失业人员因为再就业而得到的持久利益以及整个国家的利益，当然，衡量的标准不是直接的现金收入，而是诸如运输系统改造后的效率提高和国民住宅的健康舒适等方面的自然增值，那么可以确定的

▲1936年，罢工工人以真人秀的形式示威。牌子上写着“市中心现实、不公平工人、多收房客、支持罢工”

是，计划所带来的未来总收益之高将是不可估量的。

有些人的观点显得太过于悲观了，他们认为，计划的成本之高、风险之大是令人难以承受的，由此可能获得的收益相对而言却少得可怜。现在看来，他们的确是有点庸人自扰了。

八、难道自由党计划仅仅是转移就业吗?

近来常能听到这样一种反对意见，相对于其他的意见，其主要认为政府为资助生产性计划而筹集资金，势必会减少对一般工业使用的资本供应。如果情况果真如此，国家发展的方针政策就不可能真正增加就业机会，因为这样做其实只是以国家计划下的就业替代了正常情况下的就业而已。而且反对者认为，要么出现这种情况，要么就必然引发通货膨胀。由此看来，政府在失业问题上的拯救措施似乎产生不了任何效果，甚至可以说完全无济于事。所以，当前的问题是不可能得到解决的，我们只能听其自然了。

这就是我们的财政大臣在其预算报告中所持有的观点。他对国会下议院说：“一般来说，政府举债和政府支出——不管它们对政治或社会有何帮助，基本上不可能增加实际的就业机会。即使由此能够促进就业，这种情况事实上也是很难持久的，这就是财政部传统的信条，是我们长久以来一贯遵从的。”最终他的结论是，政府的某些支出的确是难以避免的，但就这类支出本身而言，不管如何明智、合理，都无法解决失业问题。

根据当前的实际情况，我认为，这个论点是完全没有根据的。

首先，并没有充分的理由表明这个论点只限定适用于国家创办的企事业。倘若确实有证据能证明这个论点适用于国营事业，那它肯定同样适用于任何涉及资本支出的新工程或新企业。倘若某些工业巨头决定开办新事业，打算斥巨资（比方说1亿英镑）用于兴建工厂，我们就一定会预料到就业形势将大为改观。当然，这样的预期肯定是错不了的。但如果财政大臣的论点是正确的，那我们的想法就有问题了。依据他的论点，我们只能得出这样的一个结论，即这些富于创业精神的企业家只是把用于其他目的的资金转移到他们兴办的企业中，最终对就业而言，并没做出什么实质性的贡献。实际上还不止如此，我们或许不得不进一步做出更加惊世骇俗的结论，不得不由此断言，不管通过什么方法（除非是不可思议的通货膨胀）都不能解决目前的失业问题，我们前进道路上的障碍不是别的，就是资本不足。然而，这种结论又令我们非常疑惑，因为大家都知道，英国拥有非常庞大的剩余资金，它每年对外出借的资金通常都在1亿英镑以上。

由此可见，财政大臣的论点肯定不是出自常识判断。近年来住宅建设计划让许多人获得了就业机会，这是一个不争的事实。倘若有人认为，即使没有这一计划，也照样会有同样多的就业机会，我想任何一个有判断能力的人决不会相信这种偏离事实的说法。相同的道理，如果采用了劳合·乔治先生的就业计划，肯定会有更多的人找到工作，对大多数人来说，这一点是显而易见的。

财政大臣的论点不但表面上是不可信的，而且事实证明它确实是错误的。新投资之所以可以带来就业净增量，是因为以下三个来源：

第一个来源是储蓄，这正是我们目前用来支付失业津贴的资金来源。

第二个来源同样是储蓄，因为缺少适当的信用媒介，这项资金基本上已被消耗殆尽了。

第三个来源则是对外贷出的资金净额的减少。

接下来，我们将逐一分析这三个来源，首先从第一个开始。

所谓个人储蓄，就是说某个人所生产的金钱超过了他本身所消费的额度。这个剩余额度可以用来、也应该用来增加资本设备。但遗憾的是，这并非利用储蓄的唯一方式，它也可以用来使其他人的消费超过他们的生产能力。

当出现失业现象时，情况正是如此。这时我们会把储蓄用来救济失业人员，而不是用来为国家增加资本设备。劳合·乔治先生计划使用的储蓄，并不是挪用其他资本设备项下的资金，而是部分取自于失业项下的救济金。仅仅就失业津贴一项来说，我们每年就需要支出5000万英镑，而这还不是用来援助失业人员的全部费用。

下面我们来看一下第二个来源。应当指出，个人储蓄并非就一定会转化为投资。用于资本改良的投资额度，一方面取决于英格兰银行信用创造的规模；另一方面取决于企业家们的投资欲望，而政府本身——正如我们所看到的那样——现在已经成为一个重要的投资主体。在这些因素的支配之下，投资总量并不一定与储蓄总量相等，实际上两者经常会有所偏差，而正是两者之间的这种不平衡带来了诸多困扰我们的难题。

投资大于储蓄的结果是经济的繁荣、高度的就业，还有通货膨胀；投资小于储蓄的结果则是经济的萧条、异常的失业，这也正是我们当前所面临的困境。

关于信用扩张，往往会有人提出反对，他们认为这样必然会引起通货膨胀。但并非所有的信用创造都意味着通货膨胀。只有当我们人人都有工作可做，储蓄已经完全耗尽，而我们仍在继续实施扩张政策时，就像我们在战争时期和战后一段时期内所做的那样，才会发生通货膨胀。

有些人认为资本支出政策将引发通货膨胀，除非同时从一般工业中挪用一部分资本。如果是在经济繁荣时期，这样的说法显然是正确的；如果资本支出政策的实施规模过于庞大，导致对储蓄的需求大于供给，此时上述说法也是符合实际的。但就事实而言，我们当前的状况还远远没有达到这种境地。我们当前最先需要解决的是严重的通货紧缩、经济的萧条，至于由国家发展政策而造成的通货膨胀，其危害性实在是微不足道，可以完全忽略不计。在目前情况下，以通货膨胀这个可怕的毒瘤作为反对资本支出的理由，就好比警告一个患有痨病、面黄肌瘦

▼1926年，英国工人在英格兰银行前面举行大罢工运动，这是英国工会发动了历史上最大的一次总罢工。由于政府取消了战后补贴使矿工的工资降低而引起的大罢工，在当时有煤矿、运输和钢铁企业等400万工人联合罢工

的病人“过度肥胖是危险的”。

到目前为止，英格兰银行一直不敢贸然实行信用扩张政策，其中的原因，可能是害怕信用扩张会造成黄金流失，而他们认为没有足够的黄金储备以应对这一结果。

倘若英格兰银行为了缓解国内企业的疲软态势而扩大信用量，那这笔新增的信用量，能否被国内企业按当时的利率加以吸收，该行并没有十足把握。然而，信用扩张将导致市场利率随之下降，这时新增加的信用量，或许有很大一部分会流到国外借入者手里，结果将使该行的黄金储备流出。所以，除非英格兰银行可以事先确定，在当时的利率水平下国内的借入者愿意吸收贷款，否则贸然扩大信用是有风险的。

自由党计划之所以能够适应当前形势下的基本情况，是因为它提供了确保扩大信用安全的必要条件。

当然，英格兰银行对政府的资本支出计划必须持有忠实诚恳的合作态度，尽其所能地协助计划得以顺利实施。因为英格兰银行的职权完全可以决定这一计划的成败。如果该行为了防止银行信用的扩张而实行通货紧缩政策，那么已经安排妥当的各项政府计划必然会受到冲击，财政部为援助计划的资金支出也只能是以牺牲其他企业为代价，这种结果是所有人都不愿看到的。

因此，我们认同麦肯纳先生的观点，认为在当前形势下解决问题的关键在于信用扩张。但如果我们只是单纯地去扩大信用，而不为信用在国内的具体用途提供条件，那我们难免会担忧，害怕这些新增信用量的绝大部分会流到国外借入者的手中，从而卷走我们的黄金储备。由此，我们得出的结论是，银行信用的扩大也许是促进就业的一个必要条件；与此同时，实行一项吸收新增信用量的国内投资发展计划却是确保扩大信用安全的一个必要条件。

自由党政策所需资金的第三个来源是对外贷出净额的减少。

目前我们的储蓄中有很大一部分被用来投资国外发行的各类证券。假定国家发展政策所需的巨额资金，完全来自对失业救济的现有支出和目前被浪费掉的储蓄，可能这两个部分仍然不够；再假定为了满足政府的资金需求，其他借入者将无法获得贷款。不过，在这种情况下，这些借入者并非就一定是英国的企业家。因为伦敦目前向外国政府或国外的地方当局提供了规模庞大的贷款，通过资本市场的巧妙运作，完全有可能收回一部分这方面的贷款而用于政府的支出计划。因此，英国政府的贷款行为将主要影响到证券市场。

目前，英格兰银行因自身原因，对于凡是能减少对外投资量的任何事情，都表示欢迎。外汇的总体形势是令人担忧的，最近银行利率上调就是一个明确的证据。如果对外投资量能有所减少，那么外汇的不稳定局面将会得到缓和。正因如此，在一两年前，英格兰银行规定对外投资实施半官方的禁令。当然，禁令是一种比较严厉的手段，只适宜在短期内使用，所以我们不建议再用这种禁令。虽然目前的形势稍有缓和，但依然很严峻，因此仍旧存在实施禁令的可能性。目前我们在对外贸易平衡方面处于逆差地位，对外投资的增加将是十分危险的，而对外投资之所以会发展到如此严重的地步，部分原因就在于储蓄在国内可投资的领域不多，在国内出路太少。

由此可见，资本支出政策的结果，不仅能够扫除通货紧缩情况下的经济萧条，而且还能够使现在向国外寻找出路的储蓄大部分地转移到国内以谋求发展。这一结果是我们希望看到的，也是符合英格兰银行自身利益的。

有人对此提出反对，认为减少对外投资必然会引起出口的下降。对于这种反对，我们实在看不出理由何在。正如我们所指出的那样，对外出借净额的减少将缓解英格兰银行在黄金储备方面的压力。它的主要影响，最终并不会引起出口的下降，而是引起进口的增加。因为新计划的实施肯定需要一定数量的进口原材料，当目前这些失业人员一旦有了工作，再次挣到可观的工资收入，自然会购买更多的进口食品。

在这里，我们想说的是，劳合·乔治先生计划所需的资金并不是从其他资本设备挪用过来的，而是部分取自于救济金；还有一部分来源于储蓄，因为缺乏适当的信用媒介，这部分资金目前正在无形中被浪费掉了。新政策将刺激经济走向繁荣，在这一过程中，会出现某些新事物。同时，通过缩减对外贷出，我们依然能保持局势的平衡。

新政策的实行将使当前的整个失业大军重新获得就业机会，同时还会进一步增加国民财富。而有些人则认为，如此不遗余力地去实行这种政策必然对财政造成灾难性的后果，根据“安全第一”的原则，我们应该维持一部分人处于失业状态。对于任何聪明的人来说，这种想法简直就是奇谈怪论。

要知道，正是为了利用这些闲置的生产资源，我们才实施新投资计划的。

我们的论点简单明晰，显然是毋庸置疑的。在吸收闲置劳动力从事生产活动的过程中，可能会出现某些实际困难，但不管怎样，我们都会尽力避免占用其他形式使用下的资源。

对于我们自己、劳合·乔治先生以及他的顾问们来说，这一结论并没有什么特别之处，其中所涉及的理论问题也并不艰涩难懂。近年来，经济学家们普遍争论的一个问题就是，政府资助的资本发展计划能否真正促进就业。争论的结果表明本章所论述的结论是正确合理的，而所谓的财政部信条纯粹是无稽之谈。例如——援引某些才华出众的权威人士的见解——我们上述的论点与庇古教授[1]的论证结果十分接近，他在最近撰写的《工业波动》一书中（第二部分，第十章），详细阐述了财政部信条，并确定无疑地指出它的谬误所在，而且庇古教授的这一论点得到了乔赛亚·斯坦普先生的认同。与此同时，麦肯纳先生也积极地支持这一见解（参阅他在1927年对股东们发表的演讲稿，后来再版于《战后的银行政策》，第118页），作为世界上最大银行的总裁，他毫不迟疑地坚持扩大企业活动资金量的投入，他认为，这种做法并非一定会引发通货膨胀。

实际上，对于上述论点，除了财政部圈内的某些人士以外，还没有一位声名显赫的权威经济学家提出过反对意见。鲍德温先生、丘吉尔先生和拉明·沃辛

1 庇古（1877—1959年）是英国著名经济学家，剑桥学派的主要代表之一。他的著作很多，比较著名的有：《财富与福利》（1912年）、《福利经济学》（1920年）、《工业波动》（1926年）、《失业论》（1933年）、《社会主义和资本主义的比较》（1938年）、《就业与均衡》（1941年）等。——译者注

顿·埃文斯爵士坚持认为政府举债必然会减少供私营企业使用的资源，认为劳合·乔治先生反对他们的只不过是一种似是而非的鬼把戏。如果公众相信他们所说的是正统经济理论，那就大错特错了。然而，劳合·乔治先生的反对恰恰是正确的。构成自由党政策的基础理论，是经过专家们的再三权衡之下才做出的。

九、现任政府的消极政策

近年来，财政部关注的主要是在其管辖范围内的各个部门的战争债务转化问题，而我们的整个经济政策也正是在这种情形下出台的。财政部认为，政府借债越少，把战争债务转化为利率较低的债务的机会就越大。因此，为了利于战争债务的转化，他们竭尽全力削减一切公共借款以及政府的资本支出，而不管这类支出对生产是多么有利、多么有价值。这样的做法到底会造成怎样巨大而持久、广泛而深远的影响，公众对此可能还一无所知。

对于一切有利于社会发展且有益于企业发展的周详计划，他们尽其所能地是以“不”的答复而拒之于门外。事实上，缩减资本支出对政府债款利率的降低，的确会起到一些作用。但同样的事实也表明，它会增加失业，会使国家的必要设备停留在战前水平。

即使从预算的角度来看，财政部的做法似乎也是得不偿失的。倘若有人仅以这种做法有可取之处而表示赞同，那实在有点牵强了。资本市场是一个国际性市场，对金边证券的利息率起决定性作用的诸多因素，已经超出了我们所能控制的范围；英国政府通过削减或扩大资本支出对这方面所能产生的影响力度是有限的。假定在最极端的情况下，由此可以使利率降低0.25%。考虑到等待转化的战争债务是20亿英镑，这一数字意味着每年的债务负担将相差500万英镑。试将这个数字与去年的失业基金支出进行对比，可以看出后者高达5000万英镑之多。

应当指出的是，在今后的（比如说）10年里，形势很有可能会发生变化——

这种变化在战前时常发生——因为受某些国际因素的影响，利率将降低到匪夷所思的地步，甚至比财政部在国际市场利率非常之高的不利环境下千方百计想要达到的水平还要低得多。如果真的发生，这时才是顺利实施战争债务转化计划的大好时机。因此，即使财政部目前能在比现有市场利率低0.25%或0.5%的水平上实现战争债务的转化，可能还是极不划算的。如果为了贪图小便宜而过早地实施战争债务转化计划，我们终将为此付出巨大的代价。对此，我们应当沉着冷静，等待条件成熟，一旦时机到来，财政大臣自然会大有斩获。

除了要考虑预算方面的利弊得失之外，还存在一个阻碍国家资本发展的因素，那就是我们当中存在着根深蒂固的混乱思想。利率的下降是由两个原因造成的，而这两个原因是相互对立的。当储蓄供给过多，即可供投资利用的资金过多时，利率就会下降；当投资需求不足，即使用储蓄的意愿不足时，利率也会下降。如果利率的下降是由第一个原因造成的，无疑是非常有利于国家的。但是，如果利率的下降是由于我们刻意限制投资出路而造成的，那么这毫无疑问是使我们陷于贫困的自我毁灭之举。

如果单单依靠个人不把其全部收入都用于当前的消费，反而留有部分用于储蓄的这样一种消极的节俭行为，国家是不会走向富裕的。国家的富裕必须有赖于另一方面的积极行为，即利用这些储蓄来提高国家资本设备的装备水平。

富裕的人不是守财奴，而是那些能够将钱进行有效投资的人。

我们主张人们厉行节约是为了省钱去修建房屋、改造公路等。因此，那种通过暂停资本改良的强制手段来压低利率，从而阻断储蓄的出路，让储蓄无用武之地的政策，无异于自杀。类似这种政策，即使被吹得天花乱坠，也不会有人支持。其实在过去的许多年里，财政部一贯遵行的就是这个政策。有时来自公众舆论或政府其他部门或地方当局方面的压力，会使他们做出妥协退让。但当他们有足够力量抵抗反对意见时，他们又会一如既往地我行我素。

这样的政策，既缺乏完善的理论根据，在实践中又是没有效果的，这一点最终得到了实践证明，证据就在于它甚至没有做到使利率降下来。因为，正如我们前面所指出的那样，如果投资在国内的出路被阻断，那储蓄将会外流，这种外流在规模上与我们的贸易顺差极不对称，结果可能会引起英格兰银行出现黄金外流的趋势。为了抵消这种情况带来的影响，银行不得不提高利率。

这样一来，最终的结果是我们的处境将惨不忍睹。由于国家没能彻底更新资本设备，我们在这方面已经处于落后地位。企业利润微乎其微，因此政府所得税收入也跟着逐年下降，这使财政大臣极为失望。在这种情况下，他既不能减轻纳税人的负担，也无法实施社会改革计划，并且失业情况也越来越严重。经济的不景气实际上降低了储蓄利率，我们最初想降低利率的目的也无法达到。毕竟，当前的利率有些太高。我们遭受了相当多的苦难，可得到的补偿却只是保守党下台，这不过是杯水车薪，无济于事。

十、生命活力的勃发

我们当前面临的处境一团糟，并非出于偶然，这是在保守党政府的理论观点指导下的必然结果。他们说：

“你不可以推进通信或电力事业，因为这将导致利率上升。”

“你不可以急于进行公路和住宅建设，因为这将耗尽我们将来可能需要的就业机会。”

“你不可以使每个人都有工作，因为这将导致通货膨胀。”

“你不可以投资，因为你怎么知道这样做就必然有所回报呢？”

“你不可以做任何事情，因为这样一来你就没机会做其他事了。”

“安全第一！援助100万失业人员的政策已经实行了8年，也没出现过什么问题。为什么要冒险尝试改变政策呢？”

“除非我们能够办到的以外，否则我们决不会去承诺。因此，我们什么也不承诺。”

这就是他们一直向我们灌输的奇怪言论。

▲20世纪30年代，在国际交换机上工作的电话接线员

这是象征着颓废和腐朽的教条，所体现的是一个苟延残喘的行政组织的怯懦、愚笨和阻碍时代进步的绊脚石。

否定、限制、不作为——这些都是政府信守的至理名言。在他们的领导下，我们不得不过着省吃俭用的苦日子。恐慌、猜忌充斥着我们的头脑，我们好比一个忧郁症患者，面对任何事物都畏首畏尾，最后只好把自己关在屋子里，不闻世事。然而我们还没有到风烛残年之际，我们正处于身心健康、精力充沛的成长阶段，我们需要的是生命活力的迸发，所以，没什么值得我们害怕。正相反，未来为我们准备的是大量的物质财富、自由的经济和幸福的个人生活，这比以往任何时候我们所享有的还要多得多。

我们没有任何理由让自己畏首畏尾，我们应当更加果敢、更加放得开，努力创造我们的美好未来。横亘在我们前进道路上的，只是少数一本正经、顽固不化的老头，对待他们无须太过激愤，只要投去一丝善意的蔑视，就足以使他们像九柱球一样整排倒下。

当他们从震惊中缓过神来时，很有可能他们自己也会感到愉快的。

第五篇　1930年的大萧条（1930年）

一

现在，我们正处于近代史上最为严重的一次经济危机的阴影之下，而世人对此却反应迟钝。几乎每个人都非常清楚所发生的一切，但不知道其原因所在，同以往风波乍起时的情形类似，内心充满了比实际情况更严重的恐惧感。同时，还有不理性的焦躁情绪。人们开始怀疑未来的前途，怀疑过去的一切是不是只是一个令人感到愉快的梦境，而现在却要从梦中醒来去面对黑暗的现实！

实际上，人们无须心存疑惧。过去的一切并不是梦境，而目前所发生的一切只是一个梦魇，它会在天明之际自然消逝。因为现在人类的自然资源和创造才能同过去一样丰富，一样具有生产力。我们解决物质生活问题的前进步伐并没有放慢，还是同以往一样，我们有能力为每一个人提供高标准的生活水平——我所说的高标准，意思是指同20年前相比，在不久的将来还会提升到更高水平。在过去，我们没有上当受骗。但是今天，我们却陷入了无垠的泥沼之中，在一台微妙、精致的机器控制之下，我们步履蹒跚、四处碰壁，但我们却并不知道这台机器的运转原理。结果是，我们创造财富的机会在一段时期内——也许是很长的一段时期内，将白白浪费掉。

我不知道在这个问题上能否如我所希望的那样，把我心里的感受同读者内心的想法有效地连接起来，彼此遥相呼应。对于外行人来说，我所要讲的内容也许偏多且不易理解；而对于内行人来说，也许偏少且显得肤浅。尽管没有人会相信——经济学是一门具有技术性的、不易掌握的学科，甚至可以称之为是一门科学。但不管怎样，我将尽自己最大的努力，不惜把某些部分删掉，不是因为问题过于复杂，而是为了让读者对当前事态有个全面的了解，这样做是有必要的。

首先，我们应当意识到这一次的萧条是十分严重的。在世界上三个主要的工业国家——美国、英国和德国中，已有1000万工人处于失业状态。无论在哪个地区，所有的重要工业中几乎没有一个能赚取足够的利润使其进一步扩张，而工业扩张正是社会进步的最主要标志。与此同时，从事生产初级产品的那些国家，在它们的矿业和农业中，几乎所有主要产品的价格都在急剧下降，从而使许多甚至绝大多数生产者无法弥补其生产成本。在1921年，也曾出现过类似的价格暴跌情形，但那是从过高的价格水平下跌的，在那种价格水平之上，生产者获取的是超额的暴利；但是这一次价格下跌是从去年的正常价格水平开始的，跌幅之大，跌速之快，是近代史上未曾有过的。由此可见，这次经济灾难是多么严重。

在生产停顿和失业情况达到顶峰之前，需要酝酿一段时间，由于诸多原因，这段时间在初级产品行业中要比在制造业中长得多。在大多数情况下，对于规模较小、组织欠缺条理的生产单位来说，进行有计划的紧缩并不容易，尤其是农业的生产周期会比较长，生产的暂时停顿，往往会造成巨大的损失。许多生产者一般都是在给自己打工，是自己的雇主，因此当收入减少时，他们还愿意继续工作；在比较落后的国家中，失业所带来的社会问题也比较严重；对于有些国家，初级产品几乎是人们全部的生活来源，这类产品的生产停顿将会造成比较严重的经济问题。尽管如此，随着形势的进一步恶化，初级产品很快也将面临工业产品所面临的严重限制，此时，将对制造商们产生进一步的打击。因为到那个时候，初级产品的生产者将没有任何购买力去购买工业制成品；如此等等，情况便会恶性循环下去。

▲1938年，经济发展严重衰退，以至于流动工人要徒步在矿山、木材营地或农场寻找工作

在这样的困境中，个体生产者们会把不切实际的希望寄托在他们各自的行动上，认为只要各自采取这种行动，就会对某一生产者或整个生产者阶级有利，但倘若每个人都采取这种行动，那么任何人都无法从中获益。例如，对某一特定的初级产品的产量进行限制时，只要使用这种产品的工业，其产量没有受到限制，

那么这种初级产品的价格必然会上涨。但如果各种产品的产量都受到限制，那么对初级产品的需求也将下降，下降到正好等于受到限制的初级产品供给量，在这个时候，任何人的处境都不会更好。再例如，如果某一特定的生产商或某一国家削减工资，这时只要其他人不跟风效仿，那么这个生产商或这个国家就能够在贸易往来中多获取一些利益。但如果大家都跟着消减工资，整个社会的购买力就会与生产成本进行同等幅度的降低；结果同样是，没有一个人的处境会更好。

因此，不管是限制产量，还是削减工资，就其本身作用而言，都难以达到恢复平衡的目的。

此外，即使我们最终能够按照适合于（比方说）战前价格水平的较低货币工资水平重新确定产量，我们的困难还是无法得到解决。因为从1914年以来，无论在国内还是国际上，我们都背负了巨额的抵押债务负担，而这些债务都是以货币计量的。所以，每一次的价格下跌都会加重这类债务的负担，因为价格的下跌会致使确定此类债务的货币价值有所增加。举例来说，如果我们的价格处于战前水平，英国的国家债务总额将比1924年增加约40%，是1910年的2倍。原来大家都认为德国可能无法承受道威斯计划所规定的债务负担，现在看来，杨格计划[1]比道威斯计划有过之而无不及，大战期间各协约国所欠美国的债务，若以商品和劳务计算，将比最初协议的债务总额增加40%～50%。而有些债务国家和地区，如南美洲和澳大利亚，除非它们自愿为债权国家的利益而降低生活水平，否则将无法履行支付义务。在世界各地，凡是以抵押方式借入资金的农业生产者和房产所有者，这时都将成为债权人的牺牲品。在这种形势下，破产、违约、赖债等现象将不断出现，动摇了资本主义体系存在的根基，而一些必要的调节措施是否能够及时防止上述一系列现象的发生，则令人感到怀疑。于是，在极为混乱的形势

1　第一次世界大战后战胜国为代替道威斯计划而实施的德国支付赔款计划。1929年，德国声称财政濒于崩溃，无力执行道威斯计划。同年2月，英、法、比、意、日、美、德7国代表组成的专家委员会在巴黎召开会议重新审议德国赔偿问题，会议通过主要由美方代表杨格起草的报告书，史称杨格计划。主要内容：德国赔款总额确定为1139.5亿马克，在58年零7个月内偿清，分两期支付。取消赔偿委员会及有关国家对德国国民经济与财政的一切形式的监督。德国每年应付数额中，1/3无条件必付，其余可缓期2年，年息5.5%。——译者注

下，这些地区就成了发生暴动、政变和革命的温床。就整个世界来看，有许多地区也已经处于这样的险境之中。然而，自然资源和人类发明创造的才能始终同以往一样丰富，一样具有生产力。资本主义的运转机器可能会因这次的混乱而发生故障，但这一故障只是暂时的。我们不必因此而垂头丧气，以为汽车文明已经终结，不久又要回到晃晃荡荡的马车时代。

二

当前的局势一团乱麻，我们正处于严重的困境之中。那么，我们如何才能重整旗鼓、东山再起呢？下面让我们来追溯一下事件的发展过程。

1.为什么工人和工厂会处于闲置状态？这是因为实业家预料，如果继续开工生产下去将无利可图，产品售价根本弥补不了投入成本。

2.为什么实业家会预料到出售产品难免会蒙受损失呢？这是因为，产品价格的下跌程度要比成本下降的程度大得多，实际上，成本的确下降很少。

3.产品价格的下降比成本下降的幅度要大，这是什么原因造成的呢？由于成本是企业家生产商品时所支出的费用，而商品出售时能收回资金的多少，主要取决于商品的价格。很容易理解的是，对于各个企业和各种商品而言，它们的价格和成本是不可能相等的。但就整个社会而言，企业家所支出的同所收回的，其在数量上必然相等，因为企业家在生产过程中的支出构成了公众的收入，然后由公众在产品交换的过程中再把这笔资金还给企业家。这就是对生产、交换和消费的正常循环过程。

4.很不幸的是，事实并非如此，问题的症结正是在这里。企业家支付生产成本，并不一定非得在产品出售时，如数收回其销售所得。在经济繁荣时期，销售所得往往会超过生产成本；而在经济萧条时期，生产成本往往会超过销售所得。此外，那种认为不管是用限制产量还是降低回报率的方法来降低总成本，就必然能够恢复平衡的想法，简直就是痴心妄想。因为工资收入者同时也是企业家的顾客，企业家削减支出势必会削弱这些人的购买能力，从而其销售所得也会减少，减少的数量与工资削减量大致相等。

5.世界上整个企业的生产总成本与销售总额不相等，这又是怎么回事呢？造成二者不相等的因素有哪些呢？我想我应该知道其中的前因后果。但要我在这里对此做出周全、彻底的解释，的确有点过于复杂，有些无从下手（我曾在别的地方对此做过详细说明[1]）。因此，在这里我只好一带而过。

首先，我们来分析一下市场上出售的消费品情况。决定这类商品生产者的利润（或亏损）的因素有哪些呢？生产总成本，从另一个角度看也就是社会总收入，是在消费品成本和资本品成本之间按一定比率分配的。其实，公众的收入与社会总收入也是一码事，只不过它是在消费品的购买支出和储蓄之间按一定比率分配的。如果前一个比率大于后一个比率，那消费品生产者将出现亏损，因为他们的销售所得与公众在消费品上的购买支出是相等的，在这样的情况下，稍加分析即可明白，销售所得将低于这些产品的生产成本；另一方面，如果后一个比率大于前一个比率，那么消费品生产者将会获得额外的收益。因此，只有公众将其收入中的较大一部分（就是说储蓄要少些）用于此类商品的购买支出，或者在总产出中资本品所占比例较大的情况下（等于说总产出中消费品所占比例相对较小），消费品生产者才能获得利润。

除非资本品生产者有利可图，否则他们不会大规模地去生产这类产品。于是第二个问题又产生了，即决定资本品生产者的利润因素有哪些呢？主要因素应该是公众的偏好，公众或许愿意以货币或货币等价物的形式来持有处于流动形态的储蓄，或许愿意用储蓄来购买资本品或资本品等价物。如若公众不愿购买后者，则资本品生产者将会出现亏损，资本品的产量随之将会减少，同理，消费品生产者也将会出现亏损。换言之，在这种情况下，所有各类产品的生产者势必都将出现亏损，接踵而来的将是大规模的失业。此时难免会出现一种恶性循环，随着一系列作用与反作用的结果，事态会越来越糟糕，直到发生某些偶然事件时，情势

1 在我撰写的《货币论》中。

才可能有所改观。

这只是一个对复杂情景过于简化的描述。但我相信它已包含了事情的本质内容。尽管可以添加许多变奏曲，但曲调自始至终未变。

如果我的见解正确的话，那么我想困难的根本原因即在于缺乏开拓新事业的进取心，而进取心不足的原因，是因为资本投资的市场状况不尽人意。由于商业贸易的国际性，整个世界新资本品产量的不足，必然会影响每个地区的商品价格，因此所有国家里的生产者的利润都会受到同样的影响。

为什么整个世界范围的新资本品产量会出现不足呢？在我看来，这是由于若干因素共同作用的结果。首先是由于贷出者的态度，因为新资本品在很大程度上是通过借入资金来生产的。其次，资本品的生产不仅取决于贷出者的态度，同时还取决于借入者的态度。

由于种种原因，贷出者在贷款方面提出的要求条件，总是大大超出了新企业所能接受的限度。首先，在战后的一段时期里，由于战争的巨大消耗需要填补，致使企业有足够的能力承受较高的利率，这种情况使贷出者产成了一种预期，即习惯于要求高于战前水平的利率。其次，为了履行条约规定的义务，出现带有政治目的的借入者；为了支持刚刚恢复的金本位，出现了银行借入者；为了从热火朝天的证券交易市场中捞得好处，出现了投机性借入者；最近还出现了一种沮丧无奈的借入者，他们由于价格下跌而损失惨重，因此不得不筹借资金以渡过难关。所有这些借入者几乎都处境艰难。因此只要能借到钱，他们不惜接受任何条件，因此贷出者可以向这些不同类型的借入者索要较高的利率，超出了新企业真正能够负担的限度。最后，由于世界的不稳定状态以及各国的投资习惯，某些国家的众多贷出者根本不打算在任何合理的利率水平下放出贷款，从而限制了这些国家在信贷方面的作用。由于这样或那样的原因，许多贷出者对世界上的很大一部分地区丧失了信心，所以为了能够抵御风险，他们便在贷款时提出种种苛刻的条件，这足以扼杀一切新企业创建的可能性。近两年来，世界上三个主要债权国中的两个——法国和美国，他们已经从国际市场上撤回了一大部分用于长期贷款的资金。

▲20世纪的老照片，一个表情严肃的银行家坐在他的办公室里。1980年之前，商业银行的贷款占据了美国所有企业融资的80%以上，这意味着华尔街所有呼风唤雨的巨头，对美国经济发展做出的贡献，还比不上遍布全国的小商业银行的一个零头

一方面，贷出者不愿出借贷款；另一方面，借入者也同样不愿借入资金。因为对于借入资金的那一部分人而言，价格下跌简直就是一场灾难，凡是将新建企业计划延期的人，反而由于拖延而占了便宜。此外，让贷出者提心吊胆的那些风险，同样也吓退了借入者。最后，利用将近五年的时间，新资本企业在美国出现了大规模的发展，这一点或多或少地耗尽了目前进一步创建新资本企业的有利机会——无论如何，只要企业萧条状况一直存在，情形就不会改变。到1929年中期，除美国外，整个世界范围内正在创建的新资本企业，从规模上来看已经处于颓势。此后在美国国内，新投资也陷于崩溃境地，企业界由此受到了前所未有的打击，美国现在的新投资比1928年大约减少了20%～30%。在某一些国家中，新

的有利可图的投资机会比过去有了更大的限制，而在另一些国家中，则存在着更大的风险。

所以，关于新资本真正的投资目的，贷出者和借入者看法存在着很大的分歧。由此造成的结果是，贷出者的储蓄并不是用于资助新资本企业的发展，而是被企业亏损和处境窘迫的借入者消耗殆尽了。

由于人们心理的原因，当前的萧条状况可能有点过头了。因此，适度的复苏现象随时可能会发生。但是我认为，除非贷出者的想法与借入者的想法能够再度趋于一致，否则难以形成真正的复苏势头。而要使这两者在想法上趋于一致，一方面贷出者应该愿意放宽贷款条件，能在更广泛的区域内发放贷款；另一方面借入者应该逐渐恢复良好的精神状态，从而较为积极主动地去借入贷款。

贷出者与借入者双方的分歧如此之大，相互之间的隔阂如此之难以消除，这种情况在近代史上也很罕见。我曾说过，这一点正是我们当前病症的根源所在。除非我们确信这一诊断是正确无误的，由此振作我们的精神，集中我们的力量和智慧，沿着这一方向努力寻求解决之道。否则，如果这一诊断果真是正确的，而我们却无所适从，则经济不景气的状况就会进一步恶化而彻底演变为严重的经济大萧条。伴随而来的是价格水平的下降，这一趋势也许要持续好几年，也将给物质财富和社会稳定带来难以估量的损失，任何一个国家都幸免于难。我们必须竭尽全力寻求解决之道，只有这样，我在开篇时所认为的乐观论调才能得到证实——至少是在不远的将来。

至于对未来政策方针的具体阐明，这已超出了本篇文章的涉及范围。但可以预计的是，除了主要债权国家的中央银行当局以外，其他国家是无法率先采取措施的，而且，任何一个中央银行要想独立行动，也不会产生什么效果。大多数人被这一病症所迷惑而产生误解，他们的行为会使局势进一步恶化。而美国联邦储备银行、法兰西银行和英格兰银行的坚定行为所能产生的效果，则要比一般所认为的要大得多。不管从哪一角度看，最佳的补救办法，在于这三个主要债权国家的中央银行共同采取行动。它们应当联合制定出一个大胆的计划，以恢复国际长期贷款市场信心，从而有助于各地的企业重新焕发活力，并有助于价格及利润的恢复。如此一来，世界经济很快就可以重新走上正轨，开始正常的运行。即使法国仍然保持必要黄金存量的旧有观念，而不愿加入创造新财富的冒险活动，我相信在英国和美国的共同努力之下，也一定可以在适当的期限内，排除机器的故障并使之重新运转起来。但前提条件是，它们对于机器故障的原因所在必须要有十足的把握，并能够循着这一方向发挥力量。因为远在英吉利海峡和大西洋两岸的政府当局，之所以徘徊不前，不敢有所行动，主要是因为缺乏对困难的根源的确切认识。

第六篇　关于节俭（1931年）

一、节俭与花销（1931年1月）

当前我们正处于水深火热之中，商业萧条、失业增加、企业亏损，其严重程度是世界近代史上史无前例的。没有一个国家能幸免于此。整个世界数百万的家庭，现在都处于极端贫困和忧惧的状态之中，有时情况还更糟糕。根据我的估计，世界上三个主要工业国家——英国、德国及美国，它们的失业人数总计约有1200万。但我不敢断定，在世界上主要的农业国家——加拿大、澳大利亚和南美洲各国中，人们所面临的悲惨境遇是否更加严重。由于农产品价格的暴跌，在那里数以百万计的农户遭受了巨大的损失，以致陷入破产境地，他们的农产品收入远远低于所投入的生产成本。世界上一些主要大宗产品，如小麦、羊毛、蔗糖、棉花以及其他绝大多数商品，其价格下跌所带来的后果简直是灾难性的。绝大多数产品的价格目前已经低于战前的水平，但它们的成本却仍然远高于战前的水平。据说，在一两周前，利物浦的小麦售价已经打破了自查理二世统治时代以来的最低价格纪录。在这样的境

▲1939年9月，明尼苏达州明尼阿波利斯谷物交易所，商品期货交易商投标

况下，农民怎么能生活下去呢？当然无法再生活下去。

你也许会认为，低廉的价格肯定有其益处（一些想当然的人的确有这种想法）。因为生产者失去的，也就成了消费者所得到的。但实际上并不是这么一回事，我们这些从事工作的人——这类人是占多数的——只有当有所产出时，才能有所消费。所以说，任何阻碍生产过程的不利因素必定会对消费过程产生阻碍。

导致这种结果的原因在于，对每一个产品的成本和价格产生阻碍作用的各种因素，对这两方面的影响程度是相同的。例如，绝大多数制造商的工资成本实际上大体与以往一样。接下来，让我们来看一看恶性的发展过程是如何进行的。刚开始，羊毛和小麦的价格下跌。对于购买小麦和毛绒衫的英国消费者来说，这肯定是有利的——也许有人会这么认为。但随后，羊毛和小麦的生产者就会发现，他们出售产品获得的收入太少了，从而无法再同往常一样购买英国产品。最终，英国的消费者，同时也是生产这些产品的工人，只好被迫失业了。当收入减少了，东西再便宜又有什么用呢？

当约翰逊博士游览斯凯岛[1]时，得知在这里1个便士可以买到20个鸡蛋，于是就感慨道："先生，依我看，在您这个可怜的岛上，并不是这里的鸡蛋多了，而是这里的便士实在太少了！"

如果价格低廉是建立在生产效率和技术提高的基础之上，那这的确是一件使各方均受益的事情，但如果价格低廉是以破坏生产者为代价换来的，那也许会导致一场最严重的经济灾难。

显而易见，认为我们对当前情势没有加以重视的说法，是错误的。但我们是否足够重视，却令人怀疑。在数百万工人被迫失业的情形下，大量的潜在财富正被白白地浪费掉，不禁令人心痛惋惜。当前处于闲置状态的工人和工厂，原来每天可以生产出价值数百万英镑的产品，那个时候，工人的心情要舒畅得多，处境也要好得多。我们应当临危不惧，拿出我们在战争期间所具有的那种坚定不移的气魄和不惜一切代价采取行动的精神，去寻求切实有效的补救措施，从而改善当前的严峻态势。然而一种懈怠的气氛似乎正在到处蔓延，压得我们喘不过气。在我看来，针对当前的局势，几乎提出来的补救办法总会遭受一些微词；当然，这些建议有的高明，有的低劣。尽管这些建议互不相同，甚至完全对立，但总还是能够提供一些有价值的东西的。然而，我们却拒之于千里之外，一概不予采纳。

最糟糕的是，我们为自己的无所作为找了一个非常完美的借口，即在很大程度上，如何采取行动来进行补救并不在我们的职权范围之内，这是一个国际性的问题，对于我们这样一个依靠对外贸易的国家来说，即使做得再多，取得的成效也只是微乎其微的。但这并不是我们无所作为的唯一理由，而且也不是充分的理由。有些事情，我们依靠自己的力量是可以做到的。在我看来，另一个重要理由是，对于哪种措施是有效的、哪种措施是无效的，普遍存在着严重的误解。现在有许多人抱有美好的愿望，他们相信，为了改善当前的局势，他们本国及其邻邦所能采取的有效办法就是比往常更节俭一些。他们认为，如果花销的数额占其收

1　斯凯岛是苏格兰西部赫布里斯群岛中最大最北的岛屿，位于苏格兰西北近海处。——译者注

入的比例能比以往下降一些，肯定会对就业有帮助。他们认为，如果他们自己就是镇议会或州议会的议员，那么在这个时候应当采取的正确做法是，取消在娱乐设施和公共建设工程方面的支出。

在某些情况下，这种做法也许是完全正确的，但就目前而言，这种做法则是完全错误的。与事实刚好相反，这种举措的指导思想本身就是错误的，其产生的结果将是绝对有害的。节俭的目的在于暂停房屋、工厂、公路、机器等资本品的生产建设，于是从事这方面资本品生产的工人便无事可做，被闲置了起来。但如果可用于这类生产的资金已经有了大量剩余，而且没有加以利用，这时节俭的结果只是增加了剩余，扩大了失业。不仅如此，当某个人因此而失去工作时，他的支出能力自然会有所降低，从而又会造成原来为他提供产品的工人的失业，因为他现在已无力购买这些东西了。于是情况越来越糟，形成恶性循环。

据我推测，不管什么时候你节省了5先令，你就会使一个人失去一天的工作。节省5先令，可以扩大失业到一人一天的程度，依此类推。另一方面，不管什么时候你购买了商品，你就促进了就业——如果你想要促进英国的就业，那就必须购买英国本土生产的商品。这里不用过多解释，毕竟这只不过是最简单易懂的常识而已。因为只要你购买商品，肯定是有人为你生产这些商品。如果你不购买商品，商店就不能出清存货，他们就不会再追加订货，如此一来，必然会有人失业。

因此，具有爱国之心的家庭主妇们，明天早上走在街道上就会突然发觉，到处都是广告，到处都是大量甩卖的商品。这对你们来讲可能觉得太好了，因为东西从来没有这么便宜过，便宜得令人不可思议。到处是堆积如山的衣物、被单和毯子，你们所需要的，在这里应有尽有。此外，还有一点让你们高兴的是，你们在购买这些廉价商品的同时，就是在促进就业，就是在增加国家的财富，你们这

▲1835年，英格兰兰开夏郡普雷斯顿的斯温森·伯雷公司的棉纺厂，这座七层楼高的厂房长145米，有660扇窗户

是在做有益的事，这给兰开夏郡[1]、约克郡[2]和贝尔法斯特[3]带来了机会，也带来了希望。

这些只不过是一些例子而已。凡是为了满足你个人和家庭的切实需求所必须做的，不管什么，都应当尽力去做，力求改善，努力促进发展。

我们现在所需要的，不是节衣缩食，而是一种发展扩张、积极进取的精神风貌，要多干一些实事、多买一些东西、多生产一些商品。当然，我所说的这些都是显而易见的常识。让我们来看一看极端的情形，假设我们大家把收入全部用于储蓄，完全停止花销。毫无疑问，我们每个人都将失去工作，而且要不了多久我

1 英国英格兰西北部的郡。兰开夏郡是英国工业革命的发源地。——译者注

2 约克郡是英格兰东北部的一个郡，曾分为三个地区：北区、东区和西区。1974年划分为北约克郡、南约克郡、西约克郡、亨伯赛德郡和克利夫兰郡。——译者注

3 贝尔法斯特位于爱尔兰岛东北沿海的拉干河口，在贝尔法斯特湾的西南侧，是英国北爱尔兰的最大海港。——译者注

们将不再有收入以供花销。那时任何一个人都不可能增加1便士的财富，我们最终全都得饿死。这一悲剧是我们应得的报应，谁叫我们彼此拒绝购买、拒绝互助呢——事实上这正是我们赖以生存的根本啊！对于地方当局的工作，情形也同样如此，甚至会更糟。现在是时候了，各地方当局应当努力工作、积极采取行动，争取各方面能得到切实的改进。

病人需要的不是休息，而是运动。凡事只会畏缩不前、只会拒绝订货、只会消极被动，这种态度和做法是无法使人重新开始工作的。恰恰相反，要使经济发展和财富生产的车轮重新运转起来，唯一可能的办法就是采取各种形式的积极行动。

同样，从全国范围来看，我希望看到一些宏大的计划能够被制订出来并付诸实施。几天前，我在报纸上看到一则建议，希望在泰晤士河南岸，与河岸相平行之处，开辟一条新路、一条宽阔的公路，作为连接威斯敏斯特与城市中心的一条通道。这个想法并没有错误，但我还想看到比这一工程更宏大的计划。例如，我们不妨把从威斯敏斯特到格林尼治的整个伦敦南部彻底改造一番，在他们工作地点附近的便利地区新建房屋，从而容纳比现在更多的居民，这些建筑应具备现代生活所需要的一切便利设施，还可以为广场、街道、公园和公共场所预留出足够的空间。等将来完工之时，不仅会给我们焕然一新的感觉，而且将为人们生活创造便利条件，给我们这一代留下有价值的永久纪念。如此巨大的工程需不需要人手呢？这还需要问吗？肯定需要！当前人们靠救济度日，整日无所事事，闷闷不乐，是不是让他们继续处于这样的境地就好些呢？当然不是。

以下就是我想让你们特别关注的几点：首先，要重视当前局势的极端严重性，已经约有1/4的劳动力处于闲置状态；其次，这次经济灾难是世界性的，我们无法单独依靠自己的力量走出困境；最后，我们自己还是能够有所作为的，我们必须具有积极进取的精神风貌，多做一些实事，多去消费，使大企业能够重整旗鼓、绝处逢生。

另外，我还要提出一个观点。或许有人会对这个建议感到些许震惊，他们之

▲失业男性排队申请社会保障福利。1938年1月，新的社会保障计划为其提供了失业补偿

所以这样，我想应该是出于畏惧心理吧。他们认为这是一种过度浪费的行为，因自己实在太贫穷了，根本无法承受。他们认为我们现在要比以往穷得多，要量入而出，不乱花一分钱，这也就是说，我们必须削减开销、自觉降低生活水平、努

力工作、节俭度日，只有这样，才有可能走出困境。但在我看来，这种观点与实际不符。我们其实并不穷，只是缺少使用财富的勇气。因此我愿意向你们提供一些振奋人心的事实，让你们对这个国家的经济实力能有一个较为翔实的认识和了解。

首先，我要提醒你们注意一些非常明显的事实。人们现在的生活水平，比过去任何一个时期都要好。大约有1/4的劳动人员处于待业状态，而这些失业人员我们都可雇用，但他们依靠失业津贴维持的生活水平，比在其他多数国家里有工作的劳动人员所能达到的生活水平还要高一些。即使在这样的困境下，国家财富仍然逐年增长。我们支付的工资要远远高于（比如说）法国和德国，也对失业人员给予津贴援助；对于国内的一些建设，如房屋、道路、电厂等，仍然大规模地增加投入。尽管如此，我们仍有一部分剩余资金借给国外，我们在1929年借给国外的贷款额，比世界上任何其他国家（包括美国在内）可用于这方面用途的剩余资金都要大。

我们是如何做到的呢？在悲观主义者看来，我们的工作效率非常低，支出又大手大脚，所以才会越来越穷。如果他们的看法是正确的话，那么上述的所有现象显然都是不可能发生的。既然我们已经做到了这些，那只能说明悲观主义者的论调是完全错误的。如果我们能把事务管理得更好，避免出现当前的困境，那我们肯定会比现在更加富有。我们并不是效率低，也并不贫穷，更没有坐吃老本、毫无作为。恰恰相反的是，现在我们的工人和工厂所具有的生产力比以往不知要高出多少倍，我们的国民收入也在快速增长。这就是为什么我们能够办到的原因。

现在让我给你们提供一些具体的数据。我们的人均产出，即使同与现在如此接近的1924年相比，也提高了大约10%。这也就是说，我们可以在减少10%就业的情况下，生产出与1924年同样多的财富。与战前相比，人均产出增长了约20%。除去货币价值变化的因素，国民收入——即使是在最接近的1929年，当时存在着大量的失业人员（当然，现在的情况更糟）——每年的增长额约有1亿英镑，而且这样的增长幅度年复一年地持续了好些年。与此同时，考虑到公平问题，我们一直在积极实行收入分配政策，其规模之大、范围之广，好比是一场革命。

所以，我们要对未来有信心，现在我们所遭遇的，就好比是一个青少年在成长过程中出现的阵痛，而不是一个垂暮之年的老人患有的难以根除的风湿疼痛。我们没能够充分利用现实的机遇，没能够为我们生产能力的巨大增长提供适当的出路。因此，我们无须打退堂鼓、无须垂头丧气，而应该振作精神、再展宏图。不管是对个人还是对国家，铲除病灶的唯一良药就是积极向上、勇敢自信和奋力进取。

二、经济委员会的报告（1931年8月15日）

关于经济委员会的报告，我们可以从不同的角度对其加以考虑。它是一个相当有价值的文件，因为它对我们在某些重大问题上决定采取的各种政策方针提出了异议。尤其是它要求我们做出决定，是否意在借助国际价格的下跌而向英国的工薪阶层施加压力，以达到通货紧缩的效果。如果我们真的是要引发通货紧缩，那么报告中提出的不要降低学校老师和警察薪酬的可能性几乎为零，如果认为通货紧缩的进程会在学校老师和警察那里停止，不再继续进行下去，简直就是痴心妄想。经济委员会的报告未免有些过头了，或者说，还不够周全。但这一点并不是我要讨论的问题。在这里，我只想说说被报告所忽略的一些方面。

在这份报告中，经济委员会提出了他们的计划，但在计划付诸实施后会对失业和税收收入产生什么样的影响，报告中并没有说明，他们似乎根本没有考虑过这一问题。他们建议削减英国居民的购买力，既要减少部分民众的收入，也要使当前部分在岗人员失去工作。他们认为，购买力的下降会由其他方面的增长而相互抵消，但他们并没有阐述其中的道理；他们认为，政府应当实行他们所建议的节俭方案，采取的方式不在于减少税收，而在于减少借款。也许在他们心目中，存在着这样一种幼稚而粗野的想法，即认为存在着一笔固定数额的贷款基金，而且这笔基金始终是处于贷出状态，所以若是政府的借款减少，那么私营企业的借款必然会增加。如果他们尝试用确切的、具体的措辞来表达这一想法，再三斟酌之后就会发现，这是一个连他们自己都不会相信的空想。

尽管减少工人的工资有利于发展对外贸易，但是他们的建议不能对我们的贸易平衡产生有利的影响。因为根据他们的建议，生产成本是不会下降的，实际恰恰相反，由于他们主张增加雇主在工人生活保证金上的无偿捐助，反而会使成本上升。

因此，我们可以试着填补一下经济报告中遗漏的部分内容，再用他们所建议的方式降低购买力之后，可能会发生什么样的结果。

一方面，降低购买力将导致外国商品的购买随之减少。例如，失业津贴削减以后，失业人员不得不勒紧腰带，减小进口食品的消费。从某种程度来说，这种结果对局势是有所帮助的。有人将会因储蓄减少而变得节省，例如，学校教师的薪金削减以后，往往会导致其减少储蓄，或者为了保持原有的生活水平，甚至动用已有的储蓄。另一方面，英国的生产者从消费者（警察、学校教师、失业金领取者等）支出中所获得的收入将减少，估计会减少7000万英镑之多。他们无法填补这样的损失，除非他们消减自己的支出或者解雇一部分工人，抑或者两者同时并举。也就是说，他们不得不效仿政府的做法，于是，就会引发一系列性质相同的后果，从而产生连锁反应。

收入与利润的下降，最终必然会造成领取津贴的失业人数的大大增加，同时也会导致政府税收的减少。事实上，政府削减赤字造成的直接后果与它原来设想的通过所提出的方法以促进私营企业增加更多的贷款份额是截然相反的。没有哪个人能在数量上对这两方面后果做出精确估量，但大体上它们是相等的。委员会提出的众多建议，例如有关道路、房屋和造林等，确实表明他们对于公共建设事业用于解决失业问题的一般原则的整个理论基础明显存有误解，而他们要求实施的政策，恰恰是依据这一原则所应采取的措施的对立面。不仅如此，他们还无心对这个问题进行深入探讨，认为这是在自找麻烦。我猜他们大概是非常单纯和幼稚的人，因为对他们来说，不花费钱财的好处是再明显不过了。或许他们单纯、幼稚到如此地步，以致对我现在所讨论的问题根本一无所知。但是他们的建议，与一部分相当有影响力的公众舆论，是公然对立的。因为对公共建设工程这类解决失业的办法持反对意见的人们，其主要理由并不是基于一般原则，而在于制定合理计划所要面临的实际困难。但现在已付诸实施的委员会的建议，所采取的措施却恰恰是相反的，因此这一建议不仅在实际操作方面，而且在原则方面，都应当受到质疑并予以否定。

如果实施经济委员会建议的1亿英镑节俭方案，将会带来什么样的直接后果呢？为了便于说明，姑且对各方面的后果在数值方面作粗略估测，虽然比较粗略，但我想大体上是可以参考的。根据我的估测，节俭方案可能产生的后果，大致如下：

（1）失业人数将增加25万～40万；

（2）贸易逆差将大约减少2000万英镑；

（3）公众储蓄将减少1000万～1500万英镑；

（4）企业利润将减少2000万～3000万英镑；

（5）由于利润的减少，依靠利润过活的企业家和其他一些个人消费支出将减少1000万～1500万英镑；

（6）采纳委员会的建议，对企业“信心”也许会产生一些心理上的有利影响。鉴于这一点，估计由于企业利润水平的降低，在资本构成、流动资本和私营企业的其他国内投资方面，总计将减少500万～1000万英镑；

（7）原定的1亿英镑节俭方案，由于税收收入的减少和失业扩大而导致费用增加，节俭的部分数额将被抵消掉，所以政府赤字的净减额估计不会超过5000万英镑。

当然，这里所使用的具体数字都只是出于估测的。但（2）+（3）+（4）－（5）－（6）=（7），这里（7）是政府赤字净减额，这个关系式是绝对正确的，就像“2+2=4”一样，不容置疑。除了对各项中的数字存在不同看法外，关于各项之间的逻辑关系，是无须再去争论的。但也许有人持不同的观点，例如，认为在第（6）项中的总计数字应该是增加的，而不应该是减少的。根据我的判断，这种观点是没什么理论依据的，如果这一项的数字是增加的话，鉴于它对所建议政策至关重要的影响，也许这一建议就成了权宜之计。

当前各国政府当局都存在着巨大的赤字压力，因此政府通过各种方式借入资金，可以说是出于本能的补救措施。在当前萧条情况如此严重的局势下，此举可以防止财富受到损失，避免生产进一步扩大到完全停顿的地步。无论从哪一方面看，政府举债的目的都应当是用于资助投资活动——如果投资活动确实卓有成效的话，而不是用于支付失业金（或退伍老兵的补偿金）。但不管怎样，只要当前严重的萧条状态继续存在，我们就只剩政府举债这一种行之有效的办法。因此不

▼在佛罗里达州温特黑文的葡萄柚罐头工厂工作的妇女。罗斯福新政时期推出的农业调整法案宣布对食品加工者征税，再结合财政部资金对降低产出的农民提供补助。1937年，阿瑟·罗斯坦拍摄

管出于什么样的目的（或者是减少偿债基金，所产生的效果是一样的），政府举债实际上是无法避免的。人类对某些事物往往持有一种错误的成见，不过就目前情况来看，我敢断定，人类本性上所存在的弱点将消除这一成见，从而救我们于水深火热之中，这也许是值得庆幸的一件事。

但这并不是说，除此之外我们就没有其他的自救办法。例如关税政策、货币贬值，以及要求降低所有货币性收入的全国性规定等，这类措施确有其自身的优点，但它们都不是我在这里主要关注的。我只是分析，在经济委员会的建议被采纳之后，作为减少预算内无法填补的赤字的一个手段，将会产生的可能后果。为了避免造成误解，我顺便说明一下，我认为他们所提的某些建议，比绝大多数的征收附加税方案要可取得多，关税也不例外，因为他们既具备详细分析、解决问题的能力，而且态度公正、秉公办事。

我认为只要萧条继续存在，预算政策应当暂停支付偿债基金，继续为失业基金筹款，并征收财政关税。为了摆脱当前的萧条困境，我们必须扩大视野，寻找其他的权宜之计。萧条一旦结束，私营企业对新资本的需求就会重新恢复正常、就业也会得到好转、税收收入也将开始增长时，就可以恢复偿债基金的支付，同时，应当把注意力集中在生产效率低下的企业方面。

三、节俭方案（1931年9月19日）

在我们的预算和节俭方案中，既愚蠢又不公正的想法随处可见。生活中的确有许多具有自我牺牲精神和心怀善意的人，然而他们的精神和热忱却被这些错误的方案所误导，这是一个悲剧。

作为应对紧急情况的国家政策，首先，应当致力于当前贸易状况的改善；其次，应当在税收收入与预算正常范围内的经常性支出保持平衡，但实现这一平衡的办法应当是增加产量而不是减少产量；同时，还要兼顾到社会公平，从而实现国民收入和政府税收的增加。政府实际实施的政策几乎没有一处符合这个评判标准。相对来说，它对贸易差额的影响甚微，但会造成失业的大量扩增以及政府收入的减少。同时还违背了公平公正原则，而且在我看来背离的程度是无法想象的。

下面我们先从方案中的最后一点说起。学校的教师在支付了额外的税收后，薪金还被削减了15%（后来变为10%）。仅仅是由于他们是政府的雇员，把这一阶层单独挑选出来，给予他们歧视性的待遇，这的确是一件可怕的事情。而且政府为了把高素质的教师吸引到教育领域还做了一番努力，还曾对他们许下了某些诺言，可现在却要对他们实行歧视性待遇，这种前后反差使这一措施显得荒谬至极。这些被挑出来的教师成了财政牺牲品的事实充分说明，内阁成员们已经完全处于歇斯底里状态之中，他们已经完全没有责任感了。因为教师薪资的削减只能节省600万英镑，相比而言，投入到偿债基金的资金却高达3200万英镑。然而，对于作为财政收入来源的糖、茶以及关税却一点也没有涉及。首相从未对此事有过任何辩解，而他的某些前任同僚们刚从打击中缓过神来，也在考虑着某些类似性质的建议。

教师问题是最能体现政策不公正的典型。其实政府雇员的收入水平都受到了打击，只不过程度上有所不同而已。他们之所以拿政府机构的工作人员开刀，主要是基于这些人软弱可欺、最容易下手，但这实际上是错误的。而且他们的方案里还使用了“同等牺牲”之类的惹眼措辞，如果没有这些冠冕堂皇的言语，至少还能显得大方得体些。

此外，政府的计划存在着诸多弊端，可以说它对就业的直接影响简直是灾难性的，原本计划削减10%的失业津贴，现在看来是不可能了，而且据可靠预测，失业人数将增加10%以上。自从私人投资崩溃之后，一直采取局部的补救措施，希望能减轻由此造成的损失。但这次计划完全是倒行逆施，它不仅抵消了原先的努力，而且还使事态进一步恶化，这就是所谓的“财政部意见”在极端形势下所取得的成果，最终导致购买力将下降，修筑道路、建设房屋等方面的公共建设工程的支出也随之减少。而地方当局百般无奈之下只好效仿中央当局。构成这次计

▲西弗吉尼亚州马利市日落学校。1921年10月7日，刘易斯·威克斯·海恩拍摄

划的理论基础若被广泛认同并接受的话，那么最终除了自食其力的极少数幸运儿之外，任何一个人都不会获得就业机会。为了厉行节俭，我们每个人都不去购买彼此的劳务或产品。在目前这种情况下，为了维持偿债基金而挪用道路建设基金，简直是没有头脑的疯狂举措。

就我们所关注的紧急情况而言，贸易差额问题也是主要的问题。总的来说，生产成本基本保持不变，削减教师的薪金对我们重新夺回世界市场并没有实质性帮助。而政府再三向大家宣称，降低工资并不是对工资进行全面调整的前奏，如果有人非要这样说的话，只能说是在恶意中伤、不怀好意。然而实际情况表明，确实存在对工资进行全面调整的迹象，但凡有理智的人都会觉察得到。同时，政府也注意到，计划中恰恰有一处会导致生产成本的提高，即雇主需替员工支付保险费的规定，这就相当于在招工时征收的一种人头税。所以，政府主张提高生产成本是多么的愚不可及。

政府计划通过两种方式来改善贸易差额。一种方式是不管在什么时候，对于任何一个失业的人或者由于其他原因而陷入困境的人来说，他不得不减少自己的消费。这种消费的减少，绝大多数只会导致企业的损失以及其他人的失业，剩余的一小部分（也许只有1/5）会导致贸易进口量下降。贸易自由主义者们认为减少进口必然会导致出口相应减少，但是，如果单纯地依靠削减进口，则将会造成资源的大量浪费。另一种方式是扩大失业，同时增加失业带来的痛苦，因为这样可以使劳动者更容易接受降低工资的要求。节俭除了造成资源闲置以外，没有其他什么意义。在闲置资源中，只有一小部分会改善贸易差额的不利状况。但剩余的闲置资源却是国内的工厂和工人，而在此之前我们就已经存在未加利用的多余资源了。

由此可见，政府试图说服我们去接受这个计划，但其中大部分是以错误原则为指导的，因此，对于我们急需解决的两个密切相关的问题——失业和贸易逆差，并没有多少帮助。

对于后一个问题，如果任其自然而不采任何取补救措施，那么在不远的将来，将会破坏金本位。到那时，即使我们把教师薪金完全削减也无济于事了。现在我们可以通过货币贬值的补救办法，直接大力限制进口，大幅度削减工资和薪金（按照我的意见，应不低于30%）。削减薪资将引起严重的劳资纠纷，这会让我们在几个星期内脱离金平价，所以实际上这并不是一个替代货币贬值的好办法。如此一来，值得内阁考虑的政策方针，只有以下三个：第一，限制进口，这个方法也是最温和的办法；第二，设法脱离金平价，同时要避免事态进一步的颓势；第三，召开一次国际会议，为各金本位国家提供一次最后的协商机会，因此会议的各项议案应当具有非常明确的目标，参会各国应当抱着务实的态度，积极地寻求解决之道，在这一方面，它应当完全有别于以往举行过的任何一次国际性会议，该方法曾在上周的《新政治家与民族》中被提议过。除此之外，其他任何举措都是枉费心力、于事无补的。而国际局势的改善对我们是大有裨益的，否则我们的国外收入将化为乌有。所以，召开国际会议是改善国际局势的唯一途径，哪怕取得成效的希望不大，也要争取试一试。

第七篇　币值崩溃对银行的影响（1931年8月）

一年前，经济形势的主要特征表现为农业、矿业、制造业和运输业无法获得正常利润，还表现为失业以及由此导致的生产性资源浪费。今天，令我们最担心的是银行业陷入了极为严重的困境之中。1931年7月德国发生了一次很严重的危机，其实质上只是一次银行系统危机，但由于同时爆发的政治事件和政治恐慌，无疑加剧了世人对此次危机的恐惧程度，存在于银行系统内的不稳定局面最终使之轰然倒塌。在我看来，这种局面的形成根本就是一种错误的行径，它同银行业的稳健原则是完全不兼容的。我们眼睁睁地看着这种局面，内心深处充满了疑惑与恐惧。但是引起此次危机的主要起因是黄金价值发生了重大变化，从而导致固守金本位的各个国家中约定以黄金偿还债款的债务人的债务负担也发生了重大变化。这并不是单个银行家所能控制的，而且谁也没有预料到黄金价值会发生如此巨大的变动。

奥地利发生的银行信贷危机拉开了德国危机的序幕。当柏林的达姆施塔特尔银行陷入困境的时候，德国危机已接近顶点。由于伦敦向柏林出借的贷款数额巨大，而信贷危机造成回流英国的流动资金规模与之相比缺口甚大，从而动摇了英国原有的金融地位。在英国宣布脱离金本位时，危机也达到了顶点。最终它所导致的后果必然是存放于纽约的外国贸易余额的快速而疯狂地流失，在我撰写本文的时候，这种惊慌失措的局面就已经出现了。所有的紧张、歇斯底里以及恐慌正在上演着一场关于通货管理的闹剧，导致了整个世界的金融机器完全停止运转。但这只是一种表面现象，一切的心理变化可以归因于最近发生的事件，而不是危机爆发的根本原因。危机的真正根源在于货币价值的日益崩溃给银行造成的缓慢而持续的损耗。这篇文章的主要目的是探讨引发危机的深层次的、实质性的因素。

我们的资本财富是由世界上众多形态各异的实际资产所组成的，例如建筑物、商品存货、在产品[1]、在途商品[2]等。这些资产的名义所有者，常以借入货币的方式来取得资产的所有权。在一定程度上，财富实际所有者的权利要求并不是体现在实际资产上，而是体现在货币上。这种“资金融通”行为中有很大的一部分是通过银行系统实现的，银行作为存款人和借款人之间的担保人，一方面吸收存款人的资金，另一方面向借款人发放用于购买实际资产的贷款资金。于是货币就成了实际资产与财富所有者之间的媒介，这是当今社会中一个非常典型的特征。近年来，由于人们对主要银行系统信心的增强，银行业务的扩展已经到了令人吃惊的程度。例如，各种银行存款合并计算，在美国约为500亿美元，在英国约为200亿英镑。另外，由个人持有的担保或抵押债务也大量存在着。

还有一点为我们大家所熟悉，当币值发生变动时，拥有货币索取权的那些人同有偿还货币义务的那些人之间的相对地位，也会发生重大变化。因为，价格的下降相当于提高了货币索取权的价值，这同时意味着实际财富中的一部分会从债务人手里转移到债权人手里。实际资产的较大部分体现在存款人的所有权上，而为了购买资产而借入货币的资产名义所有者，则只占有实际资产中的一小部分。众所周知，这就是为什么价格发生变化会引起混乱的原因之一。

但我想要大家关注的，并不是人们熟知的价格下降的特征。一般情况下，我们可以不必深究价格下降产生的进一步结果，但是当币值的变动幅度过大，超出了某个固定的限度时，这种进一步的结果就显得尤为重要了。

以往我们经常见到的，大部分是币值的温和变动，这对作为存款人与债务人之间的担保人（银行）没有什么太大的影响。因为对于某种特殊资产和一般实际

1　在产品指企业正在制造尚未完工的生产物，包括正在各个生产工序加工的产品和已经加工完毕尚未检验或已检验尚未办理入库手续的产品。——译者注

2　在途商品指企业拥有所有权，但还在运输途中的商品。——译者注

▲沃伦·哈定（1865—1923年）从财政部部长安德鲁·梅隆那里购买财政储蓄券。长期债券是用来偿还战争债务的

资产价值在一定范围内的波动，银行事先是有所准备的，通常的做法是要求借入者支付所谓的“垫头”。这也就是说，当借入者向贷出者提供资产以作为贷款的“担保品”时，银行借给他的资金只能达到“担保品”价值的某一比率。根据往常的经验，“垫头”一般固定为一个约定俗成的百分比率，在一般情况下，这是相当安全的。当然，根据情况的不同，实际百分比率可以在一个宽泛的限度内浮动。对于易于出售的资产来说，通常20%～30%的“垫头”已经足够了，如果“垫头”达到50%，则认为此时的贷出者对风险的态度过于谨慎了。因此资产的货币价值向下变动的幅度，若只是在一般的温和范围以内，银行对此则不会过于关注。在银行的资产负债表上，一方是银行欠存户的，另一方是贷户欠银行的，而至于货币价值究竟是多少，与银行并没有多大关系。但是设想一下，当资产

的货币价值在短期内的向下变动，超过了用于贷款资产中很大一部分的约定“垫头”时，将会发生什么样的情况呢？很明显，银行将岌岌可危，任何意外情况随时都有可能发生。不过，这种情况是很少见的。现在我们所遇到的情况确实很独特，因为在1931年以前的近代历史上，还从未出现过这样的先例。在许多国家，通货膨胀持续了很长一段时间，资产的货币价值发生了大幅的向上变动。尽管这种变化在其他方面造成了灾难性的后果，但却并没有给银行带来任何危险，因为银行所持有的“垫头”在货币价值上也有了增长。

在1921年的萧条中，价格也曾大幅下跌，但那时的价格是从一个非比寻常的高水平上跌落下来的，而且罕见的高物价只维持了几个月或几周的时间，所以银行以高的价格水平为依据的贷款只占很小一部分，同时由于持续时间不长，各方面对此并未过于在意。近两年来，实际资产的货币价值在全世界范围内出现了近乎崩溃的态势，如此严峻的局势，我们以往从未经历过。时间如此紧迫，以致银行家们对当前的局势还未来得及做出充分的了解和认识，价格的急速下跌已经渐渐超过了约定的“垫头”。用市场的行话来说就是“垫头”已经逃逸了。这种情况的具体细节部分通常不被外部人所关注，除非发生某种特殊事件——也许是某种意想不到的事件——使局势发展到了危急关头。因为，只要银行还能保持镇静，等待时机好转，同时不要在意这一事实，即许多贷款的担保品已经不再同原来那样安全可靠，从表面上看不出发生了什么事情，也不存在引起经济恐慌的任何因素。不过，即使在此时，潜在的风险也有可能给银行的新业务带来极为不利的负面影响。因为银行此时已经发觉，他们放出的贷款，实际上有很大一部分已经处于“冻结”状态，所面临的潜在风险已经远远大于它们自身的承受能力，于是它们变得异常谨慎小心。为了尽可能地避免风险，它们会使所有资产的其余部分尽可能地处于高度流动状态。接着，银行的这种行为会在不知不觉的情况下反映到新企业方面，因为这意味着银行已不再愿意接受使其资金处于固定状态的任何项目。

这里讨论的是货币价值变动问题，要定量地描述这一因素的重要性，我们必须考察一下各种类型不一的财产在价格上发生了怎样的变化。首先应当考虑的是

▲1902年，在等待热气球升空的漫画中，皮尔庞特·摩根（J. Pierpont Morgan）被描绘成一个马戏团里的壮汉，试图用一个标着“巨额收益”的打气筒给一个标着“钢铁股票”的气球充气

国际贸易所涉及的各种主要原材料和食品。这些商品对银行来说具有重要意义，因为不管它们是处于库存状态、在途状态，还是属于半制成品形态、未出售的制成品形态，其中的很大一部分是通过银行的贷款来经营的。在过去的18个月里，

这些商品的价格平均下降了25%。这其实只是一个平均数，银行无法将某一客户的担保品平摊给另一个客户。另外，许多具有商业重要性的单个商品，它们的价格已经下跌了40%～50%，甚至更多。

接下来是一些大公司的普通股，它们是世界各地证券交易所里的主要交易对象。在绝大多数国家中，证券价格已平均下跌了40%～50%。这也是一个平均值，它表明有些股票，在两年前还被视作为绩优股，而现在的下跌幅度却远远大于平均下跌水平。此外，还有债券和固定利息证券，其中属于最优等级的品种，现价实际上还有所微涨，有些即使下跌，最多没有超过5%，这种状况在某些方面是大有帮助的。但是许多其他固定利息证券——尽管算不上是最优等级的，但也不失为优等证券——其价格却下跌了约10%～15%；至于外国政府债券，众所周知，其价格已经出现了惊人的下跌。像这样的跌势，虽然趋势相对比较温和，但后果可能同样严重，因为这类债券通常（尽管在英国并非如此）是由银行自己直接持有的，并不存在所谓的“垫头”以保护银行避免损失。

概括说来，商品和证券价格的下跌对大多数国家的影响是相同的。接下来我们再说一说另一类资产——不动产，它在数量方面具有很重要的意义，这方面的情况在各个国家之间存在着很大的差异。在英国（我想法国也同样如此），局势之所以较为稳定，一个重要原因就在于不动产价值始终保持相对的稳定，没有发生价格暴跌的情况。因此抵押业务能正常进行，以不动产为担保品的大量贷款也没有受到侵害。但在众多其他国家里，不动产却未能逃脱价格暴跌的噩运；在美国，也许这种情况相对更严重，那里的农田价值大幅下挫，城市的现代建筑物也未能幸免，许多房产的现价只有其原来建造成本的60%～70%，有时甚至还要更低。这种情况大大加剧了当地局势的恶化，一方面，因为不动产涉及的金额数目相当庞大；另一方面，这类财产过去普遍被认为是无风险的。美国在这种严峻局势下，抵押银行、抵押和贷款协会以及其他不动产融资机构所持有的大量抵押品，实际上处于一种“冻结”状态，而由于不动产价值的下跌，这些抵押品的“垫头”也已损耗殆尽了。

最后，还有一类贷款，它是银行用来贷给其客户的，目的在于资助这些客户的经营活动。在很多情况下，这类贷款的状况是最糟糕的。因为这类贷款主要是以被资助企业的实际利润和预期利润作为担保品的，如果在现在的情况下，局势不能快速好转，会使许多原材料生产者、农场主和制造商根本无利可图，甚至还极有可能破产倒闭。

总之，除不动产外，任何其他类型的财产，无论它们对社会福利多么有贡献、多么重要，它们的现时货币价值几乎无一例外都难逃暴跌的厄运，且跌幅之大也是前所未有的。我曾说过，我们的经济社会是这样组织起来的——在一个很大的范围里，介于实际资产和财富所有者之间，是一层货币面纱，而上述情况就发生在这样的经济社会中。实际资产的名义所有者通过从财富实际所有者那里借入资金，才能购买这项实际资产。而且，所有的资金借贷活动基本上都是通过银行系统的组织和管理来实现的。这也就是说，银行作为实际借入者与实际贷出者双方之间的担保人，是通过发挥其中介作用来获取报酬的。它们向实际贷出者提供担保，但是只有当实际借入者的资产货币价值能抵得上所借贷款的货币价值时，这种担保才算真正有效。

正是由于这个原因，当货币价值出现了像我们目前所经历的那样严重的下跌时，便会威胁到整个金融结构的稳定性。银行和银行家，生性多盲目，他们根本没有想过将要发生的事情。有些银行家，多年来已经形成一种固定的思维模式，天真地认为战前的价格水平是公平公正的、是“正常的”，而且也是不可避免的。因此当价格的下跌接近战前水平时，他们甚至还表示欢迎。在美国，有些银行还聘请了一批所谓的“经济学家”，这些人甚至到今天还在劝诫我们，说我们的困难是由于某些商品和劳务的价格还远没有跌到谷底造成的；但他们没有考虑到，如果真按照他们的补救措施实行的话，最明显的后果就是银行机构清偿债务的能力将受到严重的威胁。“稳健”的银行家，悲乎！人们没有把那些能够预知并规避风险的人称为“稳健”的银行家，而把那些必定要破产的、但破产得光明正大而不招致非议的人称为“稳健”的银行家。

事到如今，他们也终于有所注意了。在许多国家，无奈的银行家们渐渐认识到，当他们客户的“垫头”损耗殆尽时，他们自己也将处于“危险的边缘”。我相信，今天若对所有可疑的资产做一番深入细致的价值评估，就会发现，世界上有很大一部分的银行实际上已经处于破产境地；而且随着通货紧缩的进一步蔓延，这一比率还将快速扩增。幸好英国国内的银行，由于种种原因，还处于最稳固之列。但是通货紧缩总要有一个限度，不然银行迟早会支撑不住的。世界上的绝大多数地区（包括美国在内）银行业的状况实际上是整个局势中最薄弱的一个环节，尽管部分真相由于被掩盖而不为公众所知。很明显，如果按照目前的趋势继续发展下去，必然会给某些方面带来致命性的冲击。如果不采取必要措施、任其发展的话，那在全球的银行范围内，将真的会出现严重的崩溃局面。

我认为现代资本主义正面临着两个截然不同的选择：一个是寻求某种办法来提高货币价值，直至恢复到原有的水平；另一个是听任破产和违约现象的继续蔓延，直至整个金融机构的绝大部分陷于崩溃。若选择了后者，当一切恢复平静之后，我们将从头做起，境况也许并不像我们预料的那样极度贫困，或许还比现在更快乐些；然而在此之前，我们不免要经历一段痛苦的时期，不仅要面对无端的浪费、混乱的局势以及社会不公道等丑恶现象，还要忍受私有财产以及财富所有权的重组。虽然从总体上来看我们和以往没什么区别，但是我们当中的许多个人却遭受了严重的损失。不过在困难的压力与刺激下，或许我们能够发现更好的办法来处理我们的事务。

目前的迹象表明，世界各地的银行家执意自掘坟墓、自寻死路。在事态发展的每一个阶段上，他们总是不愿采取完全彻底的补救措施。在他们采取听之任之的放纵态度下，事态发展到今天已经达到了十分严重的地步，而这时再想寻求出路，就变得非常困难了。在英国，我们通过废弃金本位制，在一定程度上缓解了局势持续恶化的趋势；但不幸的是，这仅仅是解决了我们自己的问题，而仍然坚持金本位制的那些国家却由于我们的举措而使局势进一步地恶化。

对于银行家们来说，保持自己的良好形象并表现出超乎人性之上的高贵品质，已成了他们的必修课。这种毕生的习性让他们变成了最善于空想、最不切实际的人。这一点已成为他们的处事原则，他们从未怀疑过自己的地位会因此受到影响，而等他们有所察觉的时候，已经为时已晚。同许多诚实耿直的公民一样，他们对生活于其中的这个万恶世界里的种种危机——当危机完全表面化的时候——感到本能的愤慨，但他们却并不能够预见到这些危机。这一切难道是银行家们的阴谋吗？不！这种想法是荒谬的！我倒真希望这一切都是他们密谋策划的。如果真是这样的话，可以预料到，当他们从这场灾难中解脱出来之时，也是他们遭受最大打击之时。

第二部分

恢复金本位

第一篇　黄金热（1930年9月）

人们选择黄金作为价值衡量标准主要因为传统惯例。在还没出现具有代表性的货币以前，人们通常选择一种或一种以上的金属作为货币等价物，用于实现价值贮藏或支配购买力，这是很自然的，其中的理由已经被重复说了许多次了。

四五千年以前，人们就已经把金、银和铜视作英镑、先令和便士来使用了，当时最重要的是银，其次是铜。在迈锡尼时代[1]，黄金曾一度占据最重要的地位。接着在凯尔特人[2]和维多利亚人的势力影响下，在欧洲和地中海北岸一带，铁曾在一段较短的时期内取代了铜而作为货币。后来，在阿肯米涅王朝统治下的波斯帝国采用了维持固定比率的金银复本位（直到波斯王朝被亚历山大推翻为止），于是金、银和铜又恢复了作为货币的地位，白银再度占据主导地位。从此白银长期占有绝对领导权（除了在罗马统治下的君士坦丁堡，黄金势力曾一度恢复以外），尤其是在18世纪和19世纪上半期，曾多次进行过有关金银复本位的努力，

1　迈锡尼时代是希腊青铜时代的晚期，它由伯罗奔尼撒半岛的迈锡尼城而得名。——译者注

2　凯尔特人为公元前2000年活动在中欧的一些有着共同的文化和语言特质的有亲缘关系的民族的统称。主要分布在当时的高卢、北意大利（山南高卢）、西班牙、不列颠与爱尔兰，与日耳曼人并称为蛮族。——译者注

但始终没有多大成效，白银一直占据着主导地位。直到大战爆发前50年，黄金最终才成功地取代了白银。

弗洛伊德博士说，黄金作为一种象征，之所以能够满足人们强烈的本能嗜好，主要是深藏于我们潜意识之下的特殊原因造成的。古埃及的祭司曾赋予黄色的金属一种神秘的特性，至今这种神秘性仍没有完全丧失。黄金作为价值贮藏手段由来已久，然而，作为购买力的唯一标准却是它新生的功能。截至1914年，从法律依据上讲，黄金在英国占据重要的地位还不到一百年（虽然事实上已经存在了200多年了），而在其他大多数国家还不到六十年。因为除了某些极为短暂的时期以外，黄金的数量实在太少了，根本满足不了作为世界主要通货的需要。不管是在过去还是现在，黄金都是一种非常稀缺的商品。大约每隔五百年或一千年才会发现一处新的黄金供给源，每当这时，黄金就会出现短暂的供应充裕。但是一般说来，黄金供应总是不足的。

近些年来，人们对黄金追求的狂热心情埋藏得很深，而这种心情却被披上了

▼20世纪初，一名男子在阿拉斯加海滩沙里淘金。其实，淘金热主要发生在19世纪中期的美国加利福尼亚，使当时的很多人一夜暴富

一件让人敬畏的外衣，使人望而却步，这种气氛甚至蔓延到男女关系或宗教领域内。当初，黄金与复本位进行了艰难的斗争，或许是为了取得胜利才披上了这件外衣，但至今没有脱下；因为黄金的追崇者们认为要防止不能兑换金银的纸币泛滥成灾，黄金是唯一的预防剂。对黄金的追求是否出于以上原因，还是由于弗洛伊德式的带有几分神秘的色彩，对此，我们无须刨根问底。但是，我们可以告诉读者一个众所周知的事实，即黄金已经成为保守主义者的一个工具，在对待这种事情上，我们难免会有些偏见。

在战争时期，人们纷纷将自己的所有积蓄一点点地扔进了国家的熔炉。战争有时会使黄金变得分散化，如亚历山大分散了波斯宇宙里的存金及比萨罗驱散印加人的存金。但是这一次战争的结果，却将散落在民间的存金集中到了几个中央银行的金库里，之后，这些银行就再没有把它发放出来。如此一来，在整个世界范围内，黄金几乎退出了流通领域。它不再是简单地从一只手传递到另一只手，它已经逃脱了人们贪婪的手掌心。原来那些小财神分散在各家各户的钱袋里、袜子里和铁箱里，现在它们却被各国独一无二的大财神收入囊中；它钻进泥土中去了，人们再也见不到它的金面，消失了。在这个世界上，我们再也看不到那些满身黄金甲的财神的踪迹，我们只好进行理性的解释，但不久人们也就渐渐遗忘了这件事。

于是，曾长期存在的商品货币渐渐衰落了，随之到来的是代表性货币的时代。过去黄金可以铸成钱币、可以用来贮藏、可以作为实际的财富要求权，人们只要紧握住这些东西，它们的价值就不会从手中溜走。但是，现在黄金已经变成了一种非常抽象的东西——仅仅是一种价值标准而已。它之所以能够保持其名义上的地位，主要是基于这样一个事实：在各国的中央银行中，当某一个央行所管理的代表性货币出现了膨胀和收缩，使之与其邻邦的行为在相适应的程度上有了偏差时，就需要将少量的一部分贮存黄金在各中央银行之间进行传递。到现在为止，这种传递行为已经有些过时了，这种不必要的移动可以省去，以最现代的方式代之——“另户保管”，它无须改动存金所在地就可以使所有权发生转变。进一步说，不必在形式上否定黄金的一般通则，而是通过现代冶金术在各国中央银行之间做出一种约定，对于贮藏在其金库里的黄金数量可以随心所欲，而其所代表的价值也可以由它们任意指定。本来黄金与白银并存，两者犹如日月经天、交相辉映，但此时，黄金将率先失去其神圣的特性，成为世间的一个独裁者或者一位立宪君主（在比较特殊的情况下），而各地中央银行则成为内阁成员，但是它永远没有必要去成立一个共和国。然而现实并非如此，这只是个假想而已，也许演变的结果与此大相径庭。总而言之，如果黄金的拥护者们想避免革命的出现，他们必须拥有出众的才智和谨慎的态度。

第二篇　货币政策目标的选择（1923年）[1]

除美国外，在大多数国家的货币不稳定状态一般由两种因素相互作用所造成——一个是用黄金作为价值标准来衡量的国家通货没有保持稳定；另一个是用购买力衡量的黄金没有保持稳定。一般来说，人们主要关注的是上述两种因素中的第一个。人们通常认为，恢复金本位，不管怎样也应该是我们的目标所在，也就是说，使国家通货按固定比率兑换黄金。人们认为争论的焦点在于国家通货是应当保持在战前的黄金平价水平呢？还是应当调低一些，与目前的实际情况更接近呢？换言之，就是必须在通货紧缩与货币贬值两者中择其一。

这种说法未免有些草率。如果我们看一下近五年来价格变动的过程，就能很明显地看出：美国始终保持着金本位，但它也遭受了同许多国家一样的损害；在英国，与黄金的不稳定性相比，外汇的不稳定性更是一个主要的因素；法国也存在同样的情况；意大利的情况也差不多一样。另外，印度曾遭受过外汇汇率剧烈波动的损害，相比其他国家而言，它的价值标准要稳定得多。

1　在英国恢复金本位制之前。

因此，我们无法通过固定汇率的方式来摆脱通货方面的困境，甚至还可能会削弱我们的控制能力。关于通货稳定的问题涉及以下几个方面，我们要逐一考虑：

1.货币贬值与通货紧缩。在我们确定价值标准时，金价应该接近现有价值呢？还是应该恢复到战前的价值水平？

2.价格稳定与汇率稳定。一个国家通货价值的稳定应该依照购买力呢？还是应该依照某些国外的通货呢？两者哪一个更重要一些？

3.恢复金本位。根据我们对上述两个问题的回答，不论它在理论上是否完善，为了达到我们最终目标，金本位是可采用的最佳策略吗？

一、货币贬值与通货紧缩

为了增加以黄金或某些商品为依据的通货的交换价值，可以实行降低通货的数量与它所需要的以货币形式表现出来的购买力这两者之间比率的政策。简而言之，这种政策就是通货紧缩政策。

另外，我们也可以使通货的价值稳定在接近当前价值的某一点上，而不考虑它战前的价值，这种政策称之为货币贬值政策。

直到1922年4月，在热那亚会议[1]上，人们对这两种政策之间的区别并不太清楚，对两者之间的尖锐对立也是后来才逐渐有了认识。即使现在（1923年10月），几乎没有一个欧洲国家当局明确表示，它们的通货价值该采取哪一种政策：是稳定币值，还是提高币值？许多国际会议认为，在当前稳定币值的情况下，许多国家通货的实际价值是趋于下降，而不是上升。但是，通过其他方面的迹象可以判断出，欧洲各国的国家银行在通货政策方面，不管是实施得顺利的

1　1922年4月10日—5月19日在意大利热那亚城讨论欧洲经济问题的国际会议，亦称热那亚国际经济会议。参加会议的有英、法、德、意、日、苏俄等29国代表，美国派观察员列席会议。会议召开的背景是苏俄粉碎外国武装干涉后，力争巩固已经取得的和平共处局面，于1921年10月28日照会英、法、意、日、美等国建议召开国际会议讨论和苏俄的关系并缔结和约。——译者注

（如捷克斯洛伐克），还是不顺利的（如法国），它们内心都更希望提高其通货的价值。

反对通货紧缩的观点可以简单归纳为以下两点：

第一，通货紧缩是无法令人满意的，因为它带来的影响总是有害的，它会造成现有价值标准的改变，同时也会导致财富的再分配，这既不利于企业发展，也不利于社会安定。我们已经知道，通货紧缩会使财富从社会的其余部分转移到利益获得者和持有货币权利的人们那里，这同通货膨胀所引起的情况刚好相反。尤其是通货紧缩将使财富从借入者——工商业者和农民手里转移到贷出者手里，从活跃者的手里转移到不活跃者的手里。

在通货紧缩的情况下，主要的持久性结果是纳税人受到压榨，利益获得者从中获益，而在财富转移期间，还存在另一个更加强烈的干扰因素。假如实行逐渐地提高一国货币的价值以衡量商品的政策，使之比现有价值提高100%（比如），这就相当于告诉每一个商人和每一个生产者，他手头上的存货和原料的价格会在某一时期不断地下跌；同时还告诉每一个用借入的资金来开展经营活动的人，在其债务上，他迟早会100%的损失（因为以商品作为衡量标准时，他必须用加倍的数额才能偿还所借入的资金）。现代企业经营所需的资金绝大多数是借来的，在这种情况下，势必会使经营陷入停顿。对于任何一个企业经营者来说，此时暂且退出经营是有益的；对于对一个正打算花钱的人来说，如果他能尽量推迟这个计划，对他也是有益的。聪明的人会把自己的资产转变为现金，规避风险、停止工作、赋闲在家，静候其现金价值按照他预期的方向稳步提高。若公众对通货紧缩产生了可能性预期，则将会导致严重的后果；一旦对通货紧缩产生了确定性预期，则将会导致灾难性的后果。因为相对于货币价值的下降过程，现代企业的经营机制更加不适合货币价值的上升过程。

第二，在众多国家中，即便通货紧缩能达到令人满意的状态，但实际上也是不可能办到的。需要注意的是，这里所指的通货紧缩在极大程度上，可以使通货价值恢复到战前的水平。这种实际上的不可能或许会将这个政策变为无害。若事实并非如此，它则会妨碍另一种政策的实行，延长不稳定状态，从而导致剧烈的季节波动，甚至会在某些情况下，对企业造成很大的干扰。目前，法国和意大利政府公开宣布的政策仍然是要把它们的通货价值恢复到战前水平，这一做法势必会阻碍到在这些国家所进行的对任何货币改革的理性探讨。在金融领域有很多人是别有用心的，故意说这种政策是“正确”的，所以他们只能在这个问题上有所保留。在意大利，正确的经济见解具有很强的影响力，它已经接近成熟，完全可以用于通货改革，但墨索里尼先生迫使里拉[1]提升到它以前的价值。而里拉并不听从独裁者的指挥，独裁者根本没有办法使它俯首帖耳，这对意大利纳税人和意大利的企业来说的确是件幸运的事。但是这样的空谈却能够阻碍真正的改革。尽管人们可能会疑惑，一个干练的政治家为什么会主张实行这样一种政策，即便他只是在虚张声势。如果他能够理解这种政策，其含义用另一种意义相近的措辞来表达时，无非是这样：“我们的政策是要把工资减少一半，将国家的债务负担提高1倍，同时西西里输出橘子和柠檬的报酬减少50%。”

前面已经说过，要把欧洲的诸多通货价值恢复到战前水平是不能令人满意的，也是不可能办到的，然而大多数欧洲国家却把这种既令人不满意又不可能的事情作为它们的公开政策。那么，它们采取这一政策的理由和根据到底是什么呢？其中最重要的原因包括以下几点：

（1）战争降低了国家通货的含金量，如果现在任其处于低水平，这对利益获得者和其他固定货币收入者都是极为不公平的，相当于是在毁约，而恢复通货价值才是履行债务的公正之举。

降低通货价值确实对战前固定利率证券的持有者造成了损害，这一点是毋庸置疑的。然而，要做到真正的公平、公正，不仅仅要恢复他们货币收入的含金量，而且也要恢复货币收入的购买力；至于名义上的公平，并没有被破坏，因为

1　意大利里拉（1861—2002年），意大利、梵蒂冈、圣马力诺等国的货币单位，现已被欧元取代。1里拉=100分。纸币面额有500、1000、2000、5000、10000、50000、100000、200000里拉等，另有1、2、5、10、20、50、100、500、1000里拉铸币。1960年3月30日，意大利正式规定1里拉含金量为0.00142187克，法定汇率为625里拉=1美元，官价上下限为620.50/629.50里拉=1美元。——译者注

当初投资所使用的并不是黄金，而是当地的法定货币。不管怎样，对于这类投资者如果能够区别对待，在兼顾公平和满足合理预期的情况下，采取权宜之策，那么就可以在这个问题上提供很大的帮助。

但实际情况并非如此。战前持有的那些固定利率的证券早已被淹没在大量发行的战时公债之中，整个社会已经与新的局势大体相适应。利用通货紧缩的办法来恢复战前持有的证券的价值，将意味着同时提高战时与战后发行证券的价值，从而提高了利益获得者的总债权，这样一来，利益获得者阶级的收入不仅超过了他们应得的份额，而且在国民总收入中所占的比率将扩大到令人难以承受的地步。此时，在正确衡量之下公平将偏向另一边。现在还未清偿的货币契约，其中很大一部分在签订的时候，货币价值与现在的价值相差无几，但与1913年时的价值相差甚远。这样的结果是，为了维护少数债权人的公平，却对大多数债务人造成了极大的不公。

由此可以看出，当长期的通货贬值与社会的新价值相适应时，通货紧缩造成的后果，甚至会比通货膨胀所造成的后果更严重，两者都是“不公平”的，都会造成合理的预期落空。但是通货膨胀能够减轻国家的债务负担，刺激企业发展，在造成损害的同时还有一些好处，而通货紧缩毫无可取之处。

（2）将国家通货恢复到战前的含金值，就可以提高国家的财政信誉，增加民众对未来的信心。

若某一国家希望能将它的通货早早地恢复到战前的平价水平，那么这个论点是不容忽视的。在英国、荷兰、瑞典、瑞士和西班牙（也许是）可以这么说，但在欧洲其他国家就不能再这么说了。有些国家，即使能够将其法定货币价值稍微提高一些，但也不可能使它恢复到原来的价值水平，在这种情况下，这样的论点就无法适用了。这个论点的关键在于，必须满足使货币完全恢复到战前平价的条件。就意大利而言，不管是由100里拉兑换1英镑，还是60里拉兑换1英镑，都对它的财政信誉并没有什么两样。相对来说，将里拉稳定在100：1的比率要比在60到100之间来回波动的情形好得多。

因此，这个论点只适用于那些通货的含金值与原来价值的差距（比如说）在5%或10%范围以内的国家。在这种情况下，我认为这个论点的确切意义取决于我们是如何回答下述问题的——我们将来是否打算同过去一样，把我们自己牢牢束缚在完全的金本位上。若我们依旧认为金本位比其他任何方法都好，若我们对通货前途的“信心”并不是取决于其购买力的稳定，而是取决于其含金值的固定不变，那么长期保持5%或10%范围内的通货紧缩也许是有益的。这种见解与100年前李嘉图[1]在类似情形下所表述的观点是相吻合的。但如果我们决定的目标是未来价格水平的稳定，而不是金平价的固定不变，那就没必要再讨论下去了。

（3）如果提高国家通货的含金值，工人阶级就会由于生活费用的降低而受益，国外商品就会变得相对便宜些，同时以黄金衡量的外债（例如对美国的债务）在清偿时也会相对容易些。

这一论点完全是错误的，它在实践上所造成的危害并不亚于上述两个论点。该论点认为，如果法郎的价值有所提高，那么用法郎支付相同的工资必然可以买到更多的东西，而用法郎支付进口商品的价格则会便宜得多。但实际情况绝非如此！如果法郎的价值提高，那它不仅可以多购入商品，也可以多购入劳动力，这就是说，工资将趋于下降；用来偿付进口商品的法国出口商品，在以法郎计量时，其在价值上将与进口商品有完全相同程度的下跌。同样，为了偿还美元债务，英国必须交付给美国一定数量的商品价值总量，在最后结算时所依据的换算率无论是1英镑兑4美元还是战前的平价，都是没有任何差别的。因为债务是按黄金计量的，所以这项债务的负担取决于黄金的价值，而不是英镑的价值。货币只是一种媒介，其本身没有任何意义，它从一个人手里转移到另一个人手里，进来了又出去了，当它完成自己的职能后便会从国家的财富总额中消失。然而对于一

1　大卫·李嘉图（1772—1823年），英国资产阶级古典政治经济学的主要代表之一，也是英国资产阶级古典政治经济学的完成者。李嘉图早期是交易所的证券经纪人，后受《国民财富的性质和原因的研究》一书的影响，激发了他对经济学研究的兴趣，其研究的领域主要包括货币和价格，对税收问题也有一定的研究。李嘉图的主要经济学代表作是1817年完成的《政治经济学及赋税原理》，书中阐述了他的税收理论。1819年他曾被选为下院议员，极力主张议会改革，鼓吹自由贸易。李嘉图继承并发展了亚当·斯密的自由主义经济理论。他认为限制国家的活动范围、减轻税收负担是增长经济的最好办法。—译者注

般人来说，要理解这一点却并不容易。

二、价格稳定与汇率稳定

在某些限定条件下，一个国家的通货与世界其他国家的通货之间的汇兑比率（为简便起见，假设只有一种国外通货）取决于国内价格水平与国外价格水平之间的关系，可以说，除非二者的价格水平都能保持稳定，否则汇率是不可能稳定的。因此，如果国外价格水平不在我们的控制范围之内，那我们自己的价格水平或汇率将受到国外因素的制约；如果国外价格水平不稳定的话，我们也无法同时保持价格水平和汇率的稳定。我们只能在两者之中择其一，不能兼得。

在战前，几乎世界各国都实行金本位制，那时我们侧重于汇率的稳定，而不是价格的稳定。由于一些因素完全不在我们控制范围之内，而导致了价格水平发生变动，例如在国外发现了新金矿和国外银行政策方向的转变，对于这样的社会影响，我们已做好了随时屈服的准备。我们的这种屈服态度，一方面是由于我们不相信（虽然是比较有理性的）有人为因素在内的政策，另一方面是由于价格波动本身也比较温和。虽然如此，但也出现过政策上改弦易辙的有力提议。特别值得提到的是欧文·费雪[1]教授。除非所有国家采取相同的计划，否则这个建议的实施更倾向于国内价格水平的稳定，而不是外部汇率的稳定。

关于是选择价格稳定，还是选择汇率稳定，应该依据各国的具体情况来定，不能一概而论。正确合理的选择部分取决于对外贸易在一国经济生活中所占的重要程度。尽管如此，几乎在所有情况下，如果价格的稳定真的能够实现的话，它似乎总是比较可取的选择。汇率的稳定则是自然而然的结果，而这一点又可以促进那些从事对外贸易的人们在经营上的效率和繁荣。另一方面，价格的稳定对于

1 欧文·费雪（1867—1947年），美国经济学家、数学家，经济计量学的先驱者之一，美国第一位数理经济学家，耶鲁大学教授，主要贡献：货币理论原则。为了稳定物价水平，欧文·费雪特提出了一个补偿美元计划，即让美元的黄金价值进行浮动来抵消物价的上升或下降，实际上就是允许联储根据经济状况选择多发或少发货币。—译者注

▲1906年，在阿拉斯加诺姆的矿商和招商银行，有价值125万美元的金条。阿拉斯加淘金热增加了美国的储备，使得更多的钱在世界经济中流通

避免上述的种种弊端而言，具有非常深远的重要意义。各种契约关系与企业的预期，甚至在像英国这样的一个贸易国家中，也很少会以汇率稳定作为前提，绝大多数情况下都是以国内价格的稳定为首要目标。但与此不同的是，反对者则认为汇率的稳定是比较容易达到的目标，因为它所要求的仅是在国内与国外采取同样的价值标准；然而要把内部标准调整到使之与物价指数保持相对稳定，却还是一个未曾实践过的、艰难的科学创新。

不管怎样，对这种将恢复固定汇率作为行动目标的未经深思熟虑的假说，还需要进行比平常更深层次的探索。就目前来看，多数国家都采用同样的本位制的可能性非常渺茫，在这样的情况下，更需要进一步探究。当采用金本位时，我们几乎可以同所有各国保持汇率上的稳定，而其他任何本位制则会显得有点格格不入，因此稳定和方便的优点会让保守派更加偏爱黄金。然而，即使如此，如果缺少另一种半偶然性的环境因素，商人的便利和对固体金属的原始热情这两点，在我看来，还不能完全保证黄金王朝的存在，毕竟在过去很多年里，黄金所带来的不仅是汇率的稳定，而且还是价格水平整体上的稳定。实际上，在稳定汇率和稳定价格两者之间做出选择在过去本不是一件进退两难的事情。只不过后来情势发生了变化，在南非金矿开发前夕，似乎一个价格水平不断下降的局面即将到来，当时的本位制与价格稳定产生了严重的冲突，从而引起对复本位问题的激烈争论，而争论实质上也反映了当时人们愤怒与不满的情绪。

最近在各个国家的价格水平之间出现了巨大的差异，能否利用战前调节黄金国际流动的制度处理当前的问题，实际上是值得怀疑的。在战前制度下，一国与外界之间的汇率是固定不变的，国内价格水平只得进行自我调整以适应这一标准（也就是说，主要受国外的影响因素所支配），这种制度的缺陷主要是操行动上过于迟缓，反应上过于迟钝；在战后制度下，价格水平主要取决于国内因素的影响（即国内通货与信贷政策），而对外汇汇率则不得不进行自我调整以适应这一标准而言，这一制度的缺陷主要是发生作用时过于猛烈，反应上也过于灵敏，往往导致一时的偶然原因就会引起其剧烈的变动。但是，当发生了突然的剧烈波动时，为了保持平衡确实需要进行快速的反应；同时，这种快速反应的需要恰恰是战前方式不能适应战后条件的一个决定因素，而且它使人们对最终公布的汇率感到紧张不安。

汇率的变动不定，意味着政治方面和情绪方面瞬息的影响，以及来自季节性贸易下周期性的压力，有可能会使相对价格发生混乱。但同时也意味着，对不管哪种原因造成的国际收支不平衡，调整汇率是一个最快速有力的调节方法，当一国的对外支出超过其拥有的资源时，这将是一个很有效的防范措施。

因而，当国内与国外价格水平之间现存的平衡出现了剧烈波动时，战前的方法在实践中很有可能不奏效，原因很简单，因为它不能快速地让国内价格得到重新调整。理论上说，如果允许黄金连续地、无限制地移动，直至价格的涨跌达到了必要的程度为止，那么战前的方法早晚都会奏效的。但事实上，黄金作为实际通货和硬币的后盾，它的外流，在比率上和数量上通常是有限度的。如果货币或信贷供应量的缩减速度超过了经济社会和企业经营计划所能接受的价格下降速度，将会造成令人难以忍受的不利后果。

三、恢复金本位

到此为止，我们得到如下结论：当国内价格水平的稳定和汇率的稳定这两者不能同时满足时，通常前者更值得争取；如果出现了进退两难的困境，那么争取前者而放弃后者也许会是阻力最小的一个办法。

恢复金本位（不论依照战前平价还是某些其他的比率）肯定不会使我们国内价格水平达到完全稳定的状态；即使所有其他国家都恢复金本位，也只能够使我们的外汇汇率达到稳定。因此，这个制度是否应该恢复，主要取决于它能否在这两种理想目标之间为我们提供一个切实可行的折中方案。

有些人主张实行金本位制而反对采用更加科学的体制，其理由主要有以下两点：第一点，黄金可以提供一个相当稳定的价格标准，过去是这样，将来也依然如此；第二点，鉴于管理当局过去一再表现出缺乏智谋、管理无方的事实，因此管理通货是不会有什么好结果的。在这里，保守主义和怀疑主义结合了起来——它们常常有这样的举动。也许这里还存在些迷信的成分，因为黄金在其色彩和形态上的神秘形象，到现在依然没有褪去。

在19世纪，瞬息万变的世界里，黄金居然能够保持其价值的稳定，这的确很不可思议。在澳洲和加利福尼亚发现金矿以后，金价的跌幅达到了危险的程度；在南非金矿开采前夕，金价的涨幅又达到了危险的程度。然而在每一次的危机中，它总能化险为夷，从而保住了自己的声誉。

THE SURVIVAL OF THE FITTEST.

▲适者生存。庆祝金本位战胜民粹主义通货膨胀的银本位的漫画

但是将来的情况与过去并非就一定相同，我们无法完全保证在战前保持一种平衡状态所依赖的特殊情况，在现在依然继续存在着。为了明白这一点，我们需要分析一下，黄金在19世纪的表现之所以能够让人感到满意，其中的根本原因到底在哪里呢？

首先，发掘金矿的进展大体上正好与其他方面的进展趋于一致。当然这种一

致并非完全出于巧合，因为在那个时期的发展，其特征就在于对地球表层的逐步探索与开发，因此偏僻地区金矿层的逐渐暴露也就是合情合理了。但这一历史阶段现在已经接近尾声了。从最近发现的一个重大金矿以后，已经过去了1/4个世纪。现在物质上的进步，将会更加依赖科学与技术的发展，由此对采金业造成的影响也许是暂时性的。采金的方法也许过了很多年都没有什么重大的改进；过去人们曾有过许多幻想，幻想着将贱金属变成黄金；也曾有过很多骗局，说是可以从海底捞得黄金，将来或许会出现一位天才化学家，可以把这些幻想变成现实。总而言之，金价既可能会昂贵，又可能会低贱。但不管哪种情况，期望出现一系列的偶发事件使黄金价格趋于稳定，未免有些痴心妄想了。

但是还存在着另一方面的影响，它往往有助于金价的稳定。黄金的价值并不是由人类中某个单独群体的意志和行为决定的；黄金的边际价值是由它在与其他事物相对照时的稳定的心理评估所决定的，因此，黄金供给中的绝大部分会自动地流入艺术市场或在亚洲被贮藏起来，但这么大的供应量并不会给市场带来什么冲击。这也就是说，黄金具有“内在价值”，并不存在“管理”通货时的那些危险性。决定黄金价值的众多独立因素本身就是稳定的。世界上许多证券发行银行持有的用以抵偿负债的准备金，具有随意决定和变化无常的特性，但还不至于由此形成一个无法预料的因素，实际上它是一个稳定因素。当黄金的供给相对较为充裕，在流向这些银行时，它们就可以将黄金储备率稍微提高一点，从而吸收黄金的增量；当供给相对匮乏时，它们从未打算把黄金储备用于任何实际目的上，这样一来，它们大多对这一变化镇定自如，允许黄金储备率的适当下调。从南非战争[1]结束到1914年的这一阶段，南非黄金中的很大一部分流入了欧洲及其他国家的中央银行，并成为它们的黄金储备，但这对价格的影响甚微。

但是这次大战却引起了巨大的变化，黄金已经成为一种“管理”通货。不管

1 1899—1902年，在非洲大陆的南部，爆发了一场大规模的战争。参战的一方是英国人，另一方是荷兰人的后裔布尔人。战争进行了2年7个月。最后，以布尔人的失败而告终，历史上称之为英布战争，也称南非战争或布尔战争。——译者注

是东方，还是西方，大家都学会了贮藏黄金。但是美国贮存黄金的动机与印度却并不相同。现在大多数国家已经放弃了金本位，如果黄金的主要使用者以其实际需要为限持有黄金，那么黄金的供给将大大过剩。美国没有让黄金跌到其“自然”价值，主要是因为它无法接受由此造成的黄金标准下跌而引发的后果。因此，它只好采用一项代价极为高昂的政策，即把南非约翰内斯堡[1]矿工辛辛苦苦从地下挖出来的金子重新埋在华盛顿的地底下。结果现在黄金的价值完全是“人为的”，金价的未来走势基本上完全取定于美国联邦储备银行的政策方针。黄金的价值不再是造物主主宰下的产物，不再由无数独立行动的执政者和个人自主决定。即使其他各国逐步恢复金本位制，形势也不会发生太大改变。目前的趋势是采用某种变相的金汇兑本位制，黄金也许将永远地从人们的口袋中消失掉，这一趋势或许表明，目前各金本位国家的中央银行应必备的黄金储备数量将远远低于现有的黄金供给量。因此黄金的实际价值将主要取决于三四个最强大的中央银行的政策，不论它们是独立行动还是联合一致。另外，如果关于黄金在流通和储备方面的使用恢复到战前的惯有方式——我认为这一点实现的可能性极小——那么也许就会出现卡塞尔教授预测的那种结果，黄金供给将会严重不足，从而导致金价逐步走高。

美国也许会通过不再由铸币局吸收黄金的办法，使黄金失去部分的通货资格，我们绝对不能忽视这一可能的出现。作为一项临时措施，美国当前所实施的无限制接受黄金输入的政策也许是有其道理的，它能够保留传统，增强过渡时期民众的信心。但如果把它作为一种长期的安排，就是一种毫无价值的愚蠢之举。如果美国联邦储备委员会[2]的目的是保持美元的价值水平不受黄金流入或流出变动

1 约翰内斯堡是南非最大城市，位于东北部瓦尔河上游高地上，海拔1754米。人口171.3万（1984年）。始建于1886年，原是一个探矿站，以后随金矿的发现和开采迅速发展为城市。地处世界最大金矿区和南非经济中枢区的中心。附近绵延240公里地带内有60多处金矿，周围还有众多工矿业城市，合占南非工业总产值一半左右。——译者注

2 美国联邦储备委员会，简称美联储委员会。它是一个联邦政府机构，其办公地点位于美国华盛顿特区。该委员会由七名成员组成（其中主席和副主席各一位，委员五名），须由美国总统提名，经美国国会上院之参议院批准方可上任，任期为十四年（主席和副主席任期为四年，可连任）。—译者注

▶1935年，在南非约翰内斯堡附近的世界上最大的含金地区的皇冠矿山，非洲金矿工人正在开发一个巷道，一个沿着矿脉的隧道

的影响，那么美国继续吸收那些既不需要又代价高昂的黄金，其意义到底何在？如果美国铸币局停止吸收黄金，除了这一金属的实际价格以外，它在所有其他方面的活动仍然同以往一样照常进行。

所以，对黄金价值未来稳定性方面的信心，主要取决于这两种全然相反的认识：一种观点认为美国简直愚不可及，还在继续吸收它并不需要的黄金；而另一种观点却认为美国聪明至极，接纳黄金可以使它的价值保持固定不变。这种模棱两可的态势在民众的一无所知与美国联邦储备委员会的无所不知的共同作用下，或许可以真相大白了。但形势是变化无常的，对于那些对将来采用哪种本位制仍犹豫不决的国家而言，这种形势是不容乐观的。

对于支持恢复完全金本位的人们来说，以上关于黄金稳定趋势的讨论已经部分地回答了他们提出的第二个主要论点，即认为这是避免“管理”通货的诸多危险的唯一办法。

小心谨慎的人们，在汲取了过去的经验教训之后，迫切需要一种能够独立于财政大臣和国家银行之外的价值标准，这种心情是极其自然的。当前事态的发展为政治家的无知和轻浮提供了绝佳的机会，这很有可能在经济领域内造成破坏性的严重后果。现在人们觉得，就政治家和银行家在经济和财政方面知识的一般水平来说，任何革新都不可行，或者是缺乏安全性的。实际上，稳定汇率的主要目的在于限制财政大臣的影响力。

人们这种谨小慎微、踌躇不决的心理是有充分理由的。但是仅仅依靠以往的经验去判断这些政治家和银行家的能力，不免有失公道。过去我们所经历的那些非金属本位制，都不是冷静思考后所采取的科学尝试。它们是在非自愿的情况下采用的，是战争或膨胀的累积租税造成的无奈之举，那时国家财政已经处于崩溃境地，局势已失去了控制。在这种情况下，这些措施自然成了灾难的伴奏和序曲。然而我们并不能由此推断，在正常情况下采取这类措施会产生什么样的后果。我就不明白，在其他许多高于社会所必需的任务方面，我们都能出色地完成，而关于价值标准的调节为什么就是一个很难处理的问题?

诚然，如果有神灵庇护着黄金，或者造物主已为我们提供了一套现成的稳定的本位制，那么为了进行一些轻微的改进，我是决不会把通货的管理权拱手交给那些可能是软弱无能或愚昧无知的银行委员会和政府当局的。但实际情况并非如此，我们并没有现成的本位制。经验表明，在紧急情况下，财政大臣的行动是不能受约束的。最最重要的一点是，在现代纸币流通和银行信用的世界里，不管我们愿意与否，都无法摆脱"管理"通货；至于黄金本身的价值，主要取决于中央银行的政策，而纸币能否兑换黄金并不能改变这一事实。

上节所述的最后一句值得我们再仔细推敲。它与我们曾在战前所学过的黄金储备原则是有很大区别的。我们过去常常认为没有哪个中央银行会如此大手笔地保持超过它需要的黄金数量；或者轻率地保持低于它需要的黄金数量。黄金会不时地进入货币流通领域或流到海外。根据经验，在这些场合下黄金的需要量与中央银行的负债在大体上比例相当。在银行方面，为了以防万一，必须把黄金储备比率提高一些，同时增强民众的信心。信用创造主要是以这一比率为依据，并可以随时调节。以英格兰银行为例，它在黄金潮流中随波逐流，对黄金的流进流出听之任之，让它产生"自然"的结果，不让它受到关于阻止价格方面的任何观念的影响。在大战以前，这种制度就已经受到某些人为的因素的影响而逐渐变得不稳定。随着时间的推移，这种"比率关系"已经渐渐脱离事实，而基本上成了一种常规。比这一比率高一点或低一点的其他一些比率也同样能够完成任务[1]。这种常规被战争打破了，因为黄金退出实际流通领域以后，消除了存于这一常规背后的一个实际存在因素，而纸币停止兑换黄金以后又消除了另一个因素。黄金储备“比率”已失去了它原有的一切意义，因此再依照这一比率来调整银行利率的做法将是荒诞无稽的，结果在过去的十年里逐渐产生了一种新政策。现在所采用的银行利率是为了调节信用的扩张与收缩的需要，以便保证企业的稳定和价格的持续平衡，尽管这在应用上存在着不完善性和带有试验性质。至于利用它取得美元汇率的稳定——这与国内价格的稳定是不一致的——我们还保存着战前的均衡政策遗风，试图在这两个相互矛盾的目标之间达到某种平衡的折中。

然而，那些主张回归金本位的拥护者们，并没有意识到我们在实践中已经逐渐形成了与以往不同的方针路线。如果我们恢复金本位，银行利率也必然会回到战前模式，让黄金的涨落任意摆弄国内的价格水平，对于信用周期对价格和就业稳定的严重不利影响，也听之任之，不采取措施加以适当的调节，这是不是那些主张恢复金本位的人们希望我们去做的呢？或者，我们继续进行现有政策方面的试验性尝试，而对“银行比率”视而不见，如果有必要的话，就让黄金的储备量远远超出我们的实际需要，或者减少黄金储量使它远远低于必要储量水平，主张恢复金本位的人们是不是也有这样的想法呢？

事实上，金本位现在已经是一种未开化的习俗残余。从英格兰银行总裁起，我们所有人现在关注的主要是保持企业、价格及就业方面的稳定；当没办法只能从其中选择某一目标的时候，我们决不会为了陈腐的教条——其价值曾经是每盎司3英镑17先令10.5便士——而牺牲这些方面。主张古老的本位制的人们没有注意到这个制度现在脱离时代精神的要求有多么的遥远。一种管理下的非金属本位制已经悄然而至了，它的存在已成既定的事实。当许多经济学家还在昏昏欲睡时，百年来的学术梦想已经脱去了华冠丽服，衣衫褴褛地溜进了现实世界，而引它进来的就是那些离经叛道的财政大臣们，他们经常受到人们的指责，不过相比过去

1　我在1914年曾说到过这一点，可参见《经济学杂志》第24卷，621页。

▲在旧金山湾被遗弃的船只，全体船员都抛弃了他们的船去淘金，许多船只最终被打捞上来作为木材和家具

的规行矩步却还是要有力得多。

正是由于这些原因，一些主张恢复黄金使用的开明人士，例如哈特里先生，并不欢迎黄金重新成为“自然”通货，而认为黄金应该成为一种“管理”通货。他们只允许黄金回归后成为一位立宪制君主，其古老的专制权力全部取消，并迫使其接受银行议会的建议。当前起草有关通货方面的货币热那亚决议的那些人脑子里的想法，对于哈特里先生在黄金问题上的主张而言是一个关键因素。他是这么考虑的：“各中央发行银行之间应保持持续的合作关系”（决议第三条[1]），应以金汇兑本位为基础建立一种国际公约，“目的在于防止黄金

1　哈特里，《货币改革》，第132页。

购买力波动过度”（决议第十一条）。但他并不赞成在不顾“对于黄金购买力未来可能出现的困难是否做好了防范措施”的情况下，恢复金本位。他承认，“推进国际合作是不容易的，如果这一点办不到，那么眼下最明智的措施似乎是将力量集中在以商品为依据的英镑的稳定上，而不是将英镑束缚在一种变化多端的金属身上。”[1]

看到这样的建议，我们禁不住要问，为什么非要把黄金扯进来呢？哈特里先生的这种妥协策略显然是缺乏强有力的理由支持的，而主要是出于情感和传统习俗方面的考虑，英国人宁可失去君主的权力，也不愿意卸去其头颅。但他没有着重说明这一点，而是列举了另外三个方面的原因：①必须用黄金作为一种流动储备，用于清算国际债务余额；②可以对这种做法进行一种尝试，无须与旧制度完全隔绝；③必须顾及黄金生产者的既得利益。在以下我所给的建议中，这几点原因基本上都包括在内了，因此在这里我就无须赘述了。

另一方面，有些人把恢复金本位的希望完全寄托在国际合作上，可我认为这种想法存在严重的错误，是不切实际的。在世界黄金的现存分配格局下，恢复金本位就意味着我们必将丧失对价格水平和信用循环的控制权，而屈从于美国联邦储备委员会。即使美国联邦储备委员会和英格兰银行之间建立了最亲密无间和诚恳的合作关系，美国联邦储备委员会仍将保持其在权利方面的优势地位。前者可以不理会后者而独立行事；但是如果后者忽视了前者，随着情势的不断发展，很容易引起黄金储量的过剩或者不足。不但如此，我们事前就能够判定，到那时美国方面肯定会有不少猜忌（因为他们的性情就是这样的），怀疑英格兰银行会为了英国的利益，而对其政策进行干预或影响美国的贴现率。此外，为了处理世界上过剩的黄金，我们也必须承担一大笔费用，尽管这是徒劳无用的。

在目前的情况下，放弃我们的行动自由而屈从于美国联邦储备委员会，这将是一种鲁莽轻率的举动。在紧要关头，该如何独立勇敢地采取行动，对此我们还缺乏足够的经验。美国联邦储备委员会正在努力摆脱来自局部利益的压力，但我

1　哈特里，《货币改革》，第22页。

们还无法确定它是否能够办得到。不过它仍旧有可能屈服于激烈的低息贷款运动。我们对英国的行为表示怀疑，不仅没有增强美国联邦储备委员会的地位，反而大大削弱其抵御民众非议的能力。此外，除了政策的软弱或错误会引起不良后果之外，即使英美两国同时采取同样的政策也并非一定就对双方都有利。在大西洋的两岸，信用循环的发展与企业的现状有时是完全不匹配的。

因此我以为，最重要的应当是价格、信用和就业的稳定，我已经对过时的金本位失去了信心。尽管它曾对经济局势的稳定做过贡献，可在目前的情况下，我很怀疑它现在是否还能这样，因此我不赞成恢复战前模式的金本位。同时，对于哈特里先生关于与美国共同建立“管理”金本位的建议，我同样表示怀疑；因为它保留了太多旧制度下的弊端，将优点抛弃了，而且它还将使我们的行动过于依赖美国联邦储备委员会的政策和意向。

第三篇　关于将来如何调节货币的正面建议（1923年）

作为一项健全而富有建设性的货币调节方案，必须具备以下几点：

（1）要有调节通货和信贷供给的方法，其目的在于尽可能地保持国内价格水平的稳定；

（2）要有调节外汇供给的方法，其目的在于避免由季节性或其他原因引起的、纯粹属于短期的波动，而不是由国内和国外价格水平之间的长期偏差所引起的那种波动。

我认为，在英国要达到这种理想制度，最恰当、也最容易的途径是采用自战后以来在半偶然状态下发展而来的现实制度。

（1）对于一项有建设性的好方案，我的第一个要求是，要以更为慎重和自觉的方针来拓展我们现有的措施。财政部和英格兰银行一贯是以维持对美元汇率的稳定（特别是在战前平价水平上的稳定）作为它们的目标。它们是否打算一直坚持对美元汇率的稳定，而置美元（或黄金）价值的波动于不顾呢？也就是说，在英镑价格的稳定与美元汇率的稳定发生矛盾时，它们是否会为了后者而牺牲前者，这个还不太清楚。不管怎样，我的方案需要它们将稳定英镑的价格作为其首要目标——尽管这并不会阻碍它们与美国联邦储备委员会在一般政策上合作时所追求的以汇率稳定作为第二目标。只要美国联邦储备委员会可以使美元价格保持稳定，那么保持英镑价格稳定的目标就与保持美元与英镑汇价稳定的目标相一致，在这种情况下，两者合二为一，成为一个问题。归根到底，我的建议只是表示这么一种倾向，即一旦美国联邦储备委员会不能保持美元价格的稳定，而如果英镑价格有可能达到稳定的话，那就不应当仅仅为了保持稳定的汇率平价而让它也陷入混乱之中。

如果英格兰银行、财政部和伦敦五大银行采纳此建议，则它们在调节银行利率、政府借款和商业贷款这几个方面，应该以什么作为标准呢？首要问题是，这一标准应当是一种精确的数学公式呢，还是应当以现有的一切资料为基础对当前情势做出总体评判？最先主张价格稳定并反对汇率稳定的人是欧文·费雪教授，他提倡的价格稳定的表现形式是“补偿美元”，它可以根据物价指数自动调整，而无须进行任何的评价或判定。这种方法的优点是，它同战前的黄金储备制度和黄金比率制度很容易相融合，他或许正是考虑到这一优点的影响而提出这个建议的。但不论怎样，对于如此枯燥呆板的制度，我对它的合理性与可行性表示怀疑。若我们待到价格变动已经实际发生之后，再去采取补救措施，可能为时过晚了。“我们要对付的不是过去的价格涨势，而是未来的价格涨势”[1]。信用周期的剧烈过程中有一个特点，即价格的运动往往是累积性的，每一次运动都会达到某一点，从而推动在同一方向的进一步运动。费雪教授的方法也许更适合处理黄金价值的长期变动趋势，而对于危害更大的信用周期的短期振荡，这种方法就无能为力了。不过，这种方法也有可取之处。如果可以编制一套官方正式的物价指

1　哈特里，《货币改革》，第105页。

数，用以表示某一标准合成商品的价格，那么可以由当局以这种合成商品作为价值标准，其目的在于当局将使用一切手段防止价格的变动，不管在哪一个方向上，偏离正常标准的范围不能超过某一百分比率，这同战前使用一切手段防止黄金价格偏差超过某一百分比率的情况类似。在这种情形下，这种办法的缺点就是行动迟缓，等到实际价格发生变动时才发挥作用，但它却可以增强信心，成为一种客观的价值标准。至于构成标准合成商品的商品种类，则可以根据各种商品在经济上的相对重要性，随时对它们加以调整。

以上所讲的决定管理当局行为的标准是实际的价格变动趋势，至于其他的一些标准，会牵涉到对信用周期的诊断和分析，而对这个问题的详细讨论已超出了本篇的探讨范围。我们对这一问题研究得越透彻，则对利用银行利率或其他方式来调控信用扩张的恰当时间和方法的理解就会越准确。同时，我们也积累了大量的经验，而且还在不断增长，当局也可以依照这些经验来做出它们的相应判断。当然，实际的价格运动肯定会提供最重要的数据资料；但就业情况、生产量、银行方面接收到的关于信用方面的有效需求信息、各种类型投资的利息率、新币增发量、流通的现金量、对外贸易的统计数据以及外汇水平，这些统统都需要单独加以考虑。重要的一点是，当局在自由使用这些方法时，应该以价格的稳定作为其首要目标。

（2）怎么才能把价格稳定的基本目标与外汇稳定恰当地结合起来呢？我们希望获得长期的价格稳定及短期的外汇稳定，两者可以兼得吗？金本位的最大优点是可以避免由于汇率的过度敏感所造成的短期影响。如果可以的话，我们的目标，一定要保留这一优点，同时又不使价格随着黄金价值的巨大变动而波动。

如果英格兰银行能够担负起调控黄金价格的重任，就像它过去调控贴现率那样，那么我相信，在上述方面我们会有很大的进步。应当明确的是，“调节”并不是“钉住”。英格兰银行应当定有黄金的买入价格和卖出价格，就像战前的方式一样；这种价格可能会在很长一段时期内保持不变，就像银行的利率一样。但

▲1911年1月9日，纽约一家储蓄银行发生挤兑。20世纪的银行业改革、1913年的《联邦储备法案》和1933年的《银行法》对银行实施了监管和存款保险

是它们不会永远保持不变，就像银行利率不会永远都是固定利率一样。银行的黄金价格应当与银行贴现率一起在每周四的早上公布，买价与卖价之间的差额应与战前每盎司3英镑17先令10.5便士与3英镑17先令9便士之间的差额相当；不过，为了避免价格变动太过频繁，可以把每盎司1.5便士的差额再扩大一些，比如扩大0.5%～1%。银行把当时愿意买入和卖出黄金的价格确定以后，就能够使美元对英镑的汇率在相应的有限时期内保持稳定，这样汇率就不至于一有风吹草动便产生波动；只有在银行经过了深思熟虑之后，觉得为了保持英镑价格的稳定，有必要对汇率加以调整时才会有变动。

如果银行利率和黄金价格共同引起了黄金的过度流入或过度流出，那么英格兰银行就必须仔细研究分析，判断引起这种流动的原因究竟是国内的不稳定，还是国外的不稳定因素。为了将我们的想法具体化，我们假定黄金出现了外流现象。如果外流是由于以商品来衡量的英镑价值贬值造成的，那么正确的补救措施应该是提高银行贴现率。如果外流是由于以商品来衡量的金价下跌造成的，那么正确的补救措施应该是提高黄金的价格（即黄金的买入价格）；如果外流是由于季节因素或其他暂时的影响，那就顺其自然，无须给予纠正（当然，假定银行的黄金储备足以满足任何可能的要求），在这种情况下，它会在相反的作用力量下自行纠正。

如果英格兰银行能够报出每日的价格，不仅有黄金的即期买价和卖价，还有3个月的远期价格，那么就可以在不改变其基本特征的基础上，对这里所建议的制度实现一项技术改进。即期价格与远期价格之间的任何差异体现为后者对前者的贴水或升水，这取决于伦敦的银行利率是高于还是低于纽约的利率。英格兰银行的远期行市可以为远期外汇市场提供坚实的基础，并会为伦敦与纽约之间的短期资金流动提供便利；同时与战前的方式相同，能够使黄金的实际来回流动降到最低限度。

读者也许会发现，黄金在我建议的一系列制度里仍然扮演着一个重要的角色。黄金作为最后的保障，以及作为应对突发的意外所需的储备，还没有更好的媒介物可以取而代之。不过我建议，我们不能盲目地让法定货币跟随黄金的趋势变动，因为黄金的实际购买力在未来的变动是不可预测的，我们能做的就是尽可能地利用它的优点并从中获取最大利益。

第四篇　银行行长们的发言（1924—1927年）

一、1924年2月

在这个国家里有一个值得称颂的传统，五大银行的行长们每年都会抽出一天时间举行一次会晤。平时他们总是忙于说服他们的客户接受贷款，并向大家解释银行业务的理论依据；而在这一天他们却可以抛开这些烦琐之事，以语言为利器，彼此平等地畅谈他们的观点。每逢此刻，大家都会兴致勃勃。这种聚会的意义远还不止于此，他们都是金融界的领军人物，提出的都是关于金融的时尚蓝图。那么，对于货币政策，他们在这一年里都有什么发现，都说了些什么呢?

威斯敏斯特银行的华尔特·利夫先生什么都没说，其他四个人都发表了一些意见。他们四个人分成了两边：一边是劳埃德银行[1]的波蒙特·皮斯先生和国家地方性银行的哈里·戈申爵士，他们认为讨论这些事情是不合适的，或者至少是令人不悦的；但是另外一边的巴克莱银行[2]的古德纳夫先生和米特兰银行[3]的麦肯纳先生却完全不介意讨论这些问题，而且还大胆地参与其中的讨论。

我已经说过，皮斯先生反对思考，或者他干脆把这称作“精神机能的耗

1　英国四大私营银行之一，1765年建立，名泰勒·劳埃德公司。兼并银行50多家，1889年改用现名，是伦敦票据交换银行之一。控制的银行主要有伦敦蒙特利尔银行、劳埃德欧洲银行、新西兰国民银行等。1972年起与密德兰银行、国民威斯敏斯特银行等联合开展信用卡业务。在国内与石油、钢铁、飞机、航运界关系密切，在国际上设有多家分支机构。总行设在伦敦。——译者注

2　巴克莱银行，英国最大商业银行之一，1862年成立，1917年改用现名，总行设在伦敦。1998年总资产为3652亿美元。巴克莱银行是位于汇丰银行和苏格兰皇家银行之后的英国第三大银行公司。巴克莱银行在全球约60个国家经营业务，在英国设有2100多家分行。巴克莱银行经营消费及公司银行、信用卡、抵押贷款、代管及租赁业务，此外还提供私人银行业务。——译者注

3　米特兰银行是一间已被收购的英国银行，曾经是英国四大银行集团之一。银行于1992年被汇丰全面收购，并于1999年配合汇丰统一品牌而被改称为英国汇丰银行。——译者注

费”。他希望“直截了当地面对事实，而不是想出一个聪明的办法避开事实”，同时他认为由货币数量理论引发的那些问题，空想与实质的成分并存，“在意义方面，后者当然不会次于前者”。总之，金本位已经被纳入了道德或宗教的范畴，自由思想在那里已经失去了生存的空间。接着，他说道：“就任何一个普通股份制银行而言，我不相信它会自觉地把政策的制订建立在纯粹的货币基础之上。也就是说，它最关心的是要满足商业发展的需要，至于是否要遵循某一理论，并不在考虑之列。它的这些行为不是商业活动的起因，它是紧随商业活动之后的，而不是先于它之前的。”从大体上讲，我认为这段话倒是对事态的一种正确的解读，皮斯先生所强调的这一点，正是他发言中最有价值的部分。正是由于股份制银行在反应中的无意识成分的存在，才使得英格兰银行关于各银行余额和贴现率方面的政策有如此的重要意义。皮斯先生的结论是，目前他并不建议采取任何步骤去建立任何一种本位制。不过，他却“希望将来我们能逐步回归到金本位，虽然它存在着某些缺点和麻烦，但事实上它在过去的表现是非常令人满意的。”

哈里·戈申爵士的发言要比皮斯先生更胜一筹，他所讲述的精彩的一节值得全部援引：

“我不禁想到，最近有关通货膨胀和通货紧缩之间的相对优缺点的不负责任的讨论实在太多了。这些讨论只会引起我们邻邦的猜忌，怀疑我们是不是要在两者之间选择其中一个。如果真是如此的话，我想最好还是一切顺其自然吧！”

对于这些天真的感情表露，我们是该发笑，还是该发怒呢？或许最好的办法，还是让哈里爵士“随遇而安”吧！

接下来，让我们把这两位涉世不深的“老处女”扔到一边，来看一看古德纳夫先生和麦肯纳先生那既富于理性、又毫无顾忌地畅谈吧！对于目前的政策，两者的看法有许多共同之处。他们一致认为货币政策是能够决定价格水平的，所以我们的命运由自己决定，应当遵循的方针是多思考、多讨论。古德纳夫先生的侧重点是银行利率，而麦肯纳先生的侧重点则是掌握在银行手里的现金资源。他们一致反对在这个时候恢复康利夫委员会的通货紧缩政策。他们都以国内形势而不是外汇情况作为信用扩张或收缩的依据；不同的是，麦肯纳先生侧重于就业水平，而古德纳夫先生更侧重于国内价格的稳定。古德纳夫先生说：“关于我对通货问题的看法，总结起来就是，我觉得我们的目标应当是尽可能地保持通货和商品之间现有的平衡状态。”对于价格的适度上涨，他们并不是特别反对，但前提条件是（依照麦肯纳先生的观点）国内的生产性资源还未得到充分利用；或者是（依照古德纳夫先生的观点）这种价格上涨既不是因为投机性的商品囤积，也不是因为英国价格相对美国价格的上涨。麦肯纳先生建议当前的政策应当是“在通货膨胀和通货紧缩之间选择一条中间路线”，同古德纳夫先生类似，其目的在于在一定的限度内使一般价格水平趋于稳定，并谨慎使用货币政策来减少信用周期的弊端。关于我们所提议的最终目标，他并未提及；不过从他的发言可以看出，他并不反对把上述的建议作为长期的政策。他说：“商业发展的兴衰更替是在所难免的，但是明智的货币政策却可以防止周期性运动走向极端。由通货膨胀引起的繁荣下的过度投机行为，以及长期萧条下的民穷财尽，这些都是可以避免的。它们并不是必然要发生的灾难，并不是我们必须屈从的、难以理解的或无法阻止的。”另一方面，虽然古德纳夫先生反对在当前实行金本位，但是接着上面所引述的发言，他继续说道：“……我们应当始终牢记，我们的最终目的是恢复金本位。”同时，他希望美国发生通货膨胀，通胀的程度正好使英镑恢复到战前的金平价水平，而不致使英镑对商品的目前平价产生任何干扰。

麦肯纳先生的这次发言特别精彩，也许可以说是他一系列著名演讲中最成功的一次。他对我们货币体制的运行给予了清晰明了的阐释。当然，我们不可能在这里全部加以探讨，有兴趣的读者事后可以参阅有关此次发言的原稿。另外要说的一件事情是，古德纳夫先生和麦肯纳先生都对以下内容着重地加以阐述过：把依照康利夫委员会的建议而制定的财政备忘录强加于我们的货币发行是很不合适的。

这个备忘录的目标是坚决主张一个持续的通货紧缩过程。类似的政策已经被

▲1920年，两个人在财政部的金库里。 桌子上放着一袋硬币和一捆钞票，还有一块箱子，里面装着价值40万美元的一百张400美元的黄金证书

废除了，但是这个备忘录仍然被保留着，两位发言人都对此表示不安。古德纳夫先生指出，只有通过把黄金从英格兰储备银行转移到通货票据账户上这种办法，才有可能在一定程度上避开这个备忘录。但是，“我们仍旧需要考虑每一个步骤，如果在可能的情况下对目前的通货发行实施信用限制，那么这种方法可能会令人满意。然而我认为，不得不承认的是，提前制定任何周全和可靠的规则都不会取得令人满意的结果，实际上也是不可能的……”最后他给出的结论是，如果认为额外货币的需求现象“是商业活动真实扩张的表现，那么可以认为这种现象是健康的，过分地对其进行限制显然是没有道理的”。

麦肯纳先生认为当前的确需要进行某些改变，他明确地指出了有意思的一点，即与战前相比，我们现在的通货数量显得更加没弹性。在战前的时候，在必要的情况下，可以通过投放黄金来回笼多余的通货，然而现在不管在什么情况下，都无法增加所需的通货。

这些发言究竟能够产生什么样的实质效果呢？对于那些坚持认为国内价格水平的稳定和信用周期的抑制是值得争取的、并且是可以达到的货币改革者来讲，这些发言无疑给了他们有力的支持。这些发言起到了安定民心的作用，这表明，伦敦的两位极有影响力的人物，对当前具有实际重要意义的各个方面都有了明确的认识，而且还能正确地利用他们的影响力，对此我们是可以给予信任的。麦肯纳先生和古德纳夫先生两人都对上述改革者的目标表示认可。不过如果认为那两位“老处女”是坚决反对这些想法的，那就有失公道了（尽管他们有许多错误之处，头脑思维也略显愚钝，但是在考虑某件事时，他们是朴素诚实、相当公正的）。他们的书面格言是“坚持面对事实”和“节俭和辛勤工作”，如果能耐心地去引导他们超越这个格言，我们或许会发现，他们对于促进价格稳定和商业平稳的认真努力，并不会横加反对。尽管他们主张“顺其自然”，对“干预”这种自然过程的任何建议都表示反对，他们认为这就如同在婴儿还未出生之前就要确定其性别一样；但是他们并不准备将他们内心深处的偏好坚持到底，并不是非得通过某些纯粹偶然的办法来解决这些事情。

二、1925年2月

银行行长们再次提出了他们在金融方面勾画的蓝图，以供我们检阅。虽然标题有所改动，但蓝图的内容与以往基本一致。第一位发言人把金本位吹得天花乱坠，认为它与所有国家的结合都是最合意的、最急需的、最体面的、最有效的、最有前途的，总之是最令人神往的。另一位发言人则提醒蠢蠢欲动的新郎，说婚姻意味着现在的自由之身要承受沉重的负担，结果可能会更好，也可能会更糟，但是不管怎样他都必须承受和服从。在他还是个单身汉时，价格和银行利率都能满足家庭生计的需要；但在结婚之后，这种快乐的日子也就宣告结束了，而且婚后他还需承担更多的事务。如果金小姐刚好是位美国人，那么在将来对他来说最重要的也许是葡萄和爆米花的价格，而不是鸡蛋和熏肉的价格。简而言之，他最好不要太贸然行事，不要过早地陷入其中。当有人被问及是否相信死后会在极乐世界中获得永恒的幸福，他当然会说，对，是这样的。但事实上，他并不乐于讨论这种令人不快的问题；然而我们的某些行长们所讲的话就同他一样。

和去年一样，这里也有两个明确的问题——金本位的理论优点和恢复金本位的期限及方式。对于第一个问题，麦肯纳先生说得非常有道理，他说："目前我们还处于探讨阶段，还没有得出明确统一的意见，更没有形成一个可以被认为是正统学说的理论体系。"关于货币改革，经过更进一步的研究和反思，与以往相比，我对此有了更大的信心，在增进经济福利方面它是我们能够采取的最重要、也最有意义的措施。但是改革的支持者要想克服旧习俗势力和普遍的愚昧无知，他们就必须对其论点进一步做出全面而又清晰明了的阐释。这不是胜败在短期之内就能见分晓的斗争。有些人认为迅速地恢复金本位，所有的事情就可以迎刃而解了，这是对当前形势的误判，恢复金本位仅仅是一个开始，成败的关键，并不在于来年的官方决策，而是在于此后实际发生的经过和对反对派观点的相应澄清与完善的共同影响作用。例如，读过伟大的奥弗斯顿爵士作品的人肯定还会记得，百年以前的货币改革者，不知经过了多少岁月，不知经过了多么艰苦和惨痛的历程，才摆脱了英格兰银行的重重阻挠，最终建立了以银行利率和银行储备为基础的战前政策（在那时，这确实是一个重大进步）。

另外一个问题具有重要的现实意义。去年所讨论的问题是关于利用审慎的通货紧缩办法来促进事态的发展是否妥当；今年所讨论的问题是关于利用取消禁止黄金输出的办法来促进事态的发展是否妥当。今年和去年一样，银行家们在面对这些实际问题时，都显得略有一丝紧张和不安。我认为这种态度原因主要有以下几点。

与其他很多人一样，长期以来我一直认为，美国的货币状况迟早会引发一次价格水平的上涨和初期的经济繁荣；同时我还认为，在这种环境下，我们应该实行的正确政策是采用常用的方法来控制我们的价格水平，防止我们的信用状况变得同美国一样脆弱。如果这一政策能奏效，则将会使英镑的汇率逐步得到改善；而且在不需要美国出现一次很狂热的繁荣的情况下，就完全能够使英镑的汇率至少提高到战前的平价水平。因此在过去的两年里我始终认为，如果英格兰银行采取健全的货币政策，而美国联邦储备委员会在这方面欠缺健全性的话，英镑汇率迟早会回归到战前的平价水平，这一结果不只是我们所期望的，也是有可能达到的。

实际发生的情况又如何呢？在1923年春天，美国的经济似乎正在逐渐繁荣之中；但是主要由于美国联邦储备委员会的行动，繁荣发展的进程不久便停止了。然而自1924年7月起，价格出现了强劲的持续上涨趋势——一直受美国联邦储备委员会的政策影响——预计还将继续发展下去。随着美国价格的早期上涨趋势，英镑汇率也有了相应的进步；后来退步时，它也随之出现了退步。与此类似，在过去的6个月里美国价格的上涨也伴随着英镑汇率的改进，这一点已经引起了人们广泛的关注。正如麦肯纳先生指出的那样，英镑价格在稳定性方面已经略微超过了美元价格，而与这种情况相对应的是，汇率却出现了某些不稳定状况。

然而，在过去6个月里，价格变动由于存在一些反常因素而变得错综复杂起来。英镑汇率的改进，仅仅由我们的货币政策来解释是不充足的。英国的短期利率曾经确实保持在高于纽约短期利率0.5%的水平上，并且英镑的价格上涨幅度也略低于美国。但是人们普遍认为，这些因素并不足以说明一切。商业部的统计数据显示，在资本账户下，去年从纽约流向伦敦的资金（其中的大部分集中在这一年的下半年）大约为1亿英镑。出现这种情况的部分原因是原先存放于伦敦的对外余额的回流（在总额内占多大比例不好估算）；部分原因是道威斯计划引发的华尔街投资热潮的高涨，从而引起美国在欧洲的投资也有了发展；部分原因则是预期英镑价格对美元价格会有所升值而引发对英镑的投机性购买。这一史无前例的价格变动给前景带来了一个不稳定因素——我们无法预期这样的情况是否会继续下去，也许在某个时刻部分的情况会发生逆转现象。因此，我们需要有一个休整期以便去重新调整我们的负债，所采用的方式要么是促进相对于进口的出口，要么是把长期贷款利率提高到足以能阻止目前的外国投资的流入趋向（在我看来这方面的投资已经过度了）。目前我们正处于一种危险状态，贷出的是长期贷款（例如给澳大利亚），而我们从纽约借入的却是短期贷款。我们在战前时的地位之所以得到巩固是因为通过票据市场我们贷出的大量贷款都是短期的，这些是可收回的。而目前的情况却刚好相反，虽然这也许只是暂时的现象，但这个现象本

◀1934年，因经济危机的爆发，导致很多人失业，没有经济来源、无家可归，因此他们不得不依靠政府发放的福利救济，使得自己能够生存下去

身就是一个值得我们警惕的理由。

接下来会发生什么呢？有两条主要的选择路线。美国联邦储备委员也许将得出这样的结论，认为美国初期的繁荣状况正逐步处于危险的境地，因此应当同两年前做的那样，把局势牢牢地掌握在自己的手里，这一点可以说是委员会理所应当要做的。在这样的情况下，我们所处的情势同18个月以前的极为相似，我们只能就我们面前的两条道路中选择一条：要么为了使英镑对美元的汇率低于平价水平而保持英镑价格的稳定；要么为了让汇率保持在平价水平上而实行严厉的通货紧缩。过早地宣布取消黄金自由输出的禁令将提前把我们束缚在后一种选择上，而两年前我们曾对其刻意地加以回避。这是那些狂热分子们所期望的选择，由于目前我们的失业状况依旧没有什么改观，所以这种选择也许是不明智的。

另外一种选择是，美国联邦储备委员会将听任事态朝着目前的趋势继续发展下去，在此情况下，我们可以预期美元的价格将会有很大的提高。在1924年的某一时期内，委员会决定在公开市场上实行通货膨胀政策，后来价格的大幅上涨主要就是因为这一政策造成的。相比以往，目前他们在政策方面更加小心谨慎，但并没有明确的迹象表明，他们有任何稳重的或深思熟虑的政策。若他们对我们努力去提高英镑汇率产生了错误的认同感，那么他们就会推迟其行动；如果他们推迟时间过久，繁荣状态或许会真正确立下来。在这样的情况下，我们把英镑价值提高到战前平价水平，就不再会有什么困难了。我们只需实行坚定的货币政策来遏制英镑价格的上涨趋势，而无须借助于任何所谓积极的通货紧缩策略，就可以达到目的。但这并不是说，由此黄金出口的禁令就可以取消。美国曾一度出现了繁荣，我们却完全没有从中得到好处，繁荣的结果是美元的价格接近了历史高点。这时在信用循环的过程中把英镑价格与美元价格挂钩起来等于是自找麻烦，因为当美国的繁荣不在时，我们将要承受萧条带来的全部打击。只有当美元价格的平均水平略高于近期的水平，而且看起来已经趋于稳定时，我们才能把英镑价格与美元价格挂钩起来，这才不致立即危及我们自身的福利。

取消黄金出口的禁令相当于对外宣告，英镑与美元两者地位平等，而且这一状况将持续下去。然而我认为，正确的步骤或顺序应该是先确定事实，而后再宣告；而不是先宣告，再等待时机。因此取消禁令应该是恢复战前状态的最后一个阶段，而不是最初阶段。关于这一问题的唯一审慎的声明应当是，只有到英镑处于平价地位已经过了很长一段时间，而且所有由此引起的基本调整已经大致完成时，才可以取消黄金出口的禁令。同时如果我们想恢复到平价水平，就应当采取提高银行利率和抑制对外发行的方式去努力实现上述的事实。我并不是刻意重视恢复平价，但我认为这些措施对于稳定局势有很大帮助。我相信，在当前的价格水平趋势下，银行利率的略微提高不会对商业活动和就业状况造成危害。不论如何，为了维持我们自己的均衡，需要一个较高利率的支持。一些银行家们宣称，如果取消黄金出口的禁令不会导致银行利率提高的话，他们就会表示赞同。除非这只是他们不赞成取消禁令的一种委婉说辞，否则我不认同他们关于目前形势的分析。

对于我来说，在这有限的篇幅内，我不可能详细说明关于我主张实行长期管理通货体制的所有理由。在这里，我只打算列出其中最重要的一点。我认为商业活动和就业状况的波动是当代社会中最严重的、也是最有补救希望的经济问题，这些问题主要是由我们的信用和银行体制的缺陷所引致的。如果通货的管理权掌握在我们自己手中，那么采取补救措施是比较容易的。不过我们可以先将这些基本问题放到一边，这里我提出一个具有实际意义的观点，当然它同我在上面所述的有关联。

简要来说，金本位的含义只不过是保持与美国同样的价格水平和同样的利率水平。总的目标在于让伦敦和华尔街紧密地联系在一起。恳请财政大臣和英格兰银行的总裁以及那些暗中左右我们命运的不知名的其他人士认真地反思一下，这可能是一种危险的做法。

美国正处于大规模地快速发展阶段。大范围的波动在我们这里造成了失业与贫困，而在美国却被总体向上发展趋势所淹没，对他们似乎没有什么影响。美国的整体经济活动每年都以百分之几的速度在增长，在这样一个国家中，暂时的失调现象是在所难免的，同时也是能够应付得了的。在19世纪很长的一段时期里，我们的情形就类似现在的美国，我们的增长率实在太高了，以致顾及不到细节方面的稳定，不过也没必要顾及。然而我们目前的处境却不是这样。我们的增长率在最好的时候也只能算是缓慢的增长，所以当我们大步前进的时候，如果忽视经济结构缺陷所带来的后果，在美国也许还可以容忍，但对于我们来说却是致命的。1921年的经济萧条，美国的情况比我们糟糕得多，但是到1922年底，它实际上已经完全恢复过来了；然而直到1925年，我们还背负着100万的失业大军重担蹒跚而行。美国在将来的岁月里或许还会遭受工业和金融方面的狂风暴雨，但这些美国总能应付得了；但是如果这些发生在我们身上，我们可能会完全垮掉。

另外，还有更深层次的考虑。我们在战前向世界各地贷出了大量可以即时收回的贷款；我们对美国的投资使我们变成了它的债权人；我们可用于对外投资的剩余资金量超过了其他任何一个国家；由于那时美国联邦储备制度还不存在，美国的银行业显得脆弱而又混乱。事实上，那时在金本位同盟国中我们居于主导地位。但是，如果现在有人认为恢复金本位就意味着过去状况会随之恢复，那只能是痴心妄想。现在我们成了美国的债务人。去年美国的对外投资额是我们的两倍；他们可用于对外投资的净余额可能是我们的10倍之多。他们所持有的黄金储量是我们的6倍。去年美国联邦储备系统的银行，仅存款的增加额就几乎达到了我们存款总额的一半。伦敦与纽约之间黄金和短期信贷的一次流动，对于他们来说只是小小波澜，而对于我们来说，却是大西洋中的一次大风浪。如果对外贷款在方式上发生了变化，对美国银行家和投资家的影响甚微，而也许会给我们带来一场经济上的地震。如果黄金、短期信贷和国外债券能够在大西洋两岸之间来回自由地流动，既没有限制，也不存在损失的风险，那么某种程度的波动对我们的影响和对他们的影响，是绝对不成比例的。我们回归金本位是与美国意愿相符的，他们也愿意在早期阶段为我们承担某种义务。但是如果认为在长期中他们始终会为顾及我们的需要而安排他们的事务，这种想法绝对是错误的。

有没有一些可靠的利益来抵消这些风险呢？对此我无从知晓。我们的银行家们谈到了“心理”利益。但是如果“十个人里有九个人”都期望得到利益，但结果却什么都得不到，那肯定是令人沮丧的。

我们的银行行长们没有别的要求，只是希望回到1914年，他们认为这是最值得争取的目标。我认为他们的这种想法无法令人满意。大多数研究此类问题的人士逐渐达成共识，认为受制于贫困及失业方面的种种混乱，至少有一部分原因是我们信用制度的缺陷。“五大银行”应当对公众负有重大的责任。它们是如此的庞大，但又是如此的脆弱，因此存在着极大的诱惑使它们去固守一些教条、常规和旧的习俗。当这些银行行长们讨论基本经济问题时，其所依据的理由大部分对他们来说是不熟悉的。然而，在这些问题上过于保守的态度以及缺乏探究精神，是否对银行的安全稳定有所帮助，是值得怀疑的。在英国，以个人主义为中心的资本主义已经到了一个紧要关头，此时它已经不能再仅仅依靠发展这一因素，我们必须致力于完成改进经济体系结构的科学任务。

三、1927年2月[1]

我们的老朋友银行行长们的发言预示着暖春将至。今年他们的发言，语气显得多少有些拘谨，只有哈里·戈申爵士例外，他认为“我们没有理由要灰心丧气”，同往年一样，他觉得“全国的各个行业都怀有一种期待的心情，再也想不起过去的情况有比现在更乐观的了。”波蒙特·皮斯先生做了一件很有价值的工作，他公布了对劳埃德银行业务的一些重要数据的分析结果，从而开创了提供信息而不是封锁信息的新政策。华尔特·利夫先生对近来企业合并的趋向以及股份持有分散化的倾向进行了全面的观察，同时也指出，政府应当肩负起一定的责任，引导这种不可避免的演进走上正道。但是他们当中，除了麦肯纳先生以外——在某些细节问题上，还有古德纳夫先生——都没有谈到货币政策的未来。那么就让哈里·戈申爵士自得其乐吧！让我们同麦肯纳先生一道，去尝试进一步深入了解事情的本质所在。

麦肯纳先生提醒我们，在过去五年里，美国的巨大繁荣与我们的萧条状况形

1 恢复金本位制后。

成了鲜明的对比。他宣称，“英美两国在货币政策上的巨大分歧，至少可以部分用来解释目前的状况”。他认为两个国家银行存款的相对增长和缩减是衡量这种政策分歧的标准，具体见下表（表内存款量以1922年为100）：

年份	美国	英国
1922	100	100
1923	107	94
1924	115	94
1925	127	93
1926	131	93

他指出，除了严格的限制以外，英国的银行存款量主要不是依赖于储户或五大银行，而是凭借英格兰银行的政策。对此他做了一些详细的解释，认为这才是问题的关键所在，然而却很少有人能够理解。他的结论是，只有英格兰银行改变它的政策，我们才会有希望实现生产和就业的实质性增长。

虽然我并不赞同麦肯纳先生论点的所有细节，但我敢肯定，他的论断大体上是正确无误的。货币政策的某些基本原则所具有的真理性犹如白昼与黑夜一般是确切无疑的，然而整个伦敦有如在黑暗中一样，对此一无所知；而麦肯纳的功绩正是在于他将这些基本原则及其重要性传递给民众和他的同僚们。

但在我看来，这一次他并没有把问题解释得很清楚，实际上他避开了问题的另一半。英格兰银行的政策要转变到何种程度，以及在什么样的情况下，才能同金本位保持一致呢？现在英格兰银行有了一副新的金手铐，它能像麦肯纳先生的政策所要求的那样成为自由的代理人吗？我们只有向本国的读者横向地介绍一些我们较为熟悉的国家的相关情况，才能够回答这个问题。

重要的不是称为一般价格水平的抽象概念，而是各种不同价格水平之间的相互关系，这可以在不同的用途上衡量我们通货的价值。繁荣是受通货因素支配的，就这一点来说，繁荣有赖于这些不同价格水平彼此之间的恰当调整。在英国出现的失业和商业萧条状况，是由于国际贸易商品的英镑价格水平与普通英国人货币收入与支出所依据的国内英镑价格水平之间，原来存在的平衡关系被打破的原因。此外，当英镑价格全面下跌、我们成功地达到一种新的平衡时，将会增加国家的债务负担，同时也会引起国家预算的恶化。英格兰银行和财政部若能将保护价格水平降低到它原先与非保护价格水平形成的平衡的水平上，那么与前两年相比，国家债务的实际负担将增加大约10亿英镑。

为了概括说明我们所讨论的问题，我想有必要介绍一下四种不同的价格水平。美国劳工统计局的批发物价指数[1]是国际贸易中黄金价值的一种准确公正的体现。我国的贸易委员会的一般物价指数是与上述对应的另一种表示方式。这两种物价指数所包含的许多商品基本上是相同的，所以，两者在整体上有可能趋于一致——除了一些临时的偏差以外，这两者的确十分接近。就黄金价值而言，在过去的30个月里，两者在平均值上是一样的，即154；而且在这一时期的初始和结束阶段数值也大致相同，约为149。如此我们便可以把这两种物价指数作为未保护英镑价格的另一种指标。接下来让我们看一看英国的生活费用指数[2]和英国的工资指数。这两个指数是同地租、社会保险费用、铁路费用以及国家预算的各个项目等实际上以货币来确定的事项相挂钩的，因此它们是保护英镑价格的指标。所有的这些指数皆是货币政策的结果，就这一点来说，我们出口贸易的困难度可以由保护价格对未保护价格的比率来加以估测。

下表给出了以黄金计量的四种指数情况，也就是说，那些主张恢复金本位的人

1　批发物价指数是通货膨胀测定指标的一种，根据商品批发价格变动资料所编制，反应不同时期生产资料和消费品批发价格的变动趋势与幅度的相对数。批发价格是在商品进入零售，形成零售价格之前，由中间商或批发企业所订，其水平决定于出厂价格或收购价格，对零售价格有决定性影响。因此有经济学家认为批发价格指数比消费物价指数具有更广泛的物价变动代表性。批发物价指数既可按全部商品综合编制，也可按不同部门或各类商品分别编制，但不包括劳务价格。批发物价指数的优点在于对商品流通比较敏感。其缺陷在于统计范围狭窄，所以许多国家没有将批发物价指数列为测定通货膨胀的代表性指标。美国劳工统计局编制的批发物价指数包括2400多种商品批发价格变动状况，其中有机器、金属、木材、皮革、纸张、轮胎、燃料、服装、化学制品和农产品等。此外，还另为一些主要工业部门和单项产品编制批发物价指数。我国尚未公开发布批发物价指数资料。——译者注

2　生活费用指数是指在不同时点，消费者为达到某一效用(或者福利、生活标准)水平所需要的最小支出之比，有时也称为不变效用指数、不变满意度指数、福利指数等。生活费用指数是建立在经济学基础之上的指数理论。生活费用指数理论认为，消费者的行为是理性的，在价格发生变化的情况下，消费者会调整自己的消费行为和消费模式，达到消费行为的最优化。——译者注

在参考了英镑的黄金价值以后，也应该改变心意了。此表中前两列指数的平均水平代表了未保护英镑价格，第三、四列指数的平均水平代表了保护英镑价格，而第五列表示的是英镑保护价格对未保护价格的比率（以黄金计算，战前为100）：

年份	美国劳工统计局批发指数	英国			保护价格水平对未保护价格水平的比率
		贸易委员会批发指数	生活费用指数	工资指数	
1924年					
第三季度	149	150	157	163	107
第四季度	154	160	169	168	107
1925年					
第一季度	161	165	173	177	107
第二季度	156	159	173	181	112
第三季度	160	156	174	180	112
第四季度	157	153	176	180	115
1926年					
第一季度	154	147	171	180	117
第二季度	152	145	168	180	117
第三季度	150	150	172	180	117
第四季度	148	150	178	180	120

从表中最后一列数字中可以看出，到目前为止，由于没有采取任何的限制措施，两种价格之间的比率出现了令人担心的缓慢上升趋势。实际上，在近两年半的时间里，英镑的保护价格水平一直保持相对稳定，同时未保护价格水平却一直在下跌。造成这种结果的原因首先是金本位的恢复；其次是世界黄金价格的不断恶化，自从1924年中期到1925年中期之间下跌了8%以后，黄金价格已经跌至战前的价格水平。所以说，现在的情形同18个月以前一样糟糕，没有丝毫的改观。

然而现在麦肯纳先生却似乎认为，两年前确实存在的这种不平衡已经消失了。他告知我们，“在今天，这类问题只具有历史意义”。但实际情况并非像他说的那样，价格水平之间的差异不仅没有消失，实际上比前两年还要明显。

那么在那个时候我们是怎么过活的呢？银行行长们在发言中所流露出来的乐观主义是有原因的；但我认为真正的原因在于这样一个事实，即我们资源的消耗程度并没有达到使我们无法承受的地步。这一点难道真的如此令人迷惑，或者真有那么大的安慰作用吗？

毫无疑问，我们之所以能够保持收支平衡，部分是因为我们为了确保安全，通常在资源方面留有较大余地；部分是因为在煤矿工人大罢工期间，我们在世界各地的短期贷款有所增加。战前我们在国际账户上的顺差，除了资本交易以外，若以英镑现在的价格计算，每年约为3亿英镑。战争以及以固定货币支付的价值的下降，使每年的余额缩减至约2.25亿英镑；也就是说，如果我们的出口贸易仍像1913年时那样的繁荣，则此余额就是我们今天可以获取的。我们暂且假设，由于

▼国际收支平衡的模拟图。当一国国际收入等于国际支出时，就达到了收支平衡状态，而国际收支平衡被视作一国相关价值的另一个经济指标，其中包括贸易余额、境外投资和外国投资

我们国内价格水平的相对提高，导致我们的出口总值减少了2亿英镑，这大约占到贸易总额的1/4，或者可以说净损失为1.5亿英镑。这也就意味着，由于出口损失的部分是由进口原料而来的，因此会给我们带来100万（假定）失业人员，如果情况不是这样，他们就可以直接或间接地从事出口商品的生产。当然，这里所给的数字，只是对合理情况的一个粗略说明，并不是出于统计事实的科学估计。

我们的国际收支平衡表又是怎样维持的呢？我们每年还有7500万英镑的余额。因此，只要我们的对外投资不超过此数额，就还可以保持收支平衡。我们可以继续将保护价格维持在较高的水平上，不过这将给我们带来1/4的对外贸易损失和100万的失业人员，然而即使在这种情势下，我们仍然还有一 些剩余可供伦敦进行对外投资，也许最高的成就是金本位并没有受到威胁。同一种可以替代金本位的货币政策相比较，它也许会使国民财富一年减少1.5亿英镑。没关系！就像利夫先生所说的那样，“我们经济的储备实力比我们任何一个人所想象的都要大得多。”用财政大臣的话来说就是，“我们的实力要比我们所想象的要强大得多。”总而言之，我们能负担得起！

以上所述并没有考虑煤矿工人大罢工期间的特殊损失。这些损失总计约为1亿英镑，主要是凭借我们短期借款债务的增加来弥补的，部分是由于在逆差的清算过程中，总会存在一段时间间隔；部分是由于伦敦的贴现率比较有诱惑力，可以吸引国外余资。

在国家未来政策方针的决策方面，我们有三种方案可供选择：

（1）我们可以不惜一切代价，争取恢复战前大量出口和大量对外投资的平衡。但金本位的恢复却使得这一点变得不可能，除非对工资全面开刀，但首相对此已经表示反对了；或者是期望国外黄金价格能有较大幅度的提高，不过我们已经等了好久，至今仍杳如黄鹤。

（2）我们可以让上述商业萧条和上百万失业的伪平衡状态无限期地继续下去。也许这种伪平衡并不是英格兰银行的本意，可实际上却是它到目前为止仍在执行的政策造成的。我还找不出有什么令人信服的证据来说明这种状态不久就会

▲伯明翰亚拉巴马州煤矿工会在 1934 年举行大罢工活动。照片由亚瑟·罗斯坦拍摄

扭转过来。由于煤矿工人大罢工问题迟迟没有得到解决，诺曼[1]先生未来的处境可能会十分尴尬。但即使是发生了最坏的情况，只要部分地再度实行禁止对外投资的政策，可能就能够应付了。

（3）第三种方案认为我们应把出口贸易的损失和对外投资的相应减少作为一个既成事实来加以接受；然后把原来用于前者的劳动力和原来用于后者的储蓄转而用于改进国内的生产效率以及提高国内的生活水平。如果恢复金本位最终真能够带来这样的结果，那么真可谓是塞翁失马，焉知非福。由于此方案牵涉了诸多方面的利益，在此文即将结束之际，我不能不加以考虑。我相信，民众生活标准的进一步提高有赖于我们对此方案的采用。

在此我们将再次提到麦肯纳先生。我认为他主张信用扩张的目的是想在国内

1　蒙泰古·诺曼先生是当时英格兰银行的总裁。——译者注

工业发展的过程中吸收失业人员，在全力生产的同时，还可以间接地对出口业起到一定的帮助。总之，他是赞成第三种方案的。因为他不希望看到，保护价格水平的降低或生产成本的下降是由于信用扩张而引起的。和前几次情况相同，这次麦肯纳先生也是表面上对恢复金本位所带来的结果抱有极大的信心，但实际情况却并非如此，他的这种做法同他的想法多少有些不协调。

现在，在金本位的限制下，这项政策很难实施，同时考虑到在煤矿工人大罢工问题上我们仍欠着1亿英镑的债务，因此这项政策也很危险。如果麦肯纳先生是可以自由行动的英格兰银行总裁的话，那么我相信，他可能会在保持金平价的同时大力降低失业人数。然而诺曼先生只是局限在他自己的想法里，我们能指望他会这样做吗？

第五篇 丘吉尔先生政策的经济后果（1925年）

一、为什么失业状况会日趋恶化

国际贸易与国内消费都是适度的、健康的——都保持在处于萧条与繁荣之间的一种稳定的水平上。美国度过了一个过度繁荣的年头；印度和英国自治领也做得相当不错；法国和意大利的失业情况已经不存在了或无关大体了；在近6个月里，德国领取救济金者的比例快速下降了一半以上，目前这一比例约为4.5%，而我们却是10%。世界生产总量或许是自1914年以来最高的一年。因此可以说，我们的困难既不能归咎于全球经济的萧条，也不能归因于国内消费的衰退。造成这一现状的原因很明显，就是一个关于国内和国外相对价格的问题。我们的出口商品在国际市场上价格太高了。关于这一点，大家的意见是一致的。

为什么出口价格这么高？传统的观点认为，工人应当为此受到谴责，因为他们干得不多，拿得却很多。在某些行业和某些劳动部门，特别是非熟练的工种中，这种情况确实存在；还有别的一些行业，例如铁路部门，冗员确实太多了。但是同去年一样，实际情况并不完全如此。在那些出口行业中，工人并不是少干多拿，那里的失业状况太严重了。

相反，从另一个角度我们便可以得到确切的答案。众所周知，英镑的货币价格在国外上涨了10%，但是它对英国劳动力的购买力却没有发生变化。英镑国外价格的这种变化是政府和财政大臣刻意而为的结果，因此，我们的出口业当前所面临的困难是难以避免的，是上述行为必然会引致的结果。

我们实施提高英镑外汇价格的这一政策，使它从比战前含金值低10%提高到战前含金值的水平上，这就意味着，不管我们对外出售何种东西，国外购买者若以他们的货币支付时，支付将比原来增加10%，而我们若以我们的货币收取

▼1912年，纽约市一家狭小的制衣工厂里的工人，他们每个月拿着微薄的工资，但是生产效率却提高了一倍

收入时，将会减少10%。也就是说，除非国外的价格有所提高，否则为了提高竞争力，我们只得把煤、铁、运输费或不管是什么方面的英镑价格都降低10%。因此，将英镑外汇价值提高10%的政策导致我们出口业的英镑收入减少10%。

如果现在这些出口行业在工资、运输、关税以及其他方面的费用也同时降低10%，它们就能承受这种价格削减，处境也不会比过去更糟。当然，这种情况是不会发生的。既然它们所使用的，还有它们的雇员所消费的一切商品都是产自国内的，因此除非国内工业的工资和其他费用普遍下降10%，否则它们是不会降价10%的。同时，相对比较脆弱的出口行业也将因此陷入倒闭境地。若黄金本身的价值不降低，除非国内价格和工资的普遍降低，否则没有其他别的办法可以使它们摆脱目前的处境。因此丘吉尔先生采取的英镑外汇价格提高10%的这一政策，迟早会成为一项降低工资的政策，具体来说，会把一个人原来1英镑的工资降低到18先令。一个人有什么样的目的，也就会采取什么样的手段。政府现在所面临的是如何执行它们自己决策的棘手任务，而这个决策本身就是危险的，也是没必要的。

统计数字更容易说明问题，下表中的数字本身就是对与一年前相比我们的出口业当前所面临的困难的一个充分解释（以战前为100）：[1]

年份	美国生活费用	英国生活费用		英国工资	
	以金计	以金计	以英镑计	以金计	以英镑计
1924年3月	156	157	178	155	176
6月	154	150	169	157	176
10月	157	162	176	164	178
12月	158	174	181	172	179
1925年3月	158	176	179	177	181
4月	158	172	175	178	181
5月	158[1]	172	173	180	181
6月	158[1]	172	172	181	181
7月	158[1]	173	173	180	180

1　为假定的数字。

表中的数字表明，在我国以金计的生活费用和工资水平（若以英镑计量，则其价格的下跌与英镑汇价的贬值程度保持一定比例）一年前同在美国的以美元计量的生活费用保持一致。从那时开始，英镑的汇价上涨了10%，而我们国家生活的英镑费用和工资的英镑水平与美国生活的美元费用相比，并没有发生什么明显的变化。所以目前为止，我们的货币工资和生活费用已经上涨了10%。政府的这种政策致使我们在出口方面的英镑收入减少了10%，但是我们的出口行业的企业主们必须支付同往常一样多的工资，同时其雇员为了维持原有的生活标准，也不得不支出同以往一样多的费用。

这种偏离均衡的变化是从去年（1924年）12月开始的，以后还将随着汇率的升高逐步地发展下去。引起这一现象的原因主要有两点：一是对恢复金本位的预期；二是金本位的恢复已成既定的事实，而不是因为英镑国内价格的提升[1]。贸易委员会主席曾在下议院明确表示，恢复金本位对我们出口贸易的影响是“一切都还好”。而财政大臣的意见却认为，恢复金本位与煤炭行业中的事态发展是毫不相干的，就像墨西哥湾暖流与英国煤炭业无关的情况一样。这些观点都是草率的、未经深思熟虑的。这些部长们大可以说，金本位的恢复是值得有所牺牲的，而这种牺牲也只是暂时的。他们也可以确切无疑地说，那些处境困难的行业，其中多数是因为它们自己本身存在的困难。当某一普遍因素发生作用时，那些脆弱分子会由于其他方面的原因而一蹶不振。但是不能因为流行感冒只夺去了身体虚弱者的生命，就说它是“一切都还好”，或者说它同墨西哥湾暖流一样，与我们人类的死亡没有任何关系。

由于我们还陷在一年前的困境之中，所以当前的形势变得越来越糟糕了。在那时，以英镑计量的工资和生活费用的价格与美国是基本一致的，但这些方面与欧洲某些国家相比却太高了。也许可以确定的是，我们的出口行业在工厂设备和

1 财政部货币委员会也持有类似见解，该委员会的报告认为，如果我们不恢复金本位，那么去年秋季和春季汇率的提高是无法持续下去的；换言之，在金本位恢复之前，汇率的提高是因为这一事件引发了投机性预期，是因为资本的流动，而并不是因为英镑本身国内价格的提高。

劳动力方面都有存货过剩的情况存在。在这样的情况下，把一部分资本和劳动力转移到国内工业上是符合要求的，从长远的角度来看，也是不可避免的。所以说，我们已经碰到了一个棘手的问题。反对提高英镑国际价格的论点之一，其所依据的事实在于英镑在国内价格和国外价格之间所存在的差异，由于英镑对外价格的提高，这种差异非但没有缩小，反而愈演愈烈。这种状况迫使我们只得转入通货紧缩时期，结果肯定会延缓国内资本扩张的积极势头，并且会阻碍劳动力向国内商业的转移。若以黄金计量，英国目前的工资相比一年前提高了15%。英国以黄金计量的生活费用，与法国、德国、意大利和比利时相比，实在太高了；那些国家的工人可以接受低于我们工人30%的以黄金计量的工资，而在实际工资方面，他们并没有受到任何损失。这也就难怪我们的出口贸易会陷入困境了！

我们的出口业正遭受着打击，因为它们是第一个必须接受降低工资10%的要求的行业。若每个人都同时接受类似的降低工资要求，那么生活费用将会降低，因此较低的货币工资所体现的实际工资将会同以往大致相同。但事实上并不存在能同时促使各方面工资下降的手段。因此，刻意提高英镑在英国的货币价格，也就意味着各个独立集团之间要相互展开斗争，不要指望这场争斗的最终结果会是公正的，而且也无法确保较强的集团就一定不会以牺牲弱者为代价来为自己谋利。

对于当前的情况，工人阶级所了解的程度肯定不如内阁阁员。那些最先遭受打击的人们将面对生活标准的降低，因为他们的生活费用并不会降低，除非其他所有人也遭受同样的打击，所以这些人捍卫自己的处境是有原因的。那些最先遭受货币工资降低打击的阶层，并没有获得保证说可以在随后生活费用相应降低的情况下给予他们一定的补偿；也没有保证说不会以他们的牺牲来换取某些其他阶层的利益。因此，只要他们能够坚持住，他们就一定会坚持下去，而这势必会演变为一场斗争，这场斗争会一直持续到那些经济上最薄弱的分子被完全打垮为止。

当前的情势并不是生产财富能力的下降所造成的不可避免的结果。我认为，在健全的管理下，没有任何理由要求平均实际工资必须下降。这是在错误指导下的货币政策的结果。

二、是什么误导了丘吉尔先生

第一部分的论点并非反对金本位本身的论点。那是另外一个问题，我在这里不打算涉及。这些论点所反对的是恢复金本位的时机问题，即反对在需要对我们所有货币的价值做重大调整的情况下恢复金本位。如果丘吉尔先生恢复金本位时，将黄金的价值确定在低于战前的平价水平上，或者等到我们的货币价值已经调整到战前平价水平时再恢复金本位，那么这些论点也就不再有任何意义了。但是他偏偏在去年春季那样的社会环境下实施这项政策，这无疑是在自寻烦恼。为什么他要做这样一件傻事呢？因为他应做的是压低货币工资和所有货币的价值，但是对于这件事如何进行，他却没有丝毫打算。

也许丘吉尔先生的行为部分是因为他缺乏本能的判断力，以致无法阻止错误的发生。另外，正是由于他缺乏这种判断力，使他在传统财政的一片嘈杂之声中无法辨别真伪，从而失去了方向。最为重要的是，他身边的那些专家们使他严重地误入歧途。

我认为那些专家们犯了两个严重的错误。第一，我认为，他们对于恢复英镑战前金平价引起的货币价值失调程度做了错误的估计，因为他们所关注的物价指数与当前问题并不相关，或者可以说是不相称的。如果你想知道英镑价格是否与汇率的提高相适应，仅仅通过观察利物浦的原棉价格是没有用的。这一价格必然与汇率的变化相适应，因为在输入原料的情况下，它们几乎时刻都与国际价值的平价保持一致。但是如果由此断定码头工人或女清洁工的货币工资和邮资或旅费，也时刻与汇率的变化相适应，那就不太合乎常理了。然而，我猜财政部的想法或许正是如此。他们把这里的一般批发物价指数与美国相比较，不过这类指数所包含的商品，其中至少有2/3是属于国际贸易的原料品，而它们的价格必然与汇率的变化相适应，结果国内价格的实际差距被冲淡到了只占其价值的很小一部分。这使他们认为，需要弥补的差距只有2%或3%，而生活费用、工资水平以及我们制造的出口品价格等方面的指数却显示，真实的差距为10%或12%。就我们的目的而言，这些指数是非常适用的，尤其是如果这些指数能相互一致，就要比批发物价指数适用得多了。

此外我还认为丘吉尔先生的专家们还过于低估了使国内价格普遍降低的技术性困难，对此存有误解。当我们将英镑的价格提高10%时，也意味着我们要把约10亿英镑的资金从大家的腰包里掏出来放进食利者的腰包里，这会使国家债务的实际负担增加约7.5亿英镑（这相当于把从战争以来对偿债经济的辛勤贡献全部抵消了）。这种结果确实很糟糕，却又避免不了。但如果有其他办法能使其他一切货币支付同时降低10%，那么就不会存在其他的不良结果；当这个过程完成以后，我们每一个人的实际收入就会同战前水平相差无几。我认为，丘吉尔先生的顾问们，他们的思维还停留在那种虚幻的学术世界里，在那里全是报纸编辑、康利夫和通货委员会的成员等等之流，那里的人们认为，必要的调整会在英格兰银行的“稳健”政策引导下“自动”地完成。

这类人的理论是，出口行业会最先受到打击，并出现衰退，同时也许会伴有货币紧缩和信贷限制现象，随后这种现象会均匀地、平等地迅速扩散到整个社会。但是，这个理论的提出者却没有明确地告诉我们这种扩散过程是怎样进行的。

关于此类问题，丘吉尔先生曾要求财政部货币委员会给他提供意见。后来他在财政预算报告中宣称该委员会的意见“包含了一系列言之有理的论点，从而取得了政府的信任”。他们的论点——如果他们那些既含糊又空洞的想法可以被称为论点的话——任何人都可以去阅读。但是他们本该说的却没有说，在这里，我用一段话来表述一下这些应说的内容：

“由于您一再宣称要恢复金本位，由此引发的预期已经引起了汇率的提高，但是货币工资、生活费用和价格，没能满足出口业的要求，没有与汇率的提高相适应。当前汇率已经过高，大约高出10%。因此在这种情况下，如果您按照金平价来确定汇率，那么结果是要么国内金价提高，从而吸引外国购买者支付较高的金价来购买我们的出口品；要么您只得实施某种政策，把货币工资和生活费用压低到必要的程度。

“我们必须提醒您的是，后一种政策的实行并不容易。这种政策必然会引起失业和劳资纠纷。如果像某些人想的那样，认为实际工资在一年前就已经过高，那结果会更糟，因为必要工资的降低，以货币计量时，将会更多。

“把赌注押在国外金价提高这一点上，也许会成功。但这也不是绝对可靠的，您必须得为其他事态的发展变化做好应对准备。如果您认为金本位带来的利益确实至关紧要，以至于即使因此会引来民众的极大不满，甚至采取严厉的行政手段，也在所不惜，那么事态的发展可能会是这样：

“首先出现的将是出口业的不景气。这一点本身是有利的，因为它可以营造出一种有助于降低工资的氛围。生活费用也将会有所下降，这一点也是有利的，因为这可以为您提供一个很有力的论据，对降低工资是有帮助的。不过生活费用的下降并不是充分的，除非受保护行业的工资出现下降，否则出口业不可能充分降低其产品的价格。如今，受保护行业内的工资不会仅仅因为不受保护行业内出现了失业而有所下降，因此，只有在受保护行业内同样出现了失业，其工资才会有所下降。可以通过信用限制的方式来促进这一过程，借助于英格兰银行实行的信用限制，您可以随意地将失业扩大到任何需要的程度，直至工资确实降低了为止。当这个过程完成后，生活费用也将下降，到那个时候，我们的境况将与这一过程开始以前一样。

“尽管这一点也许有些超出了我们的职责范围，但我们还应当提醒您，如果您现在为了降低工资而公开承认您是在有意扩大失业，那么将会引起政治上的不稳定。所以您只得把目前所发生的归结为一切可以想到的原因，而不能说出真正的原因。为了安全起见，我们估计，在大约两年时间内，您不能在公众面前吐露任何关于事实真相的话。至于两年以后，或者您已经离职了，或者调整过程，不管是出于什么原因，都已经结束了。”

三、英格兰银行的政策

汇率提高了之后，进口商品与出口商品的英镑价格都将下降。进口食品价格的下降会引起生活费用的下降。不过，让人感到意外的是，它并没有使生活费用下降得很多。也许这种现象部分是因为世界范围内的食品价格上涨；或者是因为时滞（也许在不久的将来，我们能够期望这种情形可以使生活费用进一步降低）；抑或者是因为当某种商品，甚至是一种进口商品，到达消费者手中时，它的费用一般都包括了国内的各种服务费。然而，第一章的统计表却显示，由此而出现的货币工资的某些下降实际上可以被证明是有依据的——尽管由于这些原因，这一点还是很难达到。较高的汇率水平并不会给以我们较高的实际工资，它只是把这样的恩惠赐予工人，因为这样的恩惠可以随时从工人那里拿走。同时，由于外来品的逐渐贬值，我们便可以用同样的货币支出购买到更多的这些物品；出口品价格的下降将减少出口业的贸易额。

汇率提高的结果是刺激了进口，抑制了出口，这样会使贸易差额转向不利于我们的一面。这时英格兰银行就该采取行动了，若英格兰银行再不采取相应对策，我们就必须用黄金来偿付贸易逆差。于是英格兰银行采取了两种有效的补救措施：第一，通过实施对外贷款禁令来抑制我们惯有的对外贷出，对殖民地同样也实施贷款限制；第二，使伦敦的票据贴现率比纽约的高出1%（这是前所未有的情况），以便鼓励美国借给我们贷款。

这两种措施在平衡账户收支方面的作用是毫无疑问的，我相信，它们会在相当长的一段时期内发生作用。因为刚开始时，我们的实力还留有相当大的余地。根据商业部的统计，我们在战前的对外贷款能力约为1.81亿英镑，以目前的价格水平换算，相当于2.81亿英镑；即使在1923年，商业部估计我们的净余额仍有1.02亿英镑。由于新的对外投资并不会立即产生收益，因此如果我们减少1亿英镑的对外投资，则即使在出口方面出现了同等额度的减少时，也不会发生无力偿付的危险。就维持金本位而言，我们是拥有价值1亿英镑的对外投资还是存有价值1

亿英镑的失业，是无足轻重的。如果那些曾经生产出口产品的工人失去了工作，而且以前用那些出口品来偿还的贷款也有了同等程度的降低，即便在这样的情况下我们的财政均衡依然会毫发无损，英格兰银行的总裁也不会面临黄金流失的危险。而且，作为一个借入者，我们仍能保持良好的信誉。通过支付足够高的利率，我们不但能弥补所有赤字，另外要是银行总裁高兴的话，还可以借入任何数量的黄金来给他每周公布的报告增添光彩。

根据商业部长的估计，到去年5月为止的一年里，我们的贸易账户上可能并没有出现实际的赤字，其收支借贷大体上是平衡的。如果真的是这样，那么现在必然会存在大量的赤字。另外，对外投资方面的禁令也只能有一部分奏效。它无法限制所有类型的对外投资，也无法阻止英国投资者直接从纽约购买证券。因此，英格兰银行必须采用其他的补救措施。一方面我们因为入超而出现贸易逆差；另一方面，英国投资者在禁令之下仍然购买对外投资证券，这两方面导致我们在收支平衡上出现赤字。面对这种情况，英格兰银行通过提高伦敦的贴现率，使其比纽约的贴现率高出不少，就可以吸引纽约的金融市场贷出一笔数额庞大（根据哈佛经济服务公司的估计，在最近的几个月里，美国各大银行向伦敦金融市场放出的贷款数额约在2亿到3亿美元之间）的资金给伦敦的金融市场，从而弥补赤字，使收支保持平衡。而且一旦我们提高了利率去吸引纽约短期贷款市场的资金，那么即使我们不再需要增加借入款，但为了留住现有的借款，我们必须继续维持高利率。

法国的政策是借助摩根先生（美国摩根公司的总裁）的贷款来维持汇率，对此我们曾多次予以谴责，但是我们现在却把伦敦的货币利率维持在一个足以吸引并留住来自纽约的资金的水平上，这种政策同法国的政策基本没什么差异。我们的政策与法国的政策可能存在的唯一区别就是，我们提高贴现率的目的不仅仅为了吸引美国的资金，而且也限制国内信用政策。而这一点正是我们现在必须予以关注的一个问题。

为了应对失业，让我们从一个贷出国变成一个借入国，必须承认，这种做法的损害极大，我相信英格兰银行当局方面也是持有这种观点。他们不愿意限制对外投资，也不愿意从纽约那边吸收短期贷款资金。也许，他们这么做的目的是争得一个喘息的时间；但是，如果他们按照自己的原则行事，说得委婉点，他们肯定会利用这个喘息时间来进行所谓“基本调整”。为了达到这个目的，在他们职权范围内所能采用的只有一个办法，即信用限制。在当前的环境下，这是实行金本位国家经常采用的政策；贸易逆差表明我们的价格太高了，使价格降低的办法就是提高利率和信用限制。待药到病除后，就没必要再去限制对外贷款或从国外借入资金。

如果用简单明了的言语来表述，那么这一点的含义到底是什么呢？我们的问题是要降低货币工资，进而降低生活费用，当这个圈子绕完之后，实际工资将和以前相同，或者与以前的水平相接近。那么信用限制是如何运作，以达到这个目的的呢？

事实上，除了有意去扩大失业这一方法，再无他法。在这种情况下，信用限制的目的就是要限制雇主们的融资方式，使其无法在现有价格和工资水平上雇佣劳动力。为了达到这一政策的目的，只能通过无限制地扩大失业，直到工人在冷酷无情的事实压迫下，只好接受货币工资的必要降低为止。

这就是所谓的“稳健”政策，它是把英镑盯住某一金值的轻率行为的必然结果，然而英镑的这一金值，在用英国劳动力的购买力衡量时，到现在为止仍没有达到。任何人道的、明智的人都会在这一政策面前畏缩不前。我认为英格兰银行的总裁对此同样存有这种畏缩心理。可他处于进退两难的境地，又能如何呢？现在看来他采取了妥协折中的策略。他半推半就地奉行着这种“稳健”政策，总想避免道破事态的真相；他只是希望将来或许会出现什么转机，那对他来说是最好不过的了。

英格兰银行的工作涉及很多的机密以及很多不能公开的重要统计资料，以至于要想确切地了解它究竟在做些什么，是一件相当困难的事。已经实施的信用限制是通过好几种方式来进行的，这些方式部分是互相独立的。首先，限制新币发行，这可能会减缓货币流通的正常速度；然后在3月份提高了银行利率；紧接着，市场利率也被提高到接近于银行利率的水平；最后，英格兰银行通过某种运用资产和负债的方式，来降低各清算银行作为信用基金的可利用的现金量。最后一点也是所有方式中至关重要的一点，它是信用限制的主要手段。由于无法得到直接的信息，我们能够得到的关于这一限制影响的最可靠反映是各清算银行的存款状况。存款趋于减少的迹象表明，信用限制已经发生了十分显著的作用。然而，考虑到季节性波动以及6月底统计表中存在的人为因素的影响，我们还无法准确地估计出，最近3个月来，信用限制究竟达到了什么程度。就当前的推测而言，直接限制的影响结果还不是很大。但是如果继续执行当前的方针政策，这种限制到底会造成多大程度的影响，是没有谁能够预料得到的。

不过在我看来，即使是这些有限度的措施就已经产生了相当大的影响，对于近来失业的扩大，这类措施要负主要责任。信用限制这种工具拥有难以想象的威力，哪怕是略微使用一下，也会产生深远的影响，尤其是在局势需要采取反向的措施时。旨在强制降低工资的主动扩大失业政策，部分已经在实施中。就当前的情况而言，可悲的是，官方硬是要把由错误观点所引导的政策说成在理论上是有根有据的。然而，没有一个部门的工人，会仅因为鲍德温先生那煽情及真诚的演讲，而去响应他的观点并愿意接受工资的降低。我们之所以降低工资，是因为来自失业、工人罢工和雇主停产方面的压力；然而为了达到这一目的，我们却在主动地扩大失业。

在金本位的规定之下，英格兰银行被迫缩减信用。这种做法是尽职尽责的，也是“稳健”的。但是这并不能改变这样一个事实，即对信用的严格控制——没有人会否认英格兰银行的确正在这么做——在国家的目前情况下，必然导致失业的扩大。而今天我们要重现繁荣，所需要的应该是宽松的信用政策。我们应该鼓励企业家开办新企业，而不是像现在这样去挫败他们。通货紧缩并不会“自动地”降低工资，它是通过引起失业的方式来降低工资的。而紧缩银根对于正在起步的繁荣将产生严重的阻碍作用。有些人在错误信念的引导下实施了这类政策，从而加剧了萧条。这真的很不幸！

四、煤炭工业的例证

我打算以煤炭工业作为例证来说明我上述的观点。战后，除了鲁尔煤矿区[1]停工期间出现过短暂的正常开工以外，整个煤炭工业始终处于极度混乱的状态之中。之所以出现这种混乱状态，不仅仅是因为金本位的恢复，最主要的是因为其他一些因素。而丘吉尔先生却正是以这些其他的原因为借口，试图编造一个恰似真实的理由，去证实他的所谓结论，即汇率同墨西哥湾暖流一样，不会对煤炭工业造成任何的影响。因此，这里所挑选的例证可能会对丘吉尔先生有利，因为乍看起来，它明显对我的结论是不利的。

（1）在《经济学家》（出版于1925年6月27日）中，一位通讯记者写道："在巴西，截止我撰稿时，美国的煤炭标价为每吨8.85美元，而英国的煤炭标价为每吨39先令（折合9.32美元）；美国方面的运费约为每吨4美元，而英国则是3.76美元（折合15先令9便士）。"

在这位记者撰稿的时候，英美两国货币的汇率约为4.78。在今天的汇率水平下，英国的煤炭价格（39先令）将是9.48美元，运费则是3.83美元；而在去年6月的汇率水平下，煤炭价格应为8.40美元，运费则应为3.40美元。

由此可以看出，在去年6月，我们每吨煤炭的标价比美国低45美分；而现在美国的每吨煤炭标价却比我们低63美分，这一切只是因为汇率条件的改善。在加拿大以及整个南美地区，10%的汇率变动已经使我们在煤炭方面的竞争地位同美国相比，发生了巨大的转变，处于极为不利的地位，或者也可以说，代价太大了。在欧洲，由于金本位的恢复，也出现了类似的情况，使英镑对法国、比利时以及德国通货的汇率至少提高了10%，如果没有恢复金本位，那么现在的局面绝对不是这样的[2]。

1　鲁尔是德国重要的工业区，也是世界重要的工业区。位于德国西部、莱茵河下游支流鲁尔河与利珀河之间的地区，处于北莱茵-威斯特法伦州内。——译者注

2　对法国和比利时通货的汇价已经提高了不止10%。

▲德国鲁尔区。鲁尔区的工业是德国发动两次世界大战的物质基础。战后又在西德经济恢复和经济起飞中发挥过重大作用，形成于19世纪中叶，是典型的传统工业地域，被称为“德国工业的心脏”

倘若我们的煤炭工业为了恢复一年前相对于外国的有利竞争地位而被迫降低煤炭价格，那么每吨煤炭的英镑价格须得降低1先令9便士[1]。

难道现在还可以说，每吨价格下降1先令9便士就像墨西哥湾暖流一样，没有给煤炭工业带来任何困难吗？以矿工工资来说，它在矿主所要求的整个价格下降中占了很大一部分。去年一季度，煤炭工业每吨净赚6便士；而在当前的情况下，每吨亏3便士。

（2）除了矿区用于支撑坑道顶端的支柱之外，煤炭工业几乎不消费任何其他的国外产品。而且，工资支出在煤炭生产总成本中占了相当大一部分。与国内其他行业相比，煤炭工业不得不以英镑的国外价格出售其产品，而以英镑的国内价格买进所需物品。所以，提高前者而不提高后者的这种不对等的做法，必然会

1 在煤炭咨询委员会表态之前，矿业协会会长估计的数字是1先令，但他并没有指明这一数字借以比较的参照日期。

对煤炭工业造成不利的后果。

（3）上述做法不仅直接影响到煤炭工业的出口，使煤炭贸易变得不景气，而且也使那些大量用到煤炭的工业，如钢铁工业，在贸易上陷入萧条状态。

（4）对于煤炭工业本身来说，它自己就存在一个十分棘手的问题，那就是在当前的煤炭需求状况下，煤矿工人的数量太多了，因此煤炭工业亟须减少矿工的数量。但是由于在煤炭工业内出现了局部化、区域化的趋势（例如，南约克郡[1]的繁荣是以南威尔士[2]和诺森伯兰地区[3]的牺牲为代价的），整个工业实际上反而吸纳了大量的新劳动力。对当前的事态发展情势，可能有好几种解释。但是，唯一可能的补救措施只能是通过发展其他行业来吸纳煤炭工业的冗余劳动力。然而要达到这一点，前提条件是其他行业必须正处于繁荣扩张状态。而目前实行的信用限制政策却正好抑制了其他行业的扩张势头，这便间接地造成了煤炭工业的困难局面。

因此，煤炭工业当前存在的困难尽管也因为一些其他缘由，但我认为主要的原因还是我们的货币政策，这些政策使煤炭工业遭受的损害超过了其他任何行业。另一方面，人们之所以认为煤炭工业前景非常黯淡也是有原因的，这是因为它还有其他方面的困难，从而削弱了它的抵抗能力，因此当它遇到了新的困难时，就再也没有余力去招架了。

在当前的这种情况下，煤矿主们要求，不管生活费用是否有所下降，必须降低工资以弥补亏损。这也就是说，要降低矿工们的生活水平。他们之所以提出这种以牺牲矿工利益为代价的要求，只是为了应对当前的局势。而这种局势的形

1　英国英格兰中部的郡。建于1974年。位于奔宁山脉东麓，北和西北与利兹都市区毗连。面积1560平方千米。人口124.9万（1991年）。境内西部多山地丘陵，东部有开阔的平原，有煤田。是一个城市密集、工业发达的都市化地区。——译者注

2　威尔士是大不列颠与北爱尔兰联合王国的一个王国，位于大不列颠岛西南部，东界英格兰，西临圣乔治海峡，南面布里斯托尔海峡，北靠爱尔兰海，相比于英格兰大都会的繁华，威尔士境内处处充溢着原乡美景。——译者注

3　诺森伯兰郡是英国英格兰最北部的郡。东临北海，北与苏格兰接壤，面积5229平方千米。首府纽卡斯尔。山地和高沼地占面积的一半以上，东部有较开旷的低地，气候凉温。南部煤产区人口稠密。——译者注

成，他们是没有任何责任的，况且，这也是他们无法控制的。

实际上，这类建议的提出是对我们处理经济事务方式的严厉指责，因为在任何人看来，这样的建议都是不合理的；除非以承担风险的应该是资本家这样一个原则为依据，要不然让煤矿业主来承担损失也同样不合理。如果矿工可以自由地从本行业转移到其他的行业，或者当他们失业或收入过少时，可以另寻出路，去做面包师、砖瓦匠或铁路搬运工的工作，并愿意接受低于这些行业现行的工资水平，那就是另一码事了。但是众所周知，他们并没有如此的自由。就像在以往经济过渡期中的那些受害者一样，矿工们只有两种选择——要么忍饥挨饿，要么屈从于现实。屈从就意味着有所牺牲，而牺牲的果实却为别的阶级所得。但是不同行业之间劳动力和竞争性工资水平的有效流动性现在已经荡然无存了，考虑到这个原因，我还不敢肯定他们目前的处境在某些方面一定会比他们祖父那一辈要好。

为什么非要让煤矿工人的生活水平低于其他劳工阶层呢？也许有人认为，他们是一群懒惰、一无是处的家伙，他们工作不努力，工作时间也不长。但是有什么证据可以证明，他们比其他人更加懒惰、更加一无是处呢？

若以社会公德为准则，那么我们没有任何理由可以降低矿工们的工资。他们是贾格纳特式经济的受害者。为了满足某些市政官员们的焦躁心情，财政部和英格兰银行采取了所谓的“基本调整”来填补4.40美元与4.86美元之间“适度鸿沟”，而矿工们正是这类政策下的牺牲品。为了保持金本位制的稳定，肯定还需要他们（以后还有其他人）做出“适当的牺牲”。在此政策下，煤矿工人会最先陷入困境，除非我们运气很好，否则他们并不会是最后一个。这就是丘吉尔先生所采取政策可能引起的经济后果。

事实上，现在我们正站在两种经济社会理论的十字路口上。一种理论认为，在各个阶级间，应当根据“公平”和“合理”的原则来确定工资。另一种理论——贾格纳特式的经济理论——则认为，工资的确应当取决于经济压力，或者称为“严酷的事实”，而且认为我们庞大的经济机器应当奋勇向前，在前进道路

▲宾夕法尼亚州煤矿的工人中午可以休息一个小时，里面不乏很年轻的矿工，他们为了生存不得不离开家在外辛苦工作。照片由刘易斯·海因于1911年拍摄

中只能顾及整体上的平衡，至于对个别集团偶然造成的后果，则只好弃之不顾。

在金本位制下，依赖的是纯粹的时运，信赖的是“自动地调整”，而对于社会的细枝末节，一般不予顾及；对于处于社会经济机器顶端的那些人来说，这种制度却是一个重要的象征或崇拜物。他们对社会细节不闻不顾，对前途则抱有模糊的乐观信念，并且认为肯定不会发生什么严重的状况。在我看来，他们这种态度是非常鲁莽和轻率的。从过去的情况来看，十之八九确实没有发生什么真正严重的状况，仅是某些个人或集团受到了一点损害而已。过去我们所依据的经济原则是建立在自由放任和自由竞争假设的基础之上，而现在社会却正在迅速地脱离这些假设，因此如果我们继续在经济社会中遵循这种经济原则，那么我们就得冒第十次危险。这种行径简直是愚不可及。

五、有没有什么补救办法

1925年的预算方案中所制定的货币政策才是产生工业危机的真正根源，除非转变目前的政策方针，否则不可能提出任何真正令人满意的新建议。不过仍然有几种办法可供政府参考，其中的某些办法要比其他的更为可取一些。

一种办法是继续大力实施所谓的“稳健”政策，目的在于以传统的方式进行“基本调整”，为此需要进一步限制信用，如果有必要，还可以在秋季提高银行的利率；如此，通过扩大失业以及利用我们所拥有的一切武器来压低货币工资。主张这一办法的人坚持认为，当这一过程最终完成后，生活费用也会随之下降，从而会使平均实际工资恢复到先前水平。如果这一政策能得以贯彻执行，从某种意义上说，该政策还是可以取得一定成就的；尽管因此引起的变化是不均等的，较强的集团会以牺牲弱者为代价而为自己谋利，从而将遗留许多不公平问题；在应用经济压力这一方式下，受到打击最大的是那些比较脆弱的行业，那里的工资本来就很低，结果将使不同行业集团之间已有的工资差距趋于拉大。

问题在于对于这种政策，公众舆论会容许它发展到何等程度。在扩大失业问题上，尽管通货委员会的成员自有一套理由来加以支持；然而对于政府来说，让它承认这是在有意扩大失业，在政治上是不可能的。另一方面，通货紧缩所产生的影响却有可能不被觉察。通货紧缩一旦开始以后，即使起端甚微，但在其发展过程中是具有累积性的。如果企业界内普遍出现了悲观的预期心理，将导致货币流通速度放慢，这时银行无须提高银行利率，也无须降低其存款，因为货币流通速度的放慢可以让通货紧缩继续发展下去。由于公众通常更注重某些特殊的起因而不是一般的实质性起因，因此会把萧条现象归因于包括

▲一名男子从宾夕法尼亚南蒂格洛的矿渣堆中挑选出优质煤炭，他的工资是每100磅10美分。照片于1937年拍摄

劳资纠纷在内的各种具体因素，因为它往往伴随萧条而发生，还有道威斯计划、中国、大战的必然后果、关税、高税率等，总之除了一般货币政策之外的世界上发生的任何情况，然而正是这类货币政策导致了整个事态的继续发展。

此外，这种政策并不需要在很明确的方式下进行。英格兰银行可以秘密地实行信用限制，而鲍德温先生（因为我们的拥护，他已经成功地承接了维多利亚女王原有的地位）方面则见机行事，提出一系列其实并不合常理的补助办法，以社会慈善的名义来缓和信用限制所造成的后果。鲍德温先生的仁慈之心可能使我们按捺住心中的怒火，而这种将会造成严重后果的勾当却在幕后继续进行着。由于预算方面的限制，这类补助在数额上肯定不会很大，所以情势也就不会有什么真正的变化。最终，除非发生社会剧变，否则“基本调整”将如期而至。

也许有些人可能对事态的这种发展趋势能够保持镇定自若，而我却不会。这类政策在实施过程中会造成社会收入的巨大损失，而且在结束之后，还会留下许多不公正的社会问题。但世事难料，也有可能出现意外的情况，而我们最好的希望、也是唯一的希望正是寄托于这种可能性之上。这让我产生了另一个想法，既然如此，我们能不能促使所希望的事情得以实现呢？

目前的局势特征，正好有两点可以转化为对我们有利的因素。第一个是关于金融方面的——如果国外的黄金价格下降了，那么就不必担心这里的工资水平会有任何重大变动。第二个是关于工业方面的——如果生活费用最先下降，我们就可以问心无愧地要求工人接受较低的货币工资，因为到那时情况很明显，降低工资的目的并不是为了降低实际工资。

最初宣布恢复金本位时，许多权威人士都认为我们正把前途寄托在美国价格的提高上。然而到现在为止，这种情况也没有发生[1]。此外，英格兰银行的政策实际上是在促进美国价格稳定，而不是促进它上涨。事实在于伦敦的利率较高，而美国的银行愿意以较高的利率水平向伦敦出借资金，由此会造成纽约的利率比这一情况不存在时要高，使世界市场的残余黄金流向伦敦而不流向纽约。这样，我们的政策正好消除了纽约在低息贷款和额外黄金存量方面的压力，否则这些压力会迫使那里的价格上涨。伦敦与纽约两地利率之间存在的非正常差异，导致金本位难以按其自身规律去发挥应有的作用。根据一般原则，当A的商品价格高于B时，黄金将从A流向B，从而使A的价格趋于下降，而B的价格趋于上涨，最终B的价格上涨趋势与A的价格下降趋势将会达到平衡。

但现在英格兰银行的政策却阻止了这种情况的发生。因此我建议，应该采取反向的政策方针，去降低银行利率，同时停止实行信用限制。如果由于实施这一措施，使当前威胁到伦敦金融市场的那些“有害的”美国货币开始回流到美国，我们不妨用黄金来偿付，或者，如果有必要的话，还可以动用财政部和

1 我认为，在这方面我们还不必感到绝望。美国目前的价格趋势是向上的而不是朝下的，只需一根小小的火柴，就足以使美国潜伏中的通货膨胀熊熊燃烧起来。这种可能情况也是我们无须过于悲观的一个真正理由。

英格兰银行存放于纽约的美元贷款准备金来偿付。依我之见，用黄金来支付会更好一些，因为所需的费用更低，而且黄金的实际流动对美国的价格水平也会产生更大的影响。目前我们在黄金库存方面的一些规定，导致3/4的黄金存量根本发挥不了什么作用。如果我们能将这些规定稍做修改，就可以使黄金存量减少6000万或7000万英镑，这并不会让我们感到惴惴不安，然而它却会使其他地区的情况发生重大的变化。这样做可以使我们在美国有一笔随时可以动用的收支余额。试问，为了购入这些无用的固定黄金而支付4.5厘的利息，又有什么意义呢？

与此同时，除非英格兰银行停止实行信用限制政策，并利用其他资产（例如国库券）来代替黄金，否则不可能产生如此大规模的黄金流动。这也就是说，英格兰银行必须放弃利用经济压力和主动扩大失业的方法，来实现基本调整的企图。但是，这一政策本身可能就会招来众多非议，认为此举过多地把前途寄托在对美国价格上涨的期望上。

为了应对这一点，我建议鲍德温先生必须面对现实，本着如下方针，开诚布公地同工会领导人展开合作。

只要内阁成员们继续佯称当前工资下降的趋势与货币价格毫不相干，只要他们抱有这样的态度，工人阶级自然会把政府政策视为是对实际工资的蓄意攻击。如果财政大臣觉得他的观点是正确的，即货币政策与工资降低没有关系，就如同墨西哥湾暖流与工资降低的情况没有关系一样，那么可以肯定，目前降低工资的运动实际上就是对工人阶级生活水平的一次打击。只有当政府当局承认确实存在我在这几篇里所指出的病源时，才能在公平与合理的基础上诚邀工会领导人与他们进行合作。

只要政府当局承认目前问题主要就是货币问题，而后他们就可以这样对工人说：

“这并不是对实际工资的蓄意攻击。我们将英镑价格提高10%的意思是货币工资必须降低10%；但还有另一层意思，就是当调整过程完成后，生活费用也将降低10%。在这种情况下，实际工资将不会有太大的下降。要降低货币工资，有两种不同方法可供选择：一种方法是使用经济压力，通过限制信用来扩大失业，直到工资被迫降低时为止。这是一种既可憎又有害的方法，因为它对强者和弱者所造成的影响是不一样的，而且其在进行过程中会给经济和社会带来无谓损耗。另一种方法是通过协议来实行同一标准的工资削减，但前提是让工人明白协议后的实际平均工资与本年第一季度相比，不会有任何降低。但实际困难在于货币工资与生活费用是密切相关的。只有货币工资下降之后，生活费用才会下降。也就是说，要降低生活费用，首先必须要降低货币工资。因此我们不妨在整个就业范围内，包括中央及地方政府方面的就业，所有货币工资一律降低（比如说）5%。如果经过一段时间后，生活费用并没有出现下降，致使工资的降低无法得到补偿，那么降低工资的办法就宣告无效——我们能不能在这一尝试上达成一致的协议呢？”

如果鲍德温先生给出这样的提议，工会领导人或许会立即询问，除了工资以外，关于其他货币支出方面，如租金、利润及利息等，他打算怎样处理。关于租金及利润，他可以这样回答，这些都不是根据货币确定的，因此以货币计量时，它们将随着价格的降低而降低。但这样回答不好的地方是，租金和利润同工资一样是富有黏性的，而且下降的速度也许不会十分迅速，从而无法充分帮助整个转变的完成。然而关于债券利息，尤其是公债利息，他却无法给予答复。因为降低价格的任何政策，实质上总是有利于食利者，而会牺牲社会其他人的利益；通货紧缩的这一结果，主要的根源在于我们现有的货币契约制度。总而言之，我真的不知道该如何应对来自工人方面的反对。目前也许只有一种粗略但却切实可行的办法，那就是对工资以外的一切收入征收附加所得税，每英镑征收1先令，直至实际工资恢复到以前的水平时为止[1]。

1　如果价格最终不再上涨，这种征税办法还是难以避免债券持有人从中获益的这一事实。债券持有人这种有得有失的情况，是不稳定的货币制度下一个无法避免的特性。不过由于价格运动的长期趋势是朝上的，因此在这一制度下，债券持有人并不是得利者，而是失利者。

这种希望达到自愿地全面降低工资的建议，听起来的确不错，但在实践中却存在着很大的困难。因此在我来看，我宁愿把一切希望寄托在国外价格提高的这一点上，也就是说，英格兰银行当前的政策应当做相应的调整。另外，我从米德兰银行7月份的《每月评论》上获知，该行高层人士也提出了同样的建议。

所有的这些建议在实行过程中都会遇到巨大的困难，这是不可避免的。在现代经济条件下，政府所采取的关于主动改变货币价值的所有计划，总会招来以公正和权益名义提出的反对意见。这些建议只能减轻由错误政策所引起的不良后果，但无法根除错误本身。有些悲观人士认为受到攻击的目标不仅仅有货币工资，而且还包括实际工资水平，所以这些建议是不会得到这类人士的赞同的。我们目前的政策是通过严格控制信用的手段来主动扩大失业，目的在于通过向个人和某些行业施加经济压力来进行强制性的调整；但由于一些别的原因，这时正好需要放宽信用。我之所以提到上述这些建议，是因为我认为如果全国上下都知道现在所进行的是这样一种政策，大家是决不会答应的。

附录

一、英国黄金储备的现状

1925年7月15日，英格兰银行的黄金存量约为1.62亿英镑。银行纸钞和通货金票的有效流通总量接近于3.87亿英镑。为了保障货币的正常流通，法律规定英格兰银行必须持有价值1.2亿英镑的黄金存量。因此，我们可用于对外输出的黄金存量只有4200万英镑，也就是总体的1／4左右。而且因为我们不可能完全达到法定最低点，实际上能够自由支配的黄金量大约只有原定的一半，即2200万英镑左右。我们库存的1.2亿英镑的黄金仅仅是满足了法律规定的要求，而在其他方面则是完全没有用处的。

二、关于以外币衡量的英镑价格上涨的说明

一般来说，人们认为金本位的恢复是影响英镑对美元汇率唯一的或主要的因素，鉴于此，我列出了自去年6月以来各主要金本位国家的英镑价格的变化情况（见下表）：

各主要金本位国家以英镑计的变化情况

1924年6月—1925年6月中旬

国别	百分比（%）	国别	百分比（%）
意大利	31	瑞典	11
法国	27	巴西	9
德国	13	荷兰	5
日本	13	中国	3
美国	12	瑞士	2
捷克斯洛伐克	12	印度	–6
比利时	12	阿根廷	–10

从表中的数字可以看出，印度和阿根廷两国的英镑价格呈现出下降趋势，虽然这种与总体趋势相反的价格变化可以提高这两个国家消费者的购买力，但从根本上来说，并没有多大的帮助，因为它们都不是世界工业领域的强有力竞争者。同时，上表还表明，去年的汇率变动使我们在工业上的竞争地位进一步恶化，与主要的竞争对手相比，我们的竞争力下降了12%，甚至比这更多。由此可见，我在本文中列举的10%这一数字，还是低估了目前的情况。

第六篇　用关税来缓和当前的严重事态（1931年）

一、关于财政关税方面的建议（1931年3月7日）

通过增加我们的国外投资、添置国内设备，我们的资本财富不断地在增长；我们大部分人的生活依然没变，甚至还要比以往更好一些；与此同时，还对一大批的闲散人员发放失业津贴，他们所领到的津贴额，比世界上大多数地区的全职工作者所得到的收入还要多。但是另一方面却存在着这样的情况，我们的工厂有近25%处于停工状态，近25%的工人处于失业状态。想一想，这难道不是一个自相矛盾的现实状况吗？如果我们创造财富的潜能并没有比我们以往所具有的更强大，那么这不仅是一个自相矛盾的状态，而且也是一个不可能存在的状态。但这种比以往更强大的潜能确实存在，它主要可以归于三个因素——我们工业技术效率的不断提高（我觉得，即使同最近的1924年情况相比，人均产量也提高了10%）；女性经济产出量的增长以及目前劳动力人口所占比例的扩大；此外，进口品价格相对于出口品价格有所下降，同时也起到促进作用。结果是，我们只利用了现有工业生产能力的75%，就生产出了与若干年前动用全部力量时同样多的财富。但是我们若能想出一些办法，去充分利用现在全部的力量，那我们将会是多么的富有啊！

因此，问题并不在于我们缺乏物质手段来支持我们较高的生活水平，而是在于我们彼此进行交易所依附的组织和结构方面存在着某种缺陷。

对于这种缺陷，存在着两种不同的反应。根据我们的性情，我们既可以产生这种反应，也可以产生那种反应。一种是下定决心去利用我们闲置的生产能力，保持我们的生活水平，也就是说，去扩张发展，同时把恐惧又谨慎的心理都放到一边，不予理会；另一种是根源于恐惧心理的本能的收缩。到底为什么要畏缩不前呢？

我们赖以生存的社会是以这样的方式组织起来的，即生产活动取决于个体企业家，而他们希望在生产中能获取合理的利润，或者至少不要给他带来实际的损失。作为他们生产动力所必需的最低利润，可能只占生产总价值中极少的一部分。但若把这一部分从他那里拿走，则整个生产就会停止。很不幸，当前所发生的正是这种情况。价格相对于成本的下降，再加上高汇率对心理的预期，已经摧毁了必要的生产动机。这就是当前混乱状态的根源所在。因此，进一步恫吓或挫败企业家的做法，可能是不明智的。然而一种向前的政策往往就容易引发这种状况。因为当一个人发现自己处于入不敷出的危险之中时，就会变得谨慎小心，紧张兮兮，此时在一些似是而非的类比影响之下，他常常会成为紧缩论调的支持者，尽管这个论调最终对他自己来说是不利的。

此外，还有一个造成神经紧张的原因，我们正遭受着国际局势动荡所带来的不良后果。众所周知，由于我们较高生活水平的影响，我们在出口贸易方面的竞争力明显减弱。与此同时，由于国内企业无利可图，投资者宁可把资金投向国外，而高税率也在同一方向上产生不利的影响作用。尤其是，其他债权国不愿意出借资金（这是本次经济萧条的根源），这致使伦敦的财政负担过于沉重。这些全都是对向前政策不利的明显论据。因为就业的增加所引起的国内生产活动扩大，将会导致入超的增加，而政府大规模的借款之举，有可能会吓得投资者不敢提供贷款（在他们当前这种心情下）。

因此，实行扩张政策的直接结果必然是引起政府举债，加重预算负担，扩大我们的入超额度。反对这一政策的人士认为，目前困难的根本原因在于信心不足、税收负担过重以及国际局势不稳定，而这一政策的实行却会使这些方面变得更加严重。

在这一点上，反对扩张者分成了两派——一派认为，我们不但应当打消所有的扩张念头，而且应当果断实行紧缩政策，意思就是，要降低工资，而且要大量节约现在的预算支出；另一派，像斯诺登先生，则抱着否定一切的态度，他们既不赞同紧缩的想法（以上面的意思来解释），同时也不赞同扩张的主意。

然而，消极的政策却在所有对策当中最具危险性。因为随着时间的推移，存在着一个越来越大的疑问，即我们的生活水平能否继续保持下去。对于100万的失业人口，我们当然能够保持下去；当失业人口是200万时，我们也许能勉强保持下去；但如果失业人数达到300万时，我们可能就无能为力了。因此，在消极的政策之下，放任失业持续增加，最终将必然会降低我们的生活水平。如果我们不做充足的准备，做好长远打算，那么最终我们将束手无策。

我必须再说一遍，失业的产生是因为雇主无利可图。利润的损失也许可以归于各种各样的原因。但是不管怎样，要想解决失业问题，除了走向共产主义这条捷径以外，只有让雇主能获得适当的最低利润，除此别无他法。要做到这一点，有两种方式可选——一种是增加对产出的需求，这是扩张主义者的惯用手段；另一种是降低产出成本，这是紧缩主义者的应对方案。两者都想药到病除，相对而言究竟哪一个更可取呢?

通过削减工资来降低产出成本，并减少预算支出，确实能够提高国外对我们产品的需求（除非由此引起国外效仿实行此类紧缩政策，这是非常有可能的），但可能

▲1939年，英国第二次世界大战的海报，海报描绘了战舰和水上飞机，写着“支援他们！”的字样

会引起国内需求的下降。因此，普遍削减工资使雇主获取的利益，实际上并不像表面看起来那样明显。每一个雇主，对于降低他自己支出的工资，只看到了可能给他自己带来的好处；但同时他的顾客收入降低了，他的竞争者也同样会享受降低工资的好处，对于来自这些方面的影响，他却根本未予考虑。由于紧缩政策将使某些收入阶级受益匪浅，而却使其他阶级蒙受巨大的损失，不管怎么说，这必将引起社会的不公，并引发强烈的抵触情绪。正是这些原因，使得紧缩政策真正有效的实际可能性变得越来越渺茫。

而对扩张主义补救措施的异议——我们国际地位的不稳固、预算状况以及信心不足——不可能就这样处理。两年前没有必要去担惊受怕，但现在情况则不同了。惊吓这些企鹅，使它们带着腹中的金蛋振翅而去，是很不明智的。一项极为猛烈的具有效力的扩张政策可能会迫使我们放弃金本位。此外，两年以前的问题主要是英国方面的问题，而现在则演变成为一个国际问题了。当前，仅国内的治疗是不够的，重要的是实行世界性的治疗措施。从英国的领导地位中，我看到了医治国际萧条的最大希望。但英国如果想重新恢复领导地位，它必须是强盛的而且也必须让人们相信它是强盛的。因此，恢复对英国的充分信任是最重要的。在我看来这并不困难，因为被国外的舆论低估伦敦今天的实力，让这种观点来一次突然转变的时机已经成熟。我并不赞成恢复金本位，我在这个问题上所做的预言不幸已经部分应验，鉴于此，我认为目前应当不惜一切代价稳固我们的外汇地位，使我们重新掌握对世界金融的领导权。从公认的实力而不是从怯懦的立场出发来说只有英国才有担此重任的经验和天下为公的精神。

本着以国内就业利益为出发点呼吁实行扩张政策的人们，应当在深思熟虑之后，再做定夺。经过再三思考，我给出了如下结论：

我认为扩张政策的效果虽然较为理想，但在目前的情况下，不一定安全可靠，甚至不一定行得通，除非同时采取一些其他措施来抵消其危险性。我要提醒读者注意一下它所存在的危险，即贸易平衡方面的负担、预算方面的负担以及对信心的影响。即使扩张政策能显著地提高利润水平和就业量，预算及信心方面最后的净效应是有利的，而且或许会十分有利，这也只能证明扩张政策是合理可取的。然而这是最后的结果，最初的影响可能并不是这样的。

可以采取什么样的措施来消除这些危险呢？一个值得采取的可行措施是，对目前严重滥用失业津贴的局面进行改革，暂缓执行预算内关于社会公用设施的一切新支出，以便节省资源用于扩大就业计划方面的需要。但是还有一个重要措施，这在我看来，应当是任何一个明智的财政大臣所必须考虑执行的，即不管他如何去看待保护性政策，必须切实执行财政关税政策。由此产生的直接结果是有利的，也是适宜的，因此毋庸置疑，不会再有别的什么措施比它更好了。我设想中的关税并不包括差别关税[1]，但其所覆盖的范围应尽可能广泛，可规定一种统一的税率，或者可以规定两种统一的税率，两者分别适用于范围广泛的商品种类。与出口有关的进口材料，其税额可以给予部分减免，至于构成出口产值重要部分的原材料，如羊毛和棉花，则应当免税。财政税收总额预计会相当大，应该不少于5000万英镑；如果可能的话，甚至有可能达到7500万英镑。具体来说，对一切制成品[2]和半制成品一律征税15%；对一切食品和某些原材料，应征税5%；而其他一些原材料，则予以免税[3]。对于上述税率，我是经过再三考虑的，我认为它对生活费用方面的影响并不会太大——不会大于目前每月的价格波动给生活费用方面所产生的影响。此外，所有能够想象到的解决失业的补救措施都会引起价格的上涨，况且实际上这也的确是我们期望得到的结果。同样，在考虑了按一般简单

1　差别关税指针对不同国家的同种进口商品征收税率不同的关税。差别关税税率是由正常关税税率和特设关税税率组成。——译者注

2　制成品指在一个工业企业内完成全部生产过程，经检验符合规定的质量标准，并可销售供社会使用的合格劳动产品，又称成品、产成品。如自行车厂生产完成的待销自行车；棉纺织厂生产完成的待销坯布；机床厂生产完成的待销机床等。在本企业内不再需要继续加工的半成品，经检验合格供对外销售，也为成品。如自行车厂生产完成的供外厂配套用或供销售的零件；机床厂生产完成的供外厂配套用或供销售的零部件等。——译者注

3　在随后的一篇文章里，我承认，依照上述规定的关税税率，恐怕不太可能取得那样的巨额收入，看来4000万英镑是一个比较可靠的估测。

▲密西西比河棉花种植园的理想化视图。 第一次世界大战结束后，欧洲到处缺钱缺粮，饥民充斥城乡。协约国首脑任胡佛为救济与复兴署署长，直接向他们负责，以解决战后的食品短缺

方法计算的出口退税[1]后，对出口品成本的影响是非常小的。要是万一世界价格又恢复到1929年时的水平，则应取消这些关税。至于自由贸易主义者方面，根据其宗旨，他们应该不会反对这一决定的。

与其他任何备选方案相比，这一措施的独特之处在于它既可以缓和预算方面的迫切问题，同时又可以恢复企业界的信心。如果有人认为，当前在不借助财政关税的情况下仍可以拟定出一个明智而又审慎的预算方案，那我会说，这是绝对不可能的。但它的优点还远不止这些。它还能够促进进口国生产进口替代产品，这将会增加进口国的就业机会。同时，它还可以缓解贸易平衡方面的

1 出口退税其基本含义是指对出口货物退还其在国内生产和流通环节实际缴纳的产品税、增值税、营业税和特别消费税。出口货物退税制度，是一个国家税收的重要组成部分。出口退税主要是通过退还出口货物的国内已纳税款来平衡国内产品的税收负担，使本国产品以不含税成本进入国际市场，与国外产品在同等条件下进行竞争，从而增强竞争能力，扩大出口创汇。——译者注

压力，从而可以为支付扩张政策所必需的额外进量，以及伦敦给予贫困债务国的财政贷款，提供一笔急需的资金。实行财政关税会限制某些商品的进口，从而掠走世界其他地方的购买力。通过增加进口与提供贷款的方法，我们就可以从其他方面恢复这些地方的购买力。有些狂热的自由贸易主义者也许会指出，进口关税对出口产生的不利影响将使上述所有想法化为泡影；但是事实却并非如此。

自由贸易主义者也许会坚持认为，财政关税是我们应急用的口粮，只有在出现紧急情况时才能做一次性使用。现在这种情况已经出现了。凭借喘息的时间和由此给我们带来的财政余力，我们可以拟定一项国内及国际的政策计划，以便对抗紧缩主义观念和畏惧心理。

另一方面，自由贸易主义者如果拒绝这些权宜之计的忠告，那么结果必然会是导致现任政府四分五裂，取而代之的新内阁在信心危机的混乱局面下，必将全力执行完全的贸易保护主义纲领。我并非不习惯于居于少数派地位，但是这一次我却相信，会有90%的同胞们赞同我的观点。

二、金本位取消前夕（1931年9月10日）

整个国家的精神力量正被引入歧途，除非我们比以往任何时刻更集中精力，去分析当前问题的实质，否则我们将碰到很大的麻烦。

目前，全国、地方以及个人都将注意力集中在“节俭”上，而“节俭”就意味着要采取消极行动措施，对于促使生产力转化为实际生产活动的开支，则全部予以否认。如果我们把“节俭”作为应尽的职责而大力倡导，也许会造成十分可怕的影响，最终导致我们国民生活的整个系统发生动摇。

在5月份报告提出的节俭方案中——按一般原则上它是否可行，这里暂且不予考虑——所列出的条款几乎都确信无疑会引起失业的增加、企业利润的降低以及国家岁入的减少；我曾做过计算，节俭1亿英镑可能带来的预算赤字净减额不会超过5000万英镑。如果有人认为这样的节俭方案不会对需要救济的失业者人数或者当前的税收收入产生任何影响，那简直是自欺欺人——除非我们的真正目的是国外金融家的利益而故做预算平衡。

如果我们将一切形式的“节俭”措施全部付诸实施，从逻辑推断来看，最终我们将达到预算平衡，因为收支双方都将为零。由于节俭的缘故，我们彼此都拒绝购买对方的劳务，结果是我们所有人都奄奄一息、束手待毙。

首相曾说过，现在的情况就像又发生了一次战争一样，对此，许多人都没有异议。然而事实却刚好相反。在战争时期，停止一切可以暂缓的支出是有用的，因为这样可以将资源用于无休止的战争需求。但现在我们为什么要去节省资源？难道想让人站到街道的角落里，靠救济度日？

现在的情况是，一方面我们存在大量的失业人员，而另一方面却又存在各种各样的闲置资源。站在国家的立场上看，在这个时候实行节俭只有减少我们在进口品上的消费这唯一的好处。其他方面来看，它的效果则完全体现在失业、企业亏损和储蓄减少上。就以减少进口这一方面来说，这也是一种十分间接、浪费的方式。

如果节俭的结果使一部分人失业了，政府雇员的收入也减少了，以致受到直接或间接影响的那些人无法购买同往常一样多的进口食品，则可以在一定程度上使国家的财政状况得到缓和。但这不会超过总节俭额的20%，剩下的80%则完全被浪费掉了，要么表现为纯粹的亏损转移，要么由于英国国民彼此拒绝购买对方的劳务而引起失业。

我所说的这些都是千真万确的，可让我怀疑的是，呼吁实行节俭计划的成千上万人当中，是否有人对因此而产生的真正后果有哪怕是一点点模糊笼统的概念。

我并不打算否认存在预算问题。正相反，我认为目前预算的状况主要是因为其他一些原因造成的，而节俭本身不能消除这些原因，反而会使情况更加糟糕；因此对于预算问题，如果单纯从节俭计划着手去解决，可能性很小。

目前我们困难的根本原因到底在哪里呢？很大程度上归于世界经济的萧条；

直接缘由是财政当局高层人士的令人难以置信的轻率与鲁莽之举；初始缘由在于我们恢复金本位时，对因此将会引起困难的这种情况，根本没有一点本质上的认识。如果我们把目前的问题看作预算问题，就像对德国战后赔款视而不见，而偏把德国问题也看作预算问题一样，让人觉得荒谬可笑。

对于世界经济萧条，就目前情况来看，我们没有任何办法，因为现在我们已经丧失了拥有国际领导权的力量，而在1930年5月，我们似乎拥有这一力量。此外，当局在处理国际银行业务方面也欠妥当，由此造成的后果一时半刻也是无法修复的。最后，我们面临的选择只能是，对于当前的外汇金平价，要么继续坚持下去，要么就彻底放弃。

有关当局最终决定坚持不变，这样做的原因我可以理解，但对此我并不赞同。因为这一决定完全是在一种不理智的精神状态下做出的，而对于摆在我们面前的另一条选择道路，根本没有认真思考过。对于采取另一条途径时可能产生什么后果，当局高层人士对此也曾有过讨论和预测，但这一理性讨论的过程连10分钟的时间都不到。

在过去的十年间，现任内阁成员们做出了许多重要的决定，但其中大部分的决定让我们追悔莫及；我相信，这一次我们最终仍会对这一决定而感到懊悔。

维持现有金平价并不是目前问题的关键。我们已经不惜一切代价，继续维持金本位。而问题的关键在于，为了执行这一决定，除了明显需要筹集一笔外债以应付急需之外，究竟还需要做些什么？对此，内阁和公众似乎并没有一个明确的概念。而借债的结果，无非是把先前以英镑计量的借款，用以法郎和美元计量的借款来替代。但是不要指望我们能永远依靠外债。剩下的问题主要与改善当前在收入账户上的贸易差额状况有关。在我看来，这才是内阁应当重点考虑的地方。

在这一点上，可以采用的办法只有两种。一种是通过直接措施来限制进口（如果可能的话，再实行出口补助）；另一种是在全国范围内降低所有的货币工资。如果我们拒绝货币贬值的话，到最后我们也许就不得不同时采用这两种办法。

但现在的问题是，我们应当先采取哪一种办法。从第二种办法来看，它若能

▲1915年，农民在田纳西州采摘棉花。孟菲斯和约翰·卡尔文·库维特拍摄

完全起作用，必将引起工资的大幅度降低，还会引起社会公正和实际执行两方面出现异常困难的问题，也许还是无法解决的问题；相对来说，限制进口的办法则温和得多，所以如果不先试行第一种办法，那就有点不可理喻了。

碰巧的是，第一种办法还有其他一些重大优点。它不仅能够缓和外汇方面的紧张局面，而且相对于其他那些单一措施，它更有助于保持预算平衡；此外，如果我们希望实际增加企业利润、改善就业状况以及提高企业界的精神风貌和信心，那么这就是我们唯一可以采用的征税方式。

最后，据我所知，它是能获得公众舆论广泛支持的唯一措施。据可靠报道，前任内阁中赞成实行进口关税的比例是3对1，现任内阁似乎是4对1；而只有下一任内阁对此一致表示赞同。但现在提倡牺牲自我已蔚然成风，于是在自我牺牲的精神下，我们构思出了一个称为“国家主义”政府的新设计，其基本宗旨是，只要此政府存在，关于哪种才是解决当前困难最可行办法的这一点，每个成员都愿意放弃他自己的看法。

目前，我个人认为货币贬值是一个适宜的补救办法，但国内还没有一个有组织的政党以此作为行动方针；若将这个办法排除在外，我们还有另外三种办法可选。

第一，冒险振兴国内事业的发展，因为这总比被闲置着要好。

第二，普遍削减工资，考虑到社会公正，对于其他形式的货币收入者，也应尽可能地采取这一措施。

第三，严格限制进口。

对于当前的局势，如果我没有理解错误的话，这种"国家主义"政府实际上根本不准备采取上述三种办法。他们政策的目标是，在他们的能力范围内设法使更多人的生活水平下降，并期望由此可以部分地抑制进口。

不直接限制进口，而非要通过这种方式来限制进口，这简直是无稽之谈。或者他们想通过降低失业者的生活水平，同时将失业人数保持在300万以上的手段，来达到削减工资的目的。这难道真是他们所希望的吗?

因此，为了达到限制进口的目的（如果人们真的想这样），任何明智的人都会采用直接的方式，而不是采用那些无端浪费的措施。即使是内阁成员们，他们现在也肯定会对其所制定的政策方针有所疑虑。

三、金本位取消之后（给《泰晤士报》的一封信，1931年9月28日）

直到目前，我一直在劝告自由党人[1]和其他一些人士，建议他们实行普遍的财政关税，以此来减轻由国内外货币成本之间明显差异所造成的影响。但上周发生的一些事件，导致情势发生重大的变化。在当前的英镑金价下，从众多方面来看，英国的生产者也许是世界上成本最低者中的一员。在这种情况下，我们不能再若无其事地袖手旁观下去了。只要通货问题没有彻底得到解决，就不可能理性地讨论关税问题。因为除非我们对与黄金相联系的英镑价格将来可能的水平有更多的了解，而且更重要的是，除非我们知道有多少其他国家打算效仿我们；否

1　我所认识的主张自由贸易的朋友们，并不是都像我以前所想的那样带有偏见。当财政关税已不再需要的时候，他们当中却有很多人赞成该措施。

则，关于我们竞争地位的未来前景就无从谈起。

我想声明一下，眼下需要关注的不再是关税问题，而是通货问题，后者才是当前亟待解决的重大问题。它现在还是一个非党派的问题，对此还没有一个政党派别提出过明确的看法。因此，可以把它作为非党派问题来处理。但绝对可以肯定的是，将它牵扯到大选中去是不合适的。通货问题为我国恢复在国际金融领域上的领导地位提供了绝佳的机会。我们或许可以引领整个大英帝国，以及让半数以上的世界其他国家跟随我们的步伐，从而在坚实的基础上重新确立英国金融霸权的地位。如果整个国家在这个问题上争执不休，而对另一个迫切而重要的通货问题置之不理，那将是愚蠢和错误的。我们应当全心全意、团结一致，为我们自己和世界其他国家，规划一个健全的国际货币政策。若有人认为即便没有这样一个政策，照样可以重现昔日的繁荣，或者认为可以用关税政策来替代，那简直是在痴心妄想！当通货问题解决之后，我们就可以在坚实的基础上，回到对关于保护关税及其他问题上的讨论；而那时才是大选的好时机。

第七篇　金本位制的结束（1931年9月27日）[1]

我们终于挣脱了黄金桎梏的束缚，英国人听到这个消息后，几乎所有人都为之欢呼雀跃。我们觉得自己终于自由了，终于可以不受束缚地去做一些明智的事情了。不切实际的浪漫时代已经结束了，现在我们可以实事求是地探讨一下，什么样的政策才算是最佳的选择。

最终给我们带来巨大灾难的金本位制，在最初决定实施时却受到了人们极大的拥护，现在回想起来的确有些不可思议。但经历这些后，现在我们终于明白了，不能人为地去强迫通货高出其实际价值，这一决定对英国的贸易与工业是十

1　英国于1931年9月21日宣布放弃金本位制。

▲1912年大选时，一幅支持民主党的漫画。它主张通过降低关税来进行税收改革，声称“共和党的关税要对高生活成本负责”

分有利的。

对于这一决定，内部意见过去之所以不能达成一致，主要是因为各人的观点不同。难以做出决定的是有关道义的问题。伦敦有关当局认为按照已有的币值，已经从国外吸收了大量的存款，因此负有道义上的责任，应当竭尽全力去维持货币价值，即便这样会让英国背上难以承受的负担也在所不惜。那么我想问，在何种程度上——这本来就是个难以回答的问题——我们才能名正言顺地把自己的利益放在第一位呢？

当前大局已定，我们已经从过去的痛苦磨难中走了出来，至于满足道义上的要求，就整个世界来看，可以说我们已经用尽全力，对此我们问心无愧。因为我们是在迫不得已的情况下才废除金本位的。在过去几周，英格兰银行已经支付了价值2亿英镑的黄金及其等价物，大约占到伦敦所有国外债权的一半之多，而与此同时，伦敦向国外出借的资金则大部分被冻结了。可以说，我们已竭尽仁义之道，相信没有哪个银行家会比我们做得更多了。伦敦将从废墟之上东山再起，但其信誉并未受到损伤。为了维护信誉，它那近乎堂吉诃德[1]式的充满幻想的、不切实际的、愚蠢的冒险行径，几乎使英国的商贸完全陷入停顿状态。

难怪从金本位制中解脱出来后，我们感受到了一丝经济复苏的曙光，证券交易价格青云直上，奄奄一息的工业又龙腾虎跃起来。因为英镑汇率的降低，比方说降低25%，所产生的效果与同一比率的关税来限制进口一样；但关税对我们的出口来说并没有多少益处，或许还可能产生不利的影响。如果英镑贬值25%，却会相当于使出口获得了相同的补助，从而有助于国内生产者与进口相竞争。

在许多行业中，英国制造商的生产成本，若以金计，则在世界上肯定是最低的。我们获得这些优势的同时，既没有削减工人的工资，也没有出现劳资纠纷。我们是在一种对社会各个部门绝对公平的方式下取得这一成就的，与此同时，也没对生活费用造成任何严重的影响。由于进口品占我们消费总量的比例不到1/4，因此我认为，英镑必须贬值25%以上，才有可能使生活费用提高10%。英镑贬值不会给任何人造成严重的困难，因为它只是恢复两年以前的情况。同时它还将对就业产生极大的刺激作用。

我认为，在随后的几天内，对于英镑汇率到底会降低到什么样的水平这一具体数字，我并不想加以预测。但英镑汇率也许将出现大幅的降低，甚至低于冷静的核算者认为体现平衡时的水平。到那时，希望从英镑汇率降低中获利的投机活动，将与出于恐慌心理下的抛售行为，会相互抵消对英镑的影响作用，从而使英镑汇率基本保持不变。当局最初容许英镑汇率达到如此高的地步，这是一个很大的错误，因为英镑汇率的未来走势必然是逐步降低的，最终达到一

1　《堂吉诃德》，长篇小说，西班牙塞万提斯作于1605—1615年。穷乡绅堂吉诃德读骑士小说入了迷，决定仿效骑士的生活。于是穿上盔甲，骑着一匹瘦马，带着侍从出门行侠。结果闹了许多笑话，吃了无数苦头，直到临终才清醒过来。堂吉诃德的名字已经变成一个具有特定意义的名词，成了脱离实际、热忱幻想，主观主义，迂腐顽固，落后于历史进程的同义语。革命导师马克思、恩格斯、列宁在著作里不止一次地提到堂吉诃德。堂吉诃德的形象在今天仍保持它的意义。——译者注

个接近真实的水平；但这一下降过程势必将削弱人们的信心，使愚昧无知者产生以为下滑趋势将无法扭转。而那些原本过分乐观的人，也有可能因此而心虚，从而屈从于过度的悲观主义。但是悲观主义同乐观主义一样，都没有什么根据的。英镑的均衡价格同一个月前并无不同。当英镑价格下降过多时，自然会有强大的力量来对它加以支持。我的判断是，目前还不存在能造成英镑价格灾难性下跌的风险。

总之，上述的这些只是在英国产生的影响及后果。那么世界其他国家将会受到什么样的影响呢？从实际情况来看，影响及后果因地而异，各有不同。让我们先来看一下某些债务国家，如澳大利亚、阿根廷和印度，英国在过去曾向它们出借了以英镑计的巨额贷款，其到期利息同样以英镑计。对于这些国家来说，英镑的贬值就相当于我们在债款方面做出了巨大让步。而后它们在偿还以英镑计的债务时，就可以用数量比以前要少的商品来偿还。每年国外欠英国的利息大约有1亿英镑，就这一数额而言，英国当前所表现出来的，是一位极为通情达理的债权人。鉴于近来商品价格的大幅下跌，导致情况发生了重大的变化，英国方面便酌情减少了所需偿还的债款数额。

现在我们来看一看其他一些工业国家，相比较而言，英镑贬值对这些国家所产生的影响会比较复杂。由于在与这些国家的竞争中，我们处于相对有利的地位，因此我预计，世界上绝大多数地区，会效仿英国降低它们货币原有的金值。已有迹象表明，许多国家不准备再用高昂的代价来维持黄金平价。就在最近几天，加拿大、意大利及斯堪的纳维亚已经转向我们。印度、英属殖民地，包括海峡殖民地在内，已经自动地采取紧盯英镑的政策。澳大利亚和整个南美洲也已经放弃了维持外汇平价的努力。我想不用多久，德国也会紧随我们之后。可想而知，荷兰会任由荷兰东印度群岛为金平价所束缚，坐视那里的橡胶业和糖业遭到毁灭性打击而不管吗？强烈的动机必将驱使世界上的大部分地区步入我们的后尘。尽管通货紧缩给我们造成了一些困难，但情况并不十分严重；而相比之下，给其他大多数国家造成的困难要严重得多。

▲一只有效的攻城锤在合适的人手里，劳工和商人使用撞锤打破高保护关税的壁垒。1902年7月9日，在帕克出版的乌多·凯普勒的漫画

就目前的情况来看，我们以及所有效仿我们的那些国家都将从价格的提高中获利。但我们当中，却并没有一个会以牺牲其他国家的利益为代价，而从中获得竞争优势。因此在竞争上处于不利地位的，主要是那些少数依然保持金本位制的国家。于是，米达斯的噩运将降临到这些国家的头上。因为它们出口商品时除黄

金外不接受其他交易物，长期发展下去，其出口业必将逐渐萎缩直至消亡，最终它们的对外贸易既不会产生顺差，也无法得到来自国外的存款。因此，我们将会预见到，对于法国和美国两个主要国而言，因为它们自己的行为，其出口贸易必然会受到损失。由于战争和战争协定的缘由，使世界其他国家对这些国家欠下了大量的债款，而它们却设置关税壁垒，阻止债务国以商品来偿还债款；同时它们也不愿向债务国贷出贷款。它们已经吸纳了全世界几乎所有的剩余黄金。因此，对于世界其他国来说，要保持偿还债务的能力及尊严，从逻辑上说，只有不再购买这些国家的出口品这一条路可走。只要金本位继续存在——意味着国际商品价格在任何地方都必须保持一致——就必然会引起竞争性的通货紧缩，我们每一个国家都力图使自己的价格下降得比其他国家快，如此一来，失业必然增多，企业的亏损也将达到令人难以承受的地步。

而只要金汇兑本位制[1]一结束，问题就解决了。相对于其他国家的货币而言，由于法国和美国的货币增值幅度过大，这将使得两国的出口商无法向国外出售它们的商品。如果这两个国家继续坚持近来所采取的政策，只会给出口业带来灾难，而不会产生其他任何的结果。它们无意毁灭自己的出口业，常言道“解铃还须系铃人”，也只能由它们自己采取必要措施，才有可能会恢复。此外，货币升值也必然会给它们的银行系统带来严重困难。美国事实上是给世界上其他国家出了一道难题，即各国应当积极寻找一条不依赖于它的小麦、铜、棉花及汽车，而独立发展的道路。这道难题，也许只有一个解决办法，最终我们已被迫找到了这个解决办法。

然而，以上某些过激的表述，并非我真正的本意。我们所被迫采取的解决办法，尽管使我们缓解了燃眉之急，把紧张局面转移到了其他国家，但实际上这种办法不管对哪一个国家来说，都是无法令人满意的。可以说，没有美国商贸的复

1 金汇兑本位制度，金本位制废除后兴起的一种本位制度。实行这种制度的国家，本身既不发行金币，也无须贮存专用于对外支付的黄金，而是通过购进当时在采用金本位制的某一个国家的有价证券作为外汇储备，把他们的货币汇价间接地同黄金联系起来，等于也实行了金本位制。这种金本位制又称“虚金本位制”。——译者注

兴，世界经济也就没有繁荣的希望。世界所有国家都是密切相关的，和平、信心以及协调一致的经济均衡，应当是我们唯一值得争取的目标。

我相信，上周发生的重大事件，将开启世界货币史上全新的一章。我希望由此可以冲破存在于国家间的似乎难以逾越的壁垒。现在我们需要共同进行密切而坦诚的协商，去为我们将来的事业做出更好的安排和筹划。从1930年6月起，美国总统似乎如入睡一般。而在此期间，却有许多重大问题需要他给予关注。然而美国一直保持沉默，不闻不问，这种神秘的气氛笼罩着整个白宫，直到现在依旧好像没有散去。是不是我们找到的解决办法总是不够及时，总是姗姗来迟呢？我们能不能邀集全世界3/4的地区，包括我们整个帝国的代表，请他们在英国同我们携手，规划一个能使商品价格保持稳定的新货币制度呢？或者，我们不妨考虑重新启用金本位制，当然，其原有的内容必须彻底改革，新订条款必须严谨周密。关于这些条款该如何考虑和确定，金本位各国对此是否有兴趣参与讨论和研究呢？

第三部分

未来展望

第一篇　点评《克利索尔德》

威尔斯[1]先生和他的出版商采用了独特的方法，因此他的最新著作被反复评论了三次，现在若要再对此发表意见，就有点多此一举了。然而，在先是浏览了这些评论，加之又拜读了这部力作之后，我对这些专业评论家们的言论深感不满。现代批评家的一个弱点是缺乏辨别能力，他们无法将不同的事物区分开来。甚至威尔斯先生所采用的写作形式也使他们百思不得其解。这些评论者搞不清威尔斯先生追求的目标是什么，他们好比买椟还珠，留下了自认为是好的东西，却把威尔斯先生奉献给大众读者的精华丢弃了。也许他们的感受力欠佳，无法体会到作者丰富多样的情感、宽广的胸襟，以及博大的气魄。作者以粗犷洒脱的笔触勾勒出这幅巨作，想吸引千百万读者的目光，并指引他们的思想前进。

威尔斯先生在此所呈现的，不仅仅是他自己的观点，也并不局限于他个人的经历以及生活方式，而是换了一个角度，提出了一个截然不同的观点。这是一个

1　赫伯特·乔治·威尔斯（1866—1946年），英国著名小说家，尤以科幻小说创作闻名于世。1895年出版《时间机器》一举成名，随后又发表了《莫洛博士岛》《隐身人》《星际战争》等多部科幻小说。——译者注

事业有成、思想开放、半科学的而又不自命不凡的英国企业家的经验。这部著作不是一件艺术作品，思想才是其主旨，而不是形式。这是一部富有教育意义的著作——如果你愿意，也可以称之为宣传品，它是试图把少数人所熟知的精神姿态传达给广大群众的一次尝试。

这部书五花八门，包罗万象，我将从中选出两个重要的、半经济性的主题来探讨。除此之外，书中的另一个主要话题是妇女问题——关于在现代世界中妇女与她们自己以及与克利索尔德式的男性可能发生的关系。作者以真诚的态度、深切的同情心及敏锐的洞察力来对待这个问题。这本书给读者留下了一种辛酸苦涩的滋味，这也正是作者的意图所在。

其中第一个主题是对保守主义的猛烈抨击，并一直强调变革的必要性和紧迫性、留恋过去的愚蠢，以及因循守旧的危险。如同威尔斯先生的早期浪漫文

▼1913年3月3日，从纽约市到华盛顿特区参加美国妇女选举权协会游行的妇女徒步旅行者

学一样，这部作品通过在浩瀚无穷的时空中凝神冥想，回眸过去，展望未来，给人以一种悠然自得的感觉（如果人生能永恒，也就用不着匆匆忙忙了）。而到了今天，时间机器的运转速度加快了，以致现在我们以飞快的速度前行，再也没有多余的时间让我们来回徘徊了。在我们的生活中，保守势力正面临着像恐龙一样的命运，被灭绝的日子指日可待。我们的思想、习惯和成见没能跟得上物质变革的步伐，两者形成了鲜明对比。周围环境的变化要比我们自身的变化要快得多，时代的列车行驶得太快，我们在车厢中跌跌撞撞，若是不及时抓紧栏杆，就会被甩下来。况且，保守主义看起来比自杀好不到哪儿去。唉，悲剧的恐龙啊！

同一件事情可能会存在两面性：一方面，我们裹足不前、处境岌岌可危，而时光飞速流逝，但还存在另外一个方面——克利索尔德也正是在此时出现了。如果一个人在他活跃的事业生涯中与时俱进，但他的习惯和生活方式却依然如故，这将使他何等的苦恼啊！在伦敦，那些用来褒奖成功人士的宴会和庆典，又会让他感到何等的没劲！这些东西经过社会的造作夸饰，已失去了原有的意义和一贯的乐趣，变得如此无聊！现代商业巨子有着丰富的建设性活动，但这些活动与他在办公时间之外的无所适从与彷徨，形成了极其鲜明的对比。此外，在其乐此不疲地赚钱牟利的事业中，有很大一部分活动是完全无用和毫无建设性的。对于实业家们那种极其深刻的苦闷心情，在本书第一卷中有一段精彩的描写：克利索尔德的父亲——公司的发起人，也是投机商，由于他感到百无聊赖，先是陷入了狂妄自大中，后来又涉及诈骗行为。因此，让我们用双手把社会生活这块胶泥塑造成我们自己的现代形象吧。

威尔斯先生着重指出了在现代生活中被人们长期忽略的特征，即我们的寿命比前人更长。更为重要的是，以前是健康和精力衰退的年龄段，而现在我们却可以继续保持良好的状态，但在今天大部分人渴望获得以前只有少数人才能期望的持续活跃期。实际上，我可以进一步补充，在我看来威尔斯先生忽略了这样一个事实——在一个规模迅速扩大的人口当中，其平均年龄要比人口稳定时低得多。

与过去50年相比，这一特征在今后的50年中将会更加显著。例如，在今后两代人的时间内，我们的人口规模可能会达到一种稳定状态，但将会很快发生下面的这种情况：与最近几年相比，老年人（比如65岁及以上者）占总人口数的比例将增加约1倍，而中年人（比如45岁及以上者）占总人口数的比例将增加大约50%。19世纪手握实权的那些人与16世纪的这类人相比，在平均年龄上要高出15岁以上。在20世纪之前，如果我们能在明显的体力及脑力衰退理由之外，找到使高级职位空缺的其他有效方式，否则这个平均年龄可能还会再增加15岁。克利索尔德（在他60岁时）对于这一趋势的看法与我的有所不同，他看到的是益处较多，而弊端较少。当人们年纪大了，他们大多会更加看重金钱和安定的生活，创造和建设的激情则日趋衰退；并且在他们对具体问题的理性判断力明显衰退之前，这一过程早早就开始了。相对于年轻人性欲色彩弥漫的世界，威尔斯先生偏爱年长者的世界，这也许是有道理的。但是这个年长者的世界与中年人金钱气味浓郁的世界之间，只不过是一线之隔。即使从最好的结果来看，我们也会被身强力壮的“退休者”这一骇人听闻的问题所吓倒。关于这一点，威尔斯先生自己对里维埃拉地区常住的外来居民的绝望描写，就是一个充分的例证。

因此，我们现在正生活在一个日新月异但又难以让人称心如意的时代。大多数人，尤其是那些时代先锋们，发现他们自身与周围的环境格格不入而难以适应——在天真无邪上，他们不及前人；而在老练圆滑上，他们又比不上后来者。因此，他们远没有这两者快乐。对于那些热衷于实际行动的人，威尔斯先生所做的诊断，与埃德温·缪尔[1]先生在他那部十分有趣的批判性著作《转变》中，对那些投身于艺术事业或沉浸在冥思苦想的生活中的人所做的诊断，本质上没什么区别。根据缪尔先生的说法，我们时代最有影响力的作家们都是郁郁寡欢的。他们对任何事物都不能信心满怀地加以支持或予以反对，结果他们的作品未能完美展现出他们的天资和才能，与那些在比较快乐的时代所产生的作品相比较，更是相

1　埃德温·缪尔（1887—1959年），苏格兰诗人、文学评论家和翻译家。他高度个人化、哲理化的诗歌以一种直接而朴素的风格写成。——译者注

形失色——枯燥乏味、残缺不全、捉襟见肘、苍白无力，正如他们自己对宇宙万物的感觉一样。

第二篇　经济前景展望

当前，关于经济前景的悲观论调不绝于耳。我们常能听到人们说，经济快速发展的时代已经过去，曾经迅速改善的生活水平也开始放慢了步调——至少在英国是如此。在将来十年中，我们看到的将是繁荣程度的减退，而不是高涨。

我认为上述说法是对当前经济状况的一个严重误解。我们正在遭受的痛苦，不是老年性风湿疼痛，而是因为成长过快引起的成长之痛，是不同经济阶段之间重新调整的过程所引发的痛苦。技术效率的提高速度超过了我们能够解决劳动力吸收问题的速度；提高生活水平的步伐迈得也稍大了一些；世界的银行与货币制度阻碍了利率的下调，致使货币的供求平衡无法迅速得到恢复。即便如此，由此所造成的浪费和骚乱，其影响只不过涉及国民收入的7.5%；即我们在每1英镑中浪费掉了1先令6便士，剩下了18先令6便士，而假如我们更明智一些，可以得到整整1英镑。但尽管如此，现在的18先令6便士也与五六年前的1英镑价值相当。可我们却忘了，英国工业的实际产出在1929年达到了历史最高水平，而且我们的国际收支余额在偿付了所有的进口商品后，可用作新增对外投资的净顺差额比世界上任何一个国家的相应余额都高，甚至比美国还要多50%。为了方便比较，还可以再假设把我们的工资降低一半，国家债务也消减4/5，将剩余的财富以不能生利的黄金形式贮藏起来，而不是按6%或更高的利息将其贷放出去，那我们的情况就会与当前人们羡慕不已的法国差不多。但这能算是一种改进吗?

世界经济大萧条、失业大军、我们曾犯下的灾难性错误，所有的这些使得我们对于隐藏在表面现象之下的一切视而不见，对于事物发展趋势的正解充耳不闻。悲观主义对此有两种对立的论调：一种是革命者的悲观主义，他们认为事态已经恶化到了无以挽回的地步，只有进行激烈的变革才有一线希望；另一种则是反动分子的悲观主义，他们认为我们的经济与社会生活之间的平衡已经被打破了，经不起任何的冒险尝试。但在我看来，这两种论调都是错误的，这一点，将在我们这代得到验证。

然而，撰写本文的目的并不在于详细探究当前或即将出现的情况，而在于使我们能够摆脱短视的眼光去眺望遥远的将来。对于100年后的经济生活水平，我们可以做出什么样的合理预期呢？我们子孙后代的经济前景又是如何呢？

自有史料记载以来，从公元前2000年到18世纪初期，生活在世界各个文明中心的人们的生活水平并没有发生什么太大的变化。当然，在这期间难免会有些起伏。瘟疫、饥荒、战争等天灾时有发生，还出现过若干短暂而繁荣的黄金期，但从总体来看，不存在渐进或激进的变化。一直到公元1700年为止的4000年间，某些时期的生活水平也许要比别的时期高出50%，但至多不会超出100%。

这种缓慢的发展速度或停滞，是由两个原因造成的：一是极度缺乏重大的技术革新，二是未能进行资本积累。

从史前时代到近现代这一漫长期间，始终没有什么重大的技术革新，这一现象的确有点不同寻常。从近代开始，世界所拥有的重大成就，几乎每一项在历史发端期就为人们所知晓：语言，火，与今天一样的家畜，小麦、大麦、葡萄和橄榄，耕犁、车轮、桨、帆、皮革、麻布和织物，砖瓦和罐壶，黄金和白银，铜、锡和铅——铁是在公元前1000年前被发现的——银行学、治国之道、数学、天文学和宗教。至于我们最先在什么时候开始拥有这些事物的，并没有相关的史料记载。

在史前的某些时期——也许是在最近一次冰河世纪之前的某个比较安乐的间歇期——一定存在过一个进步和创新的时代，这个时代完全可以比得上我们当前所生活的时代。但在整个有历史记载的大部分时期里，并未出现过这种情形。

我认为，近代时期起始于资本积累，而资本积累是从16世纪开始的。我相信——我不方便在此说出原因，以免干扰到大家——这最初是因为西班牙把金银财宝从新大陆带到旧大陆，从而引起物价的上涨，并带来利润的增长。从那以后，按复利计算所累积起来的资本力量，仿佛沉睡了许多个春秋之后，又重新苏醒过来并恢复了活力。而复利作用展现出的威力简直超出了人们的想象。

在此，我用我所做的计算来说明这一点。目前英国的对外投资总额大概有40亿英镑，这能为我们每年带来大约6.5%的利息收入，我们把这笔收入的一半拿回国内使用；另一半，即3.25%的利息收入，则让我们在国外按复利计算积累起来。

我认为英国对外投资的开端可追溯到1580年，那一年德雷克[1]带着从富庶的印度掠夺来的大量战利品回到了英国。伊丽莎白女王是当时资助这次远征的辛迪加财团的一个大股东。她清偿了英国的所有外债、平衡了自己的开支预算，最后竟发现手里还剩下4万英镑。随后她又再把这4万英镑投资到了业绩斐然的东方公司。东印度公司就是靠从这个公司中所分得的那份利润起家的，而东印度这个巨头公司的利润又为英国的对外投资奠定了基础。4万英镑以3.25%的复利累积起来，得出的数额与英国在各个时期对外投资的实际总额近似相等，如果算到现在的话，这个数额总计应该为40亿英镑，而这正是我在前述已经引用过的英国目前对外投资的总额。如此一来，德雷克在1580年带回来的那些财宝，由原来的1英镑已变成现在的10万英镑。可见复利的威力果真不凡！

自16世纪起，科学和技术发明的伟大时代已经来临，自18世纪后这个势头日益增强，从19世纪初开始，更是进入了鼎盛时期——煤炭、蒸汽、电力、石油、钢铁、橡胶、棉纺、化工、机械自动化、批量生产、无线化、印刷术、牛顿、达尔文和爱因斯坦，还有其他家喻户晓的人和物，成千上万、不胜枚举。

这一切引起了什么结果？尽管世界人口有了大幅增长，还有为这些人口配备

1 弗朗西斯·德雷克，1540年出生于英国德文郡一个贫苦农民的家中，从学徒干到水手，最后成为商船船长，而赞助人就是当时的伊丽莎白女王，当时的英国虽然已经开始过渡到生产力急速发展的资本主义时期，但由于原始积累不够，还并不是什么航海大国。——译者注

▲19世纪时，蒸汽动力和电力改变了人们的生活，我们可以从图中看到蒸汽机、电报、机车和蒸汽船，该图绘制于1876年

住房和机器设备，但我认为，欧洲和美国的平均生活水平仍然提高了近4倍。而资本增长所达到的规模要比我们所知的先前任何时代高出上百倍，并且今后世界人口未必会再次出现如此大幅的增加。

如果资本每年增长2%，那么世界资本设备在20年里将会增加50%，在100年里将增加7.5倍。我们可以从物质方面来想象一下这种情景，比如住房、交通运输之类的。

同时，近十年来，在制造业和运输业方面的技术改进，其速度也是绝无仅有的。1925年美国的人均工业产出比1919年提高了40%。在欧洲我们被暂时的障碍所牵绊，但即便如此，我们仍然可以断言，技术效率总体上每年至少提高1%。有证据表明，尽管革命性的技术革新主要发生在工业领域，但很快将会扩展到农

▲棉纺织业既是英国工业革命的领头羊，也是19世纪全球体系的缩影

业方面。粮食产能的提高，将与矿业、制造业和运输业取得同样巨大的进步，而我们也许正处在这种巨变的前夕。在多年之后——我的意思是在我们这一代——也许只需付出原来人力的1/4，就能够完成在农业、矿业和制造业方面的操作了。

就目前而言，这些快速的变革正让我们伤透脑筋，并且还带来了不少亟待解决的难题。那些处于落后的国家，也正遭受着同样的痛苦。一种新的病种正在折磨着我们，有些读者可能还没有听说过它的名称，不过在今后几年内将会频繁听到——这种病的名字叫“由技术进步而引致的失业”。也就是说，这类失业是由于我们发现节约劳动力使用方法的速度远超过我们为劳动力开辟新用途的速度。

这只是经济失调的一个短暂阶段。从长期角度来看，人类最终会解决其经济问题。我认为，100年后进步国家的生活水平要比现在高4~8倍。根据我们目前的知识，这是在意料之中的，而且即便是做更乐观的预估，也并非痴人说梦。

为便于讨论，我们不妨假定100年后这些人的经济状况平均要比现在好上8倍。这确实没什么好惊讶的。

毫无疑问，人类的需求是永无止境的。不过，人类的需求又可以分为两种——一种是绝对需求，也就是说，不管身边的其他人境况如何，这种需求始终会存在；另一种是相对需求，也就是说，只有当满足这种需求可以让我们凌驾于他人之上，并给我们带来一种优越感时，我们才会有这种需求的感觉。其中第二种需求，即满足优越感的需求，也许才真正是无止境的，因为当一般水平提高了以后，这种需求也会随之提高。绝对需求也许很快就能达到，并且也许还要比我们大家所意识到的快得多，而当这些需求得到满足后，我们才愿意把精力放到非经济的目的上去。

现在说说我的结论。我想，若您对这个结论思考得越是深入，就会发现它越发的令人诧异。我得出的结论就是，假定没有爆发大规模的战争、没有大规模的人口增长，那么“经济问题”可能会在100年内得到解决，或者至少可以说有望得到解决。换句话说，如果我们遥望未来，经济问题并不是“人类的永恒问题”。

您可能会问，人们为什么感到诧异呢？这确实是令人惊讶的。如果我们不是展望未来，而是回首过去，我们就会发现，到目前为止，经济问题、生存斗争，一直是人类主要的、最紧迫的问题——不仅是人类，而且在整个生物界，从生命的最原始形态之初开始，都莫不如此。

因此，人类是凭借他们的天性——包括一切冲动和最深邃的本能——为了解决经济问题而特意进化出来的。如果经济问题得以解决，那么人类就将失去他们传统的生存意义。

这对人类来讲究竟是福还是祸？如果你真的相信生命的真正价值，那么这一前景至少为我们展示了从中受益的可能性。不过，那些历经无数代人的孕育，已深深植入普通人之中的习惯和本能，要在几十年内把它们完全抛弃，以使我们脱胎换骨、焕然一新，是难于上青天的。考虑到这一点，我仍然忧心忡忡。

用今天的话来说，这会不会引发普遍的“精神崩溃”呢？对此，我们已有了不少体会。我所说的这种“精神崩溃”现象，在英国和美国富裕阶层的家庭妇女中是很常见的事。这些不幸的妇女，她们中有很多人被财富剥夺了传统的任务和工作，所以她们已无法从烹饪、打扫和缝补这类家务中获得足够的快乐，但又很难找到更愉快的消遣方式。

对那些为了一日三餐而奔波忙碌的人来说，闲暇是一件梦寐以求的乐事。而当他们终于可以闲暇时，才发现原来是另一番滋味。

有这么一段传统墓志铭，是一位打杂的女佣为自己而写的：

别为我悲伤，
朋友们，
别为我哭泣。
现在我终于可以清闲了，
永远，永远。

这就是她的天堂，就像其他渴望休息的人一样。她心里想，要是让别人来歌唱而她在一旁倾听，这种打发时光的方式将多么的美妙啊，因为在她的诗中还有这样两句：

天空回荡着圣歌和甜美的音乐，
而我在一旁倾听，什么也不做。

然而，只有对那些不得不歌唱的人来说，生活才算是差强人意的——而我们当中能够真正放声高歌的人又有几个呢？

因此，人类自从诞生以来，第一次遇到了他真正而永恒的问题——当从紧迫的经济束缚中摆脱出来以后，应当如何去利用他的自由？科学和复利的作用将为他赢来闲暇，而他又该如何来打发这段光阴，去聪明过活、享受惬意人生呢？

也许，那些唯利是图者会把我们大家带上经济丰裕之道。但当这种丰裕的日子来临之后，只有这些人能够从中获得享受，他们不会为了生活的手段而出卖自己，他们能够使生活的艺术永葆活力，并使之发扬光大，至善至美。

我认为，没有哪个国家、哪个民族能够在祈盼这种闲暇而丰裕的时代时，不带有任何的畏惧感。长期以来，我们一直被教导要去奋斗而不是去享受。对那些没有特长来寄托心身的普通人来说，这是个可怕的问题，尤其是当他再也无法植根于传统社会的土壤和他所挚爱的那些习俗之中时，这个问题就会变得尤为严重。从今天富裕阶层的作为以及所取得的成就来看，解决这个问题的前景尤为黯淡！因为这些人可以称得上是我们的先锋，他们在为我们探寻乐土福地，并在那儿安营扎寨。而他们当中的绝大多数人已经遭遇了惨烈的失败。所以我觉得，似乎只有那些有独立收入而又没有受到社会联系或职责约束的人，才有可能解决他们所面临的这些问题。

在今后的许多年里，我们的劣根性依旧根深蒂固，所以任何一个希望自己生活得舒心惬意的人就必须有所作为。相比现在的富人们，到那个时候我们将为自己做更多的事。如果有些什么任务需要去做，或者有些日常琐事需要处理，我们将乐此不疲。不过当工作量超过一定界限时，我们将尽量分摊每个人的负担，并且对于到那时仍然需要完成的一些工作和任务，我们也将尽可能进行分配，3小时换一次岗或每周工作15小时，也许可以使上述问题在长期内得以缓解。因为每天工作3小时足以满足我们大多数人的劣根性的要求。

另外，在其他领域也会发生某些变化，我们必须要预料到这种情况。当财富积累不再具有高度的社会重要性时，原先的社会道德准则会发生重大的变化。我们将可以摆脱200年来如梦魇般折磨我们的伪道德原则，在这些伪道德原则的影响下，我们一直把人类品德中某些最令人厌恶的糟粕视为至高无上的美德。到那个时候，我们将敢于按照其真正的价值观来对金钱动机加以评价。对于金钱的爱好作为一种占有的欲望——与作为获得享受、应对现实生活的手段的那种对金钱

▲《挤奶女工》，约翰内斯・维米尔绘制的油画。画面显示的是，在窗户的灯光照射下，一个年轻的女人把牛奶倒进了一个做饭的锅里，旁边是一个装满面包的柳条篮子

的爱好不同——将被认为是某种可恶的病态，是一种半犯罪性质、半变态的性格倾向，人们只好瑟瑟发抖地把它移交给精神病专家去医治。所有那些影响到财富和经济奖惩的分配及实施的各种社会习俗和经济手段，不管它们本身多么令人反

感、多么地有失公平，由于它们在资本积累方面有极大的促进作用，因此现在我们无论如何都要对其加以维护，等到那时我们将从中解放出来，并最终将把它们抛弃。

当然，到那时将仍然会有很多人带着强烈而贪婪的目的去追逐财富，除非他们可以找到某种合理的替代目的。不过，我们其余的人将不再负有任何义务去对他们表示支持和鼓励。我们每个人几乎都不同程度地被大自然赋予了这种“目的性”，不过到那时我们能够在比今天更稳健自如的情况下，去细致入微地探索这种“目的性”的真正特性。所谓“目的性”的含义是，我们更关心自己的行动在遥远的未来会引起什么样的结果，而并不太在意行动本身的性质以及对周围环境造成的直接影响。那种有“目的性”的人，总是试图通过把他对行动的兴趣向后推延以保证他的行动具有一种虚妄而乱真的永恒性。他所喜欢的并不是他的猫，而是他的猫所生的猫仔；实际上，他喜欢的也不是猫仔，而是猫仔的猫仔。永无止境地这么递推下去，最终他所追求的不过是抽象的“猫”的概念。对他来说，果酱并非就是果酱，即绝不是今天这罐看得见摸得着的果酱，而是想象中虚构的明天的那罐果酱。因此，通过把他的果酱不断地推到将来，去竭力确保这种行动能够将他的果酱化为不朽之物。

让我们给大家再说一下《西尔维亚和布鲁诺》[1]中的那位教授：

门外的人毕恭毕敬地说：“只是一个裁缝，先生，是来收账的。”

“嗯，我可以很快处理掉他的事情，”教授对他的孩子们说，“你们只需等一会儿。今年的账是多少，我的朋友？”他正说着，裁缝就已经走了进来。

“你晓得，这笔账可是每年翻一番，况且已经有好些个年头了”裁缝有点生硬地回答道，“我现在就想拿到现钱，是2000英镑！”

“噢，那算不了什么！”教授漫不经心地说，一边在口袋里摸索着，就好像他总是随身揣着那样数目的一笔款子似的。“不过，如果你愿意的话，为什么不

1　英国作家刘易斯·卡洛尔的作品，他的代表作是《爱丽斯漫游仙境》，该书是他在泰晤士河边讲给他朋友女儿爱丽斯·利迪亚的童话故事。在朋友的帮助下，该书于1865年出版。——译者注

再等一年，让它翻成4000英镑呢？想想看，那时你将多么富有！只要你愿意，你甚至可以成为一个‘国王’！”

“我还不知道我想不想当个国王呢，”裁缝若有所思地说，“不过这笔钱听起来的确数目不小！好吧，我想我还是再等等吧……”

“这就对了！”教授说，“我知道，你是个精明人。再见，我的朋友！”

“你真的打算过要付给他4000英镑吗？”那个债主走了之后，西尔维亚问道。

“怎么可能，我的孩子！”教授不假思索地回答，“他会让这笔钱一直翻下去，直到他寿终正寝为止。你想想，只要再等一年，这笔钱就会变成现在的两倍，这件事总是值得去做的呀！”

我们这个民族，曾不遗余力地将所允诺的“不朽”融入自己宗教的核心本质，但同时又不忘对复利原则进行大力应用，并且对这种“极有目的性”的人类种种制度也抱有特殊的爱慕之情，这种现象的发生也许并非偶然。

因此，我认为当达到这种闲暇而丰裕的自由之境后，我们将重新遵从宗教和传统美德中最确凿可信的那些原则——视贪婪为一种恶癖，视高利盘剥为一种罪行，而对金钱的爱好是令人深恶痛绝。而那些真正踏上德行高尚、通情达理的正道的人，他们对未来的忧虑是最少的。我们将再次重视目的而非手段，更在乎事物的有益性而不是有用性。那些能够诚恳地教导我们在生活中如何与人为善、如何过得充实而美好的人将受到我们的尊敬，他们这些可爱的人既不苦累如牛马，也不虚度光阴，还能够从事物中获得直接的快乐与享受，逍遥自在似神仙。

但请注意！上面所谈论的这一切现在还为时过早，至少还要再等上100年。而现在我们必须假惺惺地把美的说成丑的，丑的说成美的，只是因为丑的实用性很强而美的则用途不大。在未来较长一段时间内，我们依然得把贪欲、高利盘剥和谨慎奉为神明。因为只有它们能够将我们从那暗无天日的经济必要性的深渊中带出，走上康庄大道。

因此，我祈盼着，在不太遥远的未来，整个人类的物质生活条件能够发生翻天覆地的巨变。不过，当然这个巨变将是循序渐进的，而不会一蹴即至。事实上，这个巨变现在已经出现端倪。这一变化的过程中将会有越来越多的人、阶级和集团从那些已得到实际解决的经济必要性问题中解放出来。当这种状况得到普遍的发展以致“邻里关系”的性质发生变化时，我们就将会认识到其中的重要区别。因为当经济上的目的性对某个人来说已不再是合情合理的时候，对其他人来说却仍可能是理所应当的。

我们迈向经济上的这一极乐世界的步伐速度，主要取决于以下四点：第一，我们控制人口的能力；第二，避免战争和内讧的决心；第三，把理应属于科学方面的事务交由科学自己去处理的自觉意愿；第四，由生产与消费之间的差额所决定的积累速率。只要前面三个不出什么差错，最后一点就会变得轻而易举。

在我们进行经济性目的活动的同时，也应当支持生活艺术的发展，并进行一些尝试来为我们的最终目标做些适当的准备，这并不会有什么坏处。但首要的一点是，我们不能高估经济问题的重要性，不能为了它假定的必要性而在其他那些更重要、更具有持久意义的事情上做出让步。经济问题应该由相关专家来处理——就像牙疼该去找牙科医生一样。如果经济学家们能够付出努力，让自己成为一个像牙科医生那样平凡而又称职的人，那就太好了。

第四部分

后期论文

第一篇　繁荣之路

一、问题的性质

如果我们的贫困是源于饥荒、地震或战争，如果我们缺乏物质条件和资源就盲目进行生产，那么，除了艰苦奋斗、勤俭节约和发明创新之外，没什么其他道路能够通向繁荣。实际上，我们陷入了一种令人尴尬的境地。我们在头脑中进行无形的设计，然后做出决定，产生行动的意愿与动机，这些都是资源和技术手段得以发挥作用所必需的东西，正是由于这些方面出了问题才使得我们陷入今天的困境。这就好像两个在公路上相遇的汽车司机，由于双方都不清楚交通规则，因而彼此相持、不肯让步，从而不能顺利地错车而过。在这一问题上，他们自己的体力难以发挥作用，汽车技师也爱莫能助，道路状况再好也是无济于事。除非有一点明确的认识之外，其他都难以起到作用。

因此，我们面临的问题不是一个有关人的体力与耐力的问题；也不是一个工程问题或农业问题；甚至不是一个企业问题。同样，这也不是一个有关银行业的问题，即借助银行业以培养持久的往来关系，避免不适当托付的那些做出明智决策的原则和方法。更确切来说，作为经济理论与治国艺术的混合，这是一个政治经济学问题。

我之所以提醒人们注意这个问题的性质，是因为它能够为我们指明解决办法。在这种情形下，合适的解决办法应该来自某种可被称为“设计”的东西。可许多人并不相信设计，本能地怀疑其作用。有人认为，勤奋工作、忍耐、节俭、改善经营方式、更趋谨慎的银行业务都不重要，重要的是避免对事情做任何预先的设计，这才是摆脱困境的唯一出路。否则，这些人的车永远也不会顺利通过。即使他们通宵达旦、雇用更多清醒的司机、安装新的发动机，或者拓宽路面，他们依然永远无法通过，除非他们能够停下来仔细想一想，并与对面的司机一起商讨，做出一点小小的“设计”，让彼此同时靠各自的左边一点行驶。

从目前的状况中，我们会发现自相矛盾之处。但在下面所给的建议中，却不存在任何自相矛盾的地方。只需要对它进行某种无形的调整，或者说只需进行某种“纸面上的”改变，就能够创造奇迹。英国有25万建筑工人失业，但是建造更多的住房正是我们最大的物质需要，这的确是一件怪事。有人说，如果要始终坚持稳妥的财政政策和政治见解，就无法使一个人就业的同时又不让另一个人失业。对于这种判断，我们应该本能地加以怀疑。那些受到失业者支持的政治家认为，如果安排这些人去建造住房，那么不管是在现在还是未来，都会使他负重沉重，因为国家对此负担不起。对于这种看法，我们无法赞同。这些政治家还认为，增加用来供养失业的造船工人的国家财富，要比把这些失业者现在所耗费财富的一部分用以安排他们建设人类最宏大的工程，更为节约、划算。我们怀疑这种想法是否明智。

相反，我认为财富的创造可以增加国民收入，而在国民收入的任何增长中，相当一部分都将被逐渐充公到国库中去；支付失业者的生活费用是国库的一项最大支出，而其收入则来源于就业者收入的一部分。在接下来的章节中，我将对这一观点进行详细的阐述。不论读者是否认为这一观点的具体内容值得商榷，我都希望他会发现这正是他所想要的答案——这一答案与他的想法是不谋而合的。

另外，我还认为，如此高的税收已经损害了它要实现的目标，而只要能够给予充足的时间来收获果实，那么税收的减免将带来比促进预算平衡更好的机会。对这一观点也无须感到惊讶。如果换个角度来看，现在的情况就好比一个厂商由于经营发生了亏损而决定提高其产品价格；而当销路每况愈下、亏损日渐增大时，由于他仍对那种简单算术的正确性还坚信不疑，他会认为再次提高价格是一个明智的决定。当他的账本收支两栏都变为零时，他依然振振有词地宣称，在已经发生亏损的情况下降低产品价格毫无疑问是一种赌博行为。

不管怎样，现在时机已经成熟，可以考虑采取行动了。首先从英国国内事务着手，接着可以利用世界经济大会带来的契机实施一项积极的政策，对于这样做所能带来的多重利益我在此重新做了一番审视。虽然这次大会姗姗来迟，不过它也许仍然算得上是恰逢其时。因为这次大会正是在许多国家历经痛苦磨难之后，更加愿意考虑这样一项计划的时候来临的。世界正渐渐不再寄希望于“守株待兔”，即相信只要我们袖手旁观，一切就会自然而然地重新步入正轨。

二、国内的扩张

这类方案把发展国内资本作为恢复经济繁荣的手段，人们不愿对此加以支持，一般是由两个原因引起的——一则人们认为一个给定总额的支出所能创造的就业机会非常有限；二则因为这类方案通常需要大量的财政补贴，进而会引起国家或地方预算的紧张。这里有许多问题不易予以准确周密的解答。不过，我将努力阐明这一点，即对上述这两处疑虑的回答要比人们一般所设想的更令人认同。

据说，英国在公共工程上，每人每年的工作量所消耗的资本支出约为500英镑。这是依据在工作现场直接雇佣的劳工数量计算的。然而显而易见的是，公共工程所需要的物资和运输同时也创造了就业。如果我们把这一点考虑进来的话，以建筑业为例，每位就业者每年工作量所需要的资本支出估计大约200英镑。

然而，这种新增的资本支出如果以追加的形式，而不是用其他支出的替换，那么就业的增加将不会到此为止。追加的资本所带来的工资和其他花费的增长将追加购买，从而进一步地引发就业的增加。如果该国的资源已经得到了充分利用，那么这些追加的购买将会主要反映在价格的上涨和进口的增加上。不过，在当前的情况下，只有一小部分的追加消费会推动价格上涨以及进口的增长，因为国内还存在着大量闲置资源，大部分的追加消费可以在价格不发生明显变化的情况下得到满足；而且，由工人阶级购买力增长而引发的食品需求的增长，既会推动国内外农产品价格的上涨，也会促进其销售量的增加。对此，我们应该予以肯定。通过增加需求来提高农产品价格要比人为地限制其产量以提升价格的办法更胜一筹。

然而，我们还未达到终点。雇佣来生产追加资本品的工人会引致追加的购买，而为满足这些追加的购买所雇佣的新增劳动力也会进一步引致追加的购买，从而增进其他行业的就业，以此类推。某些热心的人注意到了这一事实的连锁反应，但却过分夸大了其总效果，甚至认为由此创造出来的新增就业量仅仅受限于收入与支出之间必要的短暂间歇，只受货币流通速度的限制。遗憾的是，并非想象中那般完美，因为在这一效应的每一阶段上都可能存在着一定比例的漏出。在每一阶段上，都有一定比例的新增加的收入不再传递到下一阶段的新增就业者手中。在这些漏出的收入中，一部分将被收入的获得者储蓄起来；一部分会随价格的提高，进而缩减在其他方面的消费，除非消费者花费的是其作为生产者的利润；一部分将用于购买进口商品；一部分则只是作为之前的救济品、私人赈济形式的消费或者是从个人储蓄中提取的支出；还有一部分收入则是因为没有对纳税人作相等程度的税收减免而被上缴国库。因此，为了能够对这一系列连锁反应的净就业效应进行总和，对于因上述多种形式损失的那部分收入的比例，必须做出合理的假定。如果有人对这种加总的技术方法感兴趣的话，我建议他参阅R. F. 卡恩先生于1931年6月发表在《经济学杂志》上的一篇论文。

很明显，恰当的假定应当根据条件与环境的变化而有所改变。如果闲置资源几乎不存在，那么正如我上面提到的那样，增加的支出将大部分表现在抬高物价和增加进口方面（事实上，在新增建设所带来的经济景气的后期，这是一个规律性的特征）。如果一个人在失业时获得的救济品收入与他在工作时得到的工资相等，并且救济品是以借贷的方式支付的，那么将完全不会产生任何的连锁反应。另一方面，目前救济品是以税款而不是通过贷款的形式来支付的（削减救济品很可能会提高纳税人的购买力），对于这个问题，在此不再做更多的阐述。让我们来思考一下，在目前条件下可能产生的某些具体方面的最后结果。

我们把由追加的借贷所提供的支出总额称作“初始支出”，把由这笔支出所直接创造的就业称作“初始就业”。在前面我已根据他人的计算估计出，200英镑的原始支出可以提供一人一年的初始就业量。为了说明这里所涉及问题的重要性，把这一估计作为大致的依据，对此我们没有理由怀疑其合理性与准确性。至于这笔贷款的目的，是为公共工程筹资还是资助私人企业，都无关紧要。在任何一种情形下，这笔初始支出都将产生一系列的连锁反应，从而引发可以简单地称作“次级就业”的效应。我们的问题是如何把初始和次级就业者加总起来，得出由给定的追加贷款支出所创造出的就业量，进而确定关于总就业量和初始就业量之间的乘数。

贷款提供的100英镑初始支出可分成两个部分：第一部分是由于某些原因而无法成为英国人手中的新增

▶1937年，非洲裔美国人在密西西比州从早上6点工作到晚上7点，一共13个小时，但报酬只有1美元

收入的那部分资金（这一点对于美国人也同样适用）。这一部分主要由以下几方面构成：①进口物品上的花费；②用于购买这类产品的资金，即非新近生产、而只是被转手的产品，例如土地，或出自库存（这些库存不再加以补充）的产品；③用于购买来自其他工作中抽调出的人力、设备等生产性资源的资金；④变成工资，并且替代了从用于救济的借贷资金中转移而来的那部分收入。第二部分是那些在英国人手中并可追加收入的资金，依据用于储蓄还是花销（花销在本文中包括收入领受者一切的直接支出，包括用于耐用品生产的支出），这部分资金又可分为两个部分。

要得出乘数，我们只需简单地估计一下这部分资金的比例，也就是说，在代表性的支出中，有多大的比例能够转化为人们的收入；而在这部分收入中，又将有多大比例用于开销。把这两个比例相乘，我们便能够得到初始支出流与次级支出流之间的比率，也是初始作用与第一次连锁反应之间的比率。第二次连锁反应与第一次连锁反应之间的比率也可以照此推出，并以此类推。这样，我们就可以加总出整个系列的连锁反应的效果。

用下面的例子来对这一抽象的论证加以说明。两年前英国的救济是以贷款的形式来发放补贴的，这意味着在计算支出中转化为追加收入的比例时，必须进行大量的扣除，不过在今天已没有这个必要。而如果两年后的就业状况比现在要好得多，那么也许也会有必要对耗费在仅仅是从其他用途中抽出来的资源上的支出进行大量扣除，因为闲置资源的储存越小，就越可能是因为支出增长而导致的结果。我任何时候都不准备对取自库存的物资作大量扣除，因为库存一般来说都很少，而且被提走的部分也会很快得到补充。我认为对由于多种原因导致的没有使收入增加的那部分支出作30%的扣除，而将剩下70%作为累积在人们手中的现时收入，是一个合理的估计。

在这部分追加的收入中又会有多大比例被转化为追加的支出呢？对于以工资为生的阶层，可以确切地认为，这笔收入中的绝大部分会被他们消费掉；而如果这部分收入是增加的利润、薪金、专业技能报酬，则其中的大部分将被储蓄起来。我们只能确定一个大致的平均数。例如，在目前的情况下，我们可以假定：在增加的收入中，至少有70%会用作开销，而有不超过30%的收入将会被储蓄起来。

按照上面的假定，第一次连锁反应将是初始作用的49%，或者大约为1/2；第二次连锁反应将是第一次的1/2，即初始作用的1/4；依此类推。只要懂得小学算术他就可以算出：1+1/2+1/4+…＝2，因此，乘数是2。不过，我们可以看到，总效应的7/8来自初始支出和前两次的连锁反应，因此时滞效应在此对结果的影响并不大。

需要注意的是，这里对由增加的需求所引起的任何价格上涨，都没有额外的补贴。价格的提高很可能是剩余资源在某些方面不再充裕的征兆，因此，新增支出中由其他用途转化而来的比重就将逐渐增大，而转化为新增收入的部分则会越来越小。更高的价格也可能意味着更高的利润，因此，新增收入中以利润作为表现形式并被储蓄起来的部分也就逐渐增大，而表现为工资形式的部分则逐渐减小。随着人们逐渐重新就业，以及与此同时价格的逐步上升，乘数也将逐渐缩小。显而易见的是，就提高工资而言，相对于一定工资支出的就业量也将逐渐减少。然而，这样的修正只有当我们的解决方案已经取得了很大成效时才是恰当的。在现阶段，由于种种原因，一定量的支出对于就业所产生的影响，要比将来闲置资源的余额缩减所带来的影响更为巨大。

为了说明乘数的合理估计范围，我们考虑一下其他假设条件下得出的结果。如果假设初始支出转化为收入的比例和收入中用于开销的比例均是60%，则得出的乘数为1.5，因为这两个比例似乎不可能比今天的70%更低，所以1.5也许可以被看作乘数的最低值。相反，如果假设上述两个比例都是80%，则乘数大约是3（读者可以自己计算核实一下）。我认为，在对支出中转化为追加收入的比例进行估计时，首先必须谨慎行事。而根据这样的一些假定得出的估计值是，在英国追加支出（不管是新增资本品还是新增消费）中转化为追加收入的比例不低于66%，而这部分收入中用作开销的比例则不低于75%。我对这个结果感到非常高兴，尽管我更愿意把后一个比例提高到80%，而不太愿意把前一个比例提高到70%。在下面的讨论中，我将以上面这些估计值为依据（其乘数也是2），美国读者也许有兴趣考虑最符合美国当前条件的假定，我个人估测美国的乘数肯定要大于2。

三、预算紧张的缓解

我在前面的章节力图证明上述假设的合理性。依照这些假设，对英国而言，100英镑的初始支出中有2/3（约66英镑）将直接转化为新增收入，包括次级作用在内的总收入增加量为200英镑。为了确定这些乘数效应对预算状况的缓解作用，我们需要从两方面来加以估算：一方面是这些效应对原先用于失业的开支的节省，另一方面是对新增收入征税所带来的财政收入的增加。

这笔追加收入并不会全部落入以救济品过活的人的手中。一部分会转化成利润，一部分则会转化为薪金和职业阶层的收入，一部分转化成新增工人的工资——这些人由于已经部分地就业或其他种种原因，原先并不领取救济。

不过，我认为完全可以有把握假设，原先以救济品过活的人可以获得这笔直接的新增收入的2/3，即44英镑。这意味着在每周50先令的平均工资下，每年可以增加大约1/3个人的就业量。

根据我们所采用的假设，100英镑的初始支出将产生66英镑的新增收入，而这笔收入中有75%将用作消费。在第二级支出中，只有66%将再次转化为新增收入，依次类推。这样，100英镑的初始支出迟早会为那些领取救济的人创造出每年2/3个人的就业机会，带来200英镑的新增收入。不过，读者如果认为另外一组数据的可能性更大，那么我在这里提供的注释可以使他能够按照自己的假设，算出他所认为的答案。

现在，让我们来估算一下这种乘数效应对预算状况所起的缓解作用。为了简化起见，通常把供养一个救济领取者一年所需的开支定为50英镑[1]。因此，一笔100英镑的贷款支出，通过为救济领取者提供每年2/3个人的就业机会，使失业救济开支减少了33英镑。

不过，由于100英镑的贷款支出能够使国民收入增加200英镑，因此预算还可以从这一事实中获得进一步的好处。因为税收收入的增减在一定程度上是与国民收入成一定比例变化的。今天我们在预算上的困难主要是因为国民收入的下降而造成的。现在，把国家作为一个整体，并且假设它只与国外进行单边贸易，则其收入正好与支出（包括消费支出和新增资本支出，但不包括转手的中介性变换支出）相等——我的支出便是你的收入，这只是同一事物的两个不同名称而已。

现在，平均大约20%的国民收入被作为税收上缴国库。确切的比例须依据新增收入在不同范围内的分布情况而定：较高的收入范围是直接税的税源，而较低的收入范围则是间接税的税源。另外，某些税种收入的增减与国民收入的变化没有密切的关系。考虑到这些因素，我们暂且把上缴财政的新增收入的比例定为10%，即200英镑的新增收入有20英镑转化为新增财政收入。事实上，这种税款的征收存在着一定的时滞，不过我们对此忽略不计，虽然有的人认为需对我们刻板的预算计划进行修正，主张为了方便做出估算而把预算期间延长至一年以上。对他们来说，时滞效应是一个强有力的论据。增加税收会导致国民收入的减少，但因为这一过程存在着时滞效应，我们当前的预算程序受到了严厉的批评与指责，被认为是顾此失彼的，即在平衡了今年的预算的同时却打破了明年的预算；反之亦然。

因此，100英镑的追加贷款支出给财政部带来的收入，至少是33英镑加上20英镑，总共53英镑，即相当于贷款支出的一半多一点。此处我们看不到任何自相矛盾的地方。我们现在的情况即是如此，即每一次的国民收入下降，其相应的比例都将通过救济品的增长和税收收入的减少来影响财政部的收入。因此，这些增

1　对于成年男工来说，这个数字算是比较保守的。在1932年，包括青少年和妇女在内，完整的平均数是48.3英镑（即一个失业者每年平均花费的44.2英镑加上雇主和雇员每年对失业者平均捐助的4.1英镑）。

加国民收入的措施自然将使财政部获益匪浅。

当前，人们支持至关重要的贷款支出计划。有人认为，人们将在增加就业的方案和平衡预算的方案之间面临两难选择，对前一个方案的实施必须是渐进而谨慎的，否则就会损及后者。如果我们应用上面的推理来验证这种看法，就会发现它完全不对。相反，要使预算得以平衡，除了增加国民收入外别无他法，这与增加就业本就是同一回事。

有人提出了一项建议——花费700万英镑修建新的刚纳塔。我认为财政部从中获得的好处至少是这个数额的一半，即350万英镑，远远超过了它承诺资助的最高限额。

再以1亿英镑的住房建设支出为例，不管它是用于改造贫民区，还是由国家住房委员会进行支配，都将给预算带来巨大的收入，大约是5000万英镑——这一数字大大超过了任何必要的补贴。如果读者怀疑这一结果，认为它好得令人难以相信，那么我提醒他再回想一下得出这一结论的推导过程。如果他连自己的判断也不相信，那我不得不说，意图推翻这一观点基础的那些尝试，到现在还不值得我去认真对待。我在《泰晤士报》的讨论会上第一次向公众阐述这一观点。

实际上，这种观点对于税收减免的情形也同样适用。要实现税收的减免，可以暂停积累偿债基金，同时恢复把贷款作为筹资方式的一贯做法，那些适合此种筹资方式的公共事业，例如以公路基金来承担的新建公路费用，以及一部分救济品的费用支出，如果用贷款的方式来筹集，那么它们最终可以在我们所期望的好光景来临之前就恢复平衡。因为与贷款支出所增加的购买力类似，纳税人增加的购买力同样也能产生类似有利的连锁反应，而且这种支出增加的方法会以某种方式更健康、更好地扩展到整个社会。如果财政大臣通过了暂停积累偿债基金的提案，以及为上面我们考虑过的合适的项目贷款，那么就可以带来5000万英镑的税收减免。实际上，通过对救济品的节省和在一定程度下获得更高的税收收入，他可以使这笔减免额的一半再回到自己手中——尽管我在前面已经指出，这不一定是在同一个预算年度内返回到他手中。

还需要补充的是，对于以削减等量的政府开支（例如，削减教师的薪金）来平衡的税收减免，这个特殊的观点便不再适用，因为这只意味着国民购买力的再分配而不是净增长。对于所有那些并非替代类的支出，而是来自储蓄和借贷的追加类支出，这一观点是完全适用的。不管这种支出是由私人还是由公共机构进行的，不管它是用于购买资本品还是消费品，也不管它是通过税收减免还是其他何种方式来获得的。

如果上述这些结论成立，那么照此而行不是十分明智的吗？那种与力图通过征税、限制和谨慎来平衡预算相反的政策，必然是不会成功的，因为它肯定会降低国民购买力，进而降低国民收入。

当然，上述观点同样适用于支出增减变化的两种截然不同的情形。初始支出的增加可以凭借上面所描述的那种方式对就业、国民收入以及预算状况产生乘数倍增效应；相应地，初始支出的减少则可以用相同的方式产生乘数倍减效应。事实上，若非如此，就难以解释英国为什么会发生如此严重的衰退（美国情况更糟）。正如人性中节制的那面最初的冲动产生了破坏性如此之大的连锁反应一样，如果我们反其道行之，适当地刺激人性中相反方面的冲动，会带来惊人的经济复苏。这不是一个魔术，没有任何神秘之处，而是一个可靠的科学预言。

为什么这种处理方式在那么多人看来是如此的新奇、古怪和自相矛盾呢？我想答案只能依于如下事实：无论我们是否意识到，通过教育、环境以及传统的灌输，我们脑子里所有关于经济的那类思想，都充斥着理论上的先决条件，而这些条件只有在一个不存在任何闲置的生产性资源、处于均衡状态的社会中，才可以恰当地发挥效用。许多人都企图根据一个假定不存在失业的理论去解决失业问题。很明显，如果一国的所有生产资源都得到了充分利用，那么在这样的条件下，我所预言的可以从贷款支出的增加中获得的那些好处，都将会不复存在。因为在这种情况下，增加的贷款支出将仅仅是消耗在价格和工资的提高上，以及消耗在资源的转移中。也就是说，它只是单纯地引起通货膨胀。虽然这些观点在合适的条件下是完全正确的，但却与现状完全不符。对于目前的这些问题，只能通

▲1929年的经济大萧条影响广泛很多人因此失去经济来源。这些衣冠楚楚、看上去很有钱的男人正在一家为失业者提供免费咖啡的机构排队。

过我在上面所力图解释的那种人们还不太熟悉的方式来加以解决。

四、价格的提高

我们如何才能做到这一点呢？即英国政府以及聚集在渥太华的那些帝国代表们所宣布的政策主张提高价格。

从财政大臣的某些言论可以判断，他似乎认为这一想法很具吸引力，即通过限制供给来提高商品的价格。这样，某一特定商品的生产者就可以联合起来限制产量，从中获得很大的利益。同样地，通过限制那种易于操纵的商品的供给，某一特定的国家也可以从中获利，尽管这是以损害其他国家的利益为代价。如果在世界范围内某种商品的供给与其他商品的供给严重失衡，那么，通过有组织地限制这种商品的产量，甚至可以使整个世界获益，不过这种情况极为罕见。但是，把限制产量作为万能的救治良药，不仅可能没有任何效果，甚至还会贻害不浅。因为社会是一个整体，那些缩减产量的生产者终将自食恶果，使自己的利益也蒙受损失，而由此带来的需求的减少正好与供给的减少相等，所以限制产量绝不是一种减少失业的手段，而是一种以增加某种程度的失业为代价来使失业更平均化的手段。

那么，我们该如何去提高价格呢？如果把我所要说的东西概括成一系列简单而又重要的命题的话，可能会更有助于我们更加清晰地思考这个问题。

（1）把所有的商品看作一个整体，要想提高它们的价格，只有使它们的消费增加的速度大于其市场供给增长的速度，除此之外没有其他的办法。

（2）支出的增加，只能通过大众将他们已有的收入中很大的一部分花销掉来实现，或者通过其他方式增加他们的总购买力。

（3）从现有收入中增加开支的余地非常小——不管是减少储蓄还是增加资本性的个人开支。如今，由于收入剧减而税收猛增，导致许多人为了维持他们的生活水平而把储蓄减少到了健康的习惯所要求的限度之下。对任何尚有余力增加开支的人，尤其是如果他有机会在新增资本或半资本性的用途上增加开支的话，就更应该鼓励他们这样做。不过，如果认为仅仅如此就可以解决问题，那就是在这个问题上避难就易。所以，结论是我们必须以增加总体购买力为目标。如果我们能够实现这一目标，那么就能在一定程度上提高价格，同时使就业有一定程度的增加。

（4）有些人可以通过实际地生产黄金来赚取他们的收入，除去这种特殊情况，在一个国家中总购买力的增加大致只能通过以下两种途径来实现：第一，增加社会的贷款支出；第二，改善外汇收支状况，以使当前支出中的更大一部分能够再次成为国内生产者的收入。英国工党政府以公共建设工程的方式对第一种途径进行了尝试，虽然并非全心全力，并且相关的条件也不利。政府也已成功地尝试过第二种途径。但是，我们还没有同时尝试过这两种途径。

（5）然而这两种途径是大不相同的，因为只有第一种途径才对整个世界有效，而第二种途径仅仅意味着使就业和购买力从一个国家转移到其他国家。因为当一个国家提高其外汇结余时，会导致某个其他国家的外汇结余减少。所以，我们不能用这种方法来增加总产量或提高世界价格水平，除非是作为一种副产品，通过增加像英国这样的金融中心的信心，使它更愿意向国外发放贷款，从而有利于贷款支出的增加。

直到最近，英国还把货币贬值和关税作为自我保护的武器。当我们被迫使用这些武器时，它们确实非常有效。然而，竞争性的货币贬值和关税，以及那些为改善个别国家外贸状况而使用的更加违反自然之道的手段，例如兑换限制、进口禁令和配额等，当它们被各国广泛采用时，只能造成国家间互相的损害而任何国家都不可能从中获益。

因此，除了增加整个世界的贷款支出外，再没有任何有效的方法可以提高世界价格水平。美国在国内外广泛地运用贷款支出加速了其信用的崩溃，事实上，也正是这种信用崩溃成为引发这次萧条的导火索。

一些盛行的解决方案之所以能够盛行，正是因为它们往往倾向于促进贷款支出。不过，在增加贷款支出的工作中有多个阶段，如果其中的任何一个阶段出现问题，我们都将难以实现目标。因此，下面我将尝试对问题进行进一步有条理的分析，提请读者注意。

（1）首先，银行信用应该是易于获得的、充沛的。只有当每个中央银行都觉得自己拥有充足的国际货币储备，从而没有后顾之忧的时候，这一点才可能实现。由于对银行信贷平衡丧失了信心，使得最主要的金融中心为实现此目标而构建国际货币的努力举步维艰，并使储备的短缺状况更加严重。也是由于同样的原因使得世界大部分的黄金储备都集中在少数几个国家的中央银行。另一方面，我们都极力赞成提高金矿的产量，或者是减少印度潜藏着的、不能发挥作用的大量积财，因为这样会增加储备货币的数量。这类解决方案中的又一种方法是对照黄金价格来使本国的货币贬值。或者，放弃固定不变的黄金平价可能也会对此有所裨益，因为在必要的情况下，一国的中央银行可以通过允许外汇兑换黄金的方式缓解紧张局面，因此只需一个较小规模的国际货币储备。降低银行发行纸币所必需的国际货币的法定准备比例，也可能会在一定程度上有助于实现这一目标。

然而，这才是第一个阶段。在复苏的初期，能够可靠地以短期银行信用形式筹得的贷款支出并不是很多。只有当企业运转确实有起色之后，银行信用才会在资助企业恢复流动资金方面发挥一定的作用。在平常情况下，我们可以指望第一个阶段能够自动地引发随后的几个阶段，不过依照今天的条件却很难实现。

（2）因此，当长期利率对所有明智、稳健的借贷者来说都比较低时，便步入了第二个阶段。在这一阶段，要求政府和中央银行协作行动，其形式可以是银行在公开市场上的操作，可以是财政部制定适时的兑换方案，还可以制定能得到舆论支持的预算方案来恢复社会对金融的信心，以及其他一些方法。不过，在这一阶段上还存在着某种困境，因为由于心理上的原因，要转向较低的长期利率，可能确实需要把暂时减少贷款支出作为必要的手段。然而，由于政策的总体目标是促进贷款支出，所以我们必须谨慎从事，这种暂时的缩减只应以我们所需要的时期为限，哪怕是多延长一天也不好。

一些国家已经到达了第一个阶段，只有英国步入了第二个阶段。这是英格兰银行和英国财政部的巨大功绩，他们成功地实现了这一转变；对法国和美国来说，可以更容易地完成这一任务，直到最近也还是如此，但他们却做得一团糟。

（3）不过，还有第三个阶段。因为即使我们已经步入了第二个阶段，单凭私人企业的积极性，很难承担得起足够规模的新增贷款支出。只有企业找到新的利润源之后，企业才会进一步扩张；只有当产量增加以后，企业才需要增加流动资本。而且，在现代社会中我们正常的贷款支出项目中有很大一部分是由公共或半公共机构来承担的。即使是在经济景气的时候，商业和工业在一年中所需要的新增贷款支出也比较小，建筑业、运输业和公用事业则一直都占用着当前贷款支出中的很大一部分。

因此，首先必须调动起公共权力机构的积极性。因为如果要想打破恶性循环、阻止衰退的加剧，那么很可能不得不采取大规模的行动，这就要求我们下定行事的决心，并逐渐抛弃消极回避的态度，不再做那种所谓的“精诚所至，金石为开”的幻想。

一些愤世嫉俗者有一种非常极端的观点，他们认为唯有战争才能终止一场大规模的衰退。因为，到目前为止战争是政府进行大规模贷款支出的唯一目标，而这一规模在政府看来是相当巨大的。但他们在所有与和平有关的问题上，总是畏首畏尾、谨小慎微，而又三心二意，毫无坚韧和果断的精神，并且把借贷当作是一种负担，而不是社会剩余资源向有用资产转化的一个环节。其实，缺少了这种转化，这些资源将被白白地浪费掉。

我希望即使是在与和平有关的问题上，英国政府也能表现得干劲十足。10万套住房是国家的资产，而100万失业者则国家的责任，在理解这一点上应该不存在什么困难。

（4）然而，我们的重点是提高世界价格，为了实现这一点，还须有第四个阶段，也就是必须把贷款支出的积极影响扩散到全世界，如何促进这一过程是下一章的论题。

五、给世界经济大会的建议

我们已经得出结论，要想提高世界价格，除了增加整个世界的贷款支出外，没有其他的方法。我建议，应把如何实现这一目标作为世界经济大会的中心议题。我认为，有且仅有三种方式有助于完成这一任务。

（1）第一种方式是最为显而易见的，即由那些外汇收支状况良好或者黄金储备过剩、金融实力较强的国家，向那些实力较弱的债务国提供直接的外国贷款，这也是我们在过去的一贯采取的方式。

也许如今还有机会再恢复这种传统的政策。但是，如果现在要指望，外国贷款支出能够在经济复苏的过程中发挥重要作用，这实在是一种空想。最有能力提供贷款的那些国家提供贷款的可能性非常小。由于过去私人投资者承担风险的结果非常糟糕，我们没有道理期望他们再来承担这种风险。

（2）第二种方式是更有希望的，即金融实力较强的那些国家可以按照前面所介绍的那几种方法，增加国内的贷款支出，因为这种支出将带来双重的利益。就花费在国内商品上的支出而言，初始贷款支出对于就业会产生有利的乘数效应，而由此引致的进口支出的增加，也将在国外产生类似的有利效应，并会加强出口国的地位，增加其本身的贷款支出，从而带来相互的购买。如此雪球就会越滚越大。

所以，对于由国内贷款支出这项大胆政策所可能带来的进口增长，利用国内有效资源来为之提供资金的方式要比向国外借贷更胜一筹。这样也有利于其他国家，并且必然要比进一步增加国际债务更有利。

（3）然而，到目前为止，我们所讨论的各种解决方案，它们在量上的效果好像还是显得与提高世界价格这一主题不相称。除非众多国家差不多同时大量减免税收和增加贷款支出，否则我看不到任何前景，能证明在一段适当的时期内世界价格可以得到充分的提高。我们应当高度重视增加支出的同时性——每个国家都担心增加自己的国内贷款支出会使其外汇平衡的压力增加，但如果其他国家也同时实行相同的政策，那么这种压力就会相互抵消掉。相对于鲁莽的孤立行动，共同行动则安全得多。

现在，进一步阐述我们的观点。在这里，联合的国际行动将成为政策的核心。也就是说，这已触及了世界经济大会所讨论的议题范围。我认为，这次大会的任务是，达成某种联合行动的决议，以减轻中央银行的焦虑，缓解央行的外汇储备压力，或是消除对这种压力的恐惧和预期。这样可以使许多国家达到前面曾指出过的第一个阶段——在该阶段，银行信用是充沛的、易于获得的。然而，通过国际行动，我们可以把马带到河边，但是却不能强迫它喝水，因为那是这些国家的内务，不过我们可以为他们提供水源。这次世界大会的首要任务是挖掘出千万条购买力的溪流以滋润干涸的世界，使世界恢复生机和活力。

如果世界大会只是忙着制定有关减免关税、取消配额和放松外汇管制等善意决议，那只会是在浪费时间。因为这些措施实际上并不是英国审慎政策的体现，而一直是被作为一种自卫手段而勉强采用的，它们只是外汇紧张这一病症的表征，并不是其病根所在。仅仅通过一张善意的决议，感叹种种病征，却毫不触及其病根，这有损国际会议的精神。英国应义不容辞地承担提供根本性具体建议的任务，以充实这次大会的实际意义。

◀画家詹姆斯·蒙哥马利·弗拉格绘制的购买战争债券海报。图中的人物形象是“山姆大叔”，他手持国旗，飞机在空中飞行，战士在烟雾云中前进。“山姆大叔”被用来代指“美国”或“美国政府”，主要在美国、英国，尤其是在新闻界中使用较多

为获得一个较好的机会来实施这些积极的治疗方案，我们必须预先解决某些事情。首先，我们都认可战争债务和战争赔偿问题是难以回避的。因为对严重外汇紧张状况的恐惧正是由此产生的，并且是首要的原因。这些问题的解决将会为我们

的联合行动制造良机。不过，我们可不可以制定一项积极的行动计划来抓住这一机会呢?

除非通过向各国的财政部和中央银行供给更充足的国际货币储备来减轻其忧虑，否则任何方案都不可能很快地奏效。为了这一目标而设计的计划有很多种，它们之间有不少相通之处。在经过多次私下讨论并借鉴了他人的想法之后，我相信下面所要提到的计划是其中最好的一个。如果还有其他的计划能获得更多的支持，也不妨把它作为最佳选择。

任何增加国际货币储备的计划都必须满足以下几个条件。首先，所增加的储备必须以黄金为基础。因为在停止使用黄金作为国家货币的同时，黄金却成为各国最普遍的国际货币储备，被用来应对外汇的流失。其次，它不应该是施舍性的，不仅特别贫穷的国家能够得到，而且所有符合一般原则的参与国都应该能够得到。事实上，目前只有极少数国家——如果有的话——可以高枕无忧，无须再巩固自己的地位。最后，尚未完成的增加储备的数量应该具有灵活性，这样，它们就不会被作为世界货币供应的永久性净增长来发挥作用，而是起到一种平衡的作用，当世界价格处在目前这种不正常的低谷时，可以把它们释放出来，以促使价格回升，而当价格涨得过高时，也可以把它们收回去，以促使价格回落。这些条件可以通过以下几方面实现：

（1）应建立一个国际机构来发行金本位纸币，并按照美元的黄金含量来表示其面值。

（2）这种纸币发行的最高限额应当是50亿美元，在达到最高限额前，每个参与国可用自己政府的黄金债券来兑换面值相当的纸币。

（3）确定每个国家的份额比例所依据的原则，应该以最近某个时期为标准，比如说，1928年末，所持有的黄金储备数量；前提条件是任何一个国家的份额都不应超过4.5亿美元，并且不能动用管理委员会的权力来变更这一原则，除非它能够提出不需严格坚持这一原则的特殊理由（比如，对那些使用白银的国家应该制定某些特殊条款）。这一原则的作用在于，使每个国家储备份额的增加都受上述最高限额的约束，即与其在1928年所持有的黄金数量大体相等。在本章的附录中，列出了每个国家的份额具体分配比例。

（4）每个参与国的政府都应承担起通过立法来规定黄金债券应被视作等值的黄金来接受的这一任务，使黄金不能进入实际的流通领域，只由财政部或中央银行来管理，或者作为国内纸币发行的储备。

（5）这一机构的管理委员会应由参与国政府来选举，这些政府应当完全把其权力委托给它们的中央银行，每个代表应根据其份额持有相称的投票权。

（6）这种黄金债券是有息的，一开始这种利息是很低的，并由管理委员会根据下面第（8）条规定，不时加以调整。担保这些黄金债券的政府，须保证它们是随时可偿付的，否则将由管理委员会根据第（8）条予以警告。

（7）在偿付了开支后，这些利息的余额部分应以黄金形式作为保证基金存留起来。另外，每个参与国都必须保证承担与其最高限额相称的、由违约而引起的任何最大限度的损失。

（8）管理委员会应致力于运用他们的权限来调整纸币发行量或黄金债券的利率，以实现唯一的目标：对于进入国际贸易的初级产品尽可能地避免其黄金价格上涨到某个约定的标准之上，这一标准应当在目前的价格水平和1928年的水平——也许是1930年的水平——之间。

附录

在上文中，提出了分配50亿美元黄金本位纸币的原则，按照各国在1928年末所持有的黄金储备来确定其比例，并规定任何一国的最高限额是4.5亿美元，由此可制定如下分配比例：

（1）七个国家（英国、美国、法国、德国、西班牙、阿根廷及日本）有资格获得每国4.5亿美元的最高限额。

（2）其他各个国家的份额具体分配如下表。

单位：百万美元

意大利	266	匈牙利	35
荷兰	175	捷克斯洛伐克	34
巴西	149	罗马尼亚	30
比利时	126	奥地利	24
印度	124	哥伦比亚	24
加拿大	114	秘鲁	20
澳大利亚	108	南斯拉夫	18
瑞士	103	埃及	18
波兰	70	保加利亚	10
乌拉圭	68	葡萄牙	9
爪哇	68	芬兰	8
瑞典	63	希腊	7
丹麦	46	智利	7
挪威	39	拉脱维亚	5
南非	39	立陶宛	3
新西兰	35	爱沙尼亚	2

除了智利、希腊和加拿大的情况需要特别对待以外，这个特定的日期对任何国家都是公平的。如果我们选取从1925年到1928年任何一年年末持有的最高黄金储备值，则上面所有国家中只有下面几个的份额比例发生了变化：

单位：百万美元

国家	1928年	1925—1928年间的最高储备量
丹麦	46	56
希腊	7	10
荷兰	175	178
加拿大	114	158
新西兰	35	38
爪哇	68	79
南非	39	44

六、国际纸币发行与金本位

我在上一章中提出了发行国际纸币这一建议，以此来减轻各国中央银行的顾虑，使他们能够专注于促进贷款支出，从而提高价格、恢复就业。实施这一政策的必要性来自我反复强调的一个结论——除了增加贷款支出外没有任何其他办法能提高世界价格。不过，我将尝试给出一些具体内容来进一步阐述该建议的深远意义，我觉得这是值得一做的。

如果这一建议能够获得充分赞同，那么它的实施将提供一个良机以确保如下这些承诺的实现：由此得到的援助应当首先用于减少某些由于恶劣环境而在国际上通行起来的不合理做法。例如，应当取消外汇管制；停顿协议和外汇结存的冻结应当被清偿的切实计划逐步取代；应当废除那些旨在保护外汇结存而不是有利于长期国家政策的关税和配额；较有实力的金融中心应重新开放其外汇信贷货币市场；应当在延续偿债基金和根据价格指数降低利息、本金等手段的辅助下，停止对国外持有的公债进行延期偿付，那些即使是在新环境下也没有偿付能力的国家必须得到一个独立的专家团的批准。我个人认为应当拒绝那些不履行国际协议和自身义务的国家参与这个计划。

◀1918年一名美国士兵拥抱一名妇女和一名儿童的海报。海报上写着：“为了家园和国家——胜利自由贷款”

由于受到这些外部条件的约束，而且不同国家的需要又是千差万别的，所以，让各国自行选择使用其份额的最佳方式可能是明智的。一些国家需要解除紧迫的外汇负担；一些国家需要恢复预算平衡；一些国家需要重建商业信用；一些国家要准备兑换计划；一些国家则想实施国家发展计划；等等。而所有相似的用途都将朝着我们所期望的方向发展。

不过，还有一个基本的条件是我尚未提及的。这种国际纸币应当是金本位纸币，并且参与国必须同意把它们作为等值的黄金来接受。这意味着每个参与国的本国货币必须与黄金保持某种特定的联系。某种意义上讲，这涉及了金本位制在某种程度上的恢复。

近来，我一直说黄金是“野蛮时代的遗物”，而当我国政府为恢复金本位制规定了他们自知无法实现的条件时，我却成了这一政策的鼓吹者。在某些人看来这可能是自相矛盾的。因为我从来不迷恋黄金，所以也不容易感觉到幻灭。但是，这主要是因为我相信在黄金遭受了重挫之后，我们现在应该为它以后的管理规定一些条件，否则它就不会再被人们接受。不管怎样，我所建议的政策是服从于下面这些限制条件。

采用发行国际货币这一建议所需的一个必要条件是，每个参与国应当在黄金与其本国货币之间实行一种事实上的平价政策，同时黄金输送点之间应该有最高5%的变动幅度。我敢肯定，有了新增的黄金和新发行的等量纸币，各国所承担的这项义务是安全而适宜的。如果有必要的话，这种事实上的平价也应当跟银行利率一样，根据形势的需要而做必要的变动——虽然人们只是希望作小幅度的变动。在对国际价格的未来趋势以及新的国际权威机构能否对这一走向施加影响有更深入的了解之前，贸然推行固定不变的平价政策是愚蠢的；并且，这种做法需要长期维持某种能够在国内外环境之间做出逐步调整的力量。另外，管理委员会应当拥有对紧急情况和例外情况的某种自由处置权。按照目前经验来看，黄金输送点之间必须保持5%的幅度是必不可缺的，这对于流动资金在各个国际金融中心之间的肆意流动是一种抑制因素，可以确保银行利率和信贷政策的合理性、独立性，以适应不同国情——在正常的实际运作过程中，没什么可以阻止一国的中央银行把的本国货币的黄金平价维持在一个更窄的范围内。

有了这些预防措施，外汇收支状况将更具稳定性，由此带来的好处颇多，害处极少。汇率波动只能用来抵消国际价格水平的偶然变动，或者针对某一国家临时的或持久性的特殊情况，以尽可能小程度的摩擦来进行一定的调整，除此之外毫无他用，但不允许以其他任何理由进行这种变动。

我们的政府为在这个国家有限地恢复金本位制度规定了先决条件，即世界黄金储备必须更为平均地分布。在此提出的这个计划可以使这一条件得到满足，可以说，这是该计划附带的一个很大的好处。事实上，我想不到还有其他什么办法可以在一段适当的时期内满足这一条件。如果这一条件意味着法兰西银行和美国联邦储备系统将与那些贫困的国家均分它们的黄金储备的话，这无疑是白日做梦，当前更是如此。同样地，如果这意味着这些国家要向国外提供远超过其外汇结存的巨额贷款，以至于造成严重的黄金外流，那么任何明理的人都不会对此抱有期望。而且，在当前的状况下，由于把外汇结余作为储备货币的做法已经发挥到极致，结合世界上最强大的金融中心的经验来看，考虑到可以流动外汇的结余规模，这已不仅仅是黄金分配不均的问题了。在经历国际信用震荡之后，维持一定的世界价格水平比以往需要更多的储备货币。这并不一定是个永久性的要求。但是，在今天这一要求却不可避免。如果我们希望中央银行能够泰然自若，避免担心害怕，就必须满足这一要求，因为这是中央银行放心大胆地鼓励增加贷款支出以提高世界价格的一个必要条件。因此，如我前面所提出来的这类计划，已经成为世界复苏的一个不可或缺的条件。如果我们只是对提高世界价格的必要性争论不休，却对能实现这一结果的唯一措施置之不理，必然是于事无补的。

所有国家的通货依据黄金储备同时贬值，此建议有时也被作为一种备选方案提出。虽然这一措施会带来一些好处，但存在着一个很大的缺陷，即它只算得上是锦上添花，提高那些已经拥有了大量黄金储备而相对强大的国家的国际地位。

七、结论

我一直力图以简练的语言概述内容宽泛的领域，不过我的主旨在实质上是简单的，因此我希望读者已经理解了我的意思。

实际上，当前许多盛行的建议与我提出的计划大意相类似。其中一些建议涉及这一领域中的某部分问题，一些建议则涉及另一部分问题。如果我们想采取有效的行动来解决这些问题，需要的计划就不止一个。在对那些即使在经济繁荣时期也会导致大量失业的因素做了全面的考虑之后，英国担负着让至少100万人重新上岗就业的任务。前文中，我把维持一个人工作一年需要150英镑的初始支出作为论述的假设前提，根据这一假设，我们需要的新增贷款支出加上新增外汇结余总额为1.5亿英镑。在世界经济尚未复苏之前，我们无法希冀从外汇结余中获得更多的援助来达到这一总额。因此，谨慎起见，假定每年能从增加的国内贷款支出中获得亟须的追加初始支出为1亿英镑。

要达到这一数额是十分困难的，但并不是完全没有可能。暂停偿债基金和为了某些恰当的用途而借贷能使一部分税收得以减免。按理来说，通过这一方法至少能够获得5000万英镑；在这个基础上，私人企业追加（比如说）6000万英镑的贷款支出，这将是重建的重要步骤。对这一步骤，有关地方当局、公共机构和中央政府可以给予援助，也可以置之不理。

由于过去努力的效果被反向因素所抵消，我认为我们对上述方针的实施效果所具有的潜力过于悲观了。贷款支出和外汇结余的效果是密切相关的，明白这一点至关重要。与1929年相比[1]，1930年的外汇结余减少了7500万英镑，1931年则减少了2.07亿英镑。因此，正是外汇结余的快速减少使得工党政府增加就业的努力付之东流，他们所承担的追加贷款支出与上面外汇结余的减少相比，其规模要小得多。虽然1932年的外汇结余与1931年相比增加了7400万英镑，但同样没有带

1　这一数字是商务部所作的估计值，其中不包括1932年以黄金形式向美国偿付的债务。我本人认为在所有的这几年中，确切的数字可能要比商务部的估计值高出2500万，不过这并不影响上面给出的比较数字。

来就业的增加，因为其产生效果被多党联合政府大规模削减贷款支出的政策抵消了。若把工党政府对外汇结余不加保护的政策和多党联合政府削减贷款支出的政策结合起来，会使我们陷入怎样的困境！企业的亏损将急剧增加，与美国公司的惨境不相上下，我们的铁路公司将会倒闭破产，整个国家的工业将会陷入停顿。另一方面，英国至今尚未尝试过另一种政策结合的方案——在实行保护外汇结余政策的同时全力刺激贷款支出的增加。

因此，我恳请政府在制定我国的国内政策时，可以尝试这项尚未采用过的结合方案，出席世界经济大会的代表们也应该大力宣扬依照前面所提出的那些方式来增加世界的储备货币。

我们已经到了危急关头，从某种程度上说我们的前途确实扑朔迷离。不过，至少还可以清楚地看出目前的这条道路正将我们引向无底深渊。当前我们必须立刻找到一种行之有效的方法来提高世界价格，否则我们将会看到现存协议框架和债务协议的瓦解，以及正统领导对财政和政府当局的完全不信任，最终结果将不堪设想。

政府当局已经宣布同意提高世界价格。因此，实行某些积极的政策来实现这一目标是我们不可推卸的责任。如果他们有这样一种政策，我们不知道那将会是什么。我一直试图指出，如果要使他们的政策取得成效，就必须满足某些条件，并且提出了一种有可能实现这些条件的计划。

第二篇　如何为战争付账

兄弟们，朋友们，同胞们，子民们：

我现在要对你们说的话，与你们对上帝的义务、对灵魂救赎的关切以及对自己子孙后代的惦念，都是息息相关的，你们的衣食以及每一种日常生活必需品，都完全依赖于此。因此，我以最大的热忱劝诫你们，作为人类、作为基督教徒、作为爱国人士，请专心致志地来阅读这篇文章，或请别人为你们诵读。为了减少你们的花费，我已让出版商以最低的价格来销售这本小册子。

作者撰写这篇文章没有别的意图，只是为了你们好。如果你们不用心了解他的建议，那简直就是一种罪过，只需要花几个小钱买一本，就可以使你们一打人受益匪浅。如果你们对于谁是敌、谁是友这样的问题没有共同的或普遍的兴趣，甚至连你们当中最明智的人也对此不闻不问、漠不关心的话，那简直是愚不可及。

（摘自德雷珀的第一封信——1724年）

序言

这里所讨论的问题，是如何更好地协调战争的需要与私人的消费需求。

去年11月我在发表于《泰晤士报》的三篇文章中，第一次提出了被称为“强制储蓄”的建议草案。我不奢望这类性质的新计划会被人们所追捧。不过，不管是专家还是公众都没有对这个计划置之不理，因为还没有人提出过其他更好的建议。到目前为止，对这一计划的批评与舆论还没有为此类想法做好准备。很明显，这是一个事实。人们肯定将很快认识到战争经济的必要性，并且我们也完全有理由相信公众并不是落后和保守的。

在由此引发的多方面的评论中，存在一些有价值的建议。得益于此，我提出来的修正草案有了更为翔实的具体内容。在第一个草案中，我所关注的主要是财政技术，但并没有保证这一技术能够尽可能地促进社会公正。因此，在这第二个草案中，我极力要从危在旦夕的战争状态中去争取积极的社会进步。现在提出一项全面的计划，包括普遍的家庭现金津贴、在工人阶级控制下对其财富进行的积累、生活必需品的廉价配给，以及在战后征收资本税，以便在实现经济平等方面取得更大的进步。其中并不存在什么自相矛盾的地方，必须把战争所要求的牺牲尽量地从可以节省的地方节省出来，现在人们已经开始比以前更加迫切地关注这一问题。

要客观地评价这样一项计划，必须把它与另一个可选的方案进行对比。然而，到目前为止，还没有任何迹象表明存在这样一种备选方案。财政大臣最近向下议院解释说，他正试图通过补贴生活费用来制止工资的提高。作为综合性计划的一个组成部分，这是明智之举，下面也将推荐一些类似的措施。作为一种争取时间的临时性安排，这种做法是英明的。不过，单独来看，这种措施却与真正解决问题相违背。由于得到了这笔额外收入，人们手头的购买力与用来满足他们消费的供给之间的失衡问题就会变得更加严重。

对于这一结论，财政大臣已表示认同。因此，对于这种试图把其政策与其他措施逐渐融合成一个连贯整体的努力，我希望他也能抱着赞同的态度来加以看待。为了能让这些建议得到支持，我已经在很多地方进行了游说，也听取了无数的意见和评论。我相信，如果这些建议以自认为权威的形式提出来，将不会受到欢迎。没有哪一个建议能有望逃避批评。我的这项计划的缺陷恰恰不是要求得过多，而是过少。未来是任重而道远的，一年以后我们或许会发现这项计划只不过是向前迈出了微弱的第一步。

既然没人能够排除我们对这个问题听之任之或者采取折中办法的可能性，那么我就大胆地预言，事情的结果将与此相符合。我在下文讨论了有关通货膨胀的机制问题。我猜想，我们如果想逃避责任的话，这将是大多数人所期望采纳的办法。但是通货膨胀并不是我的直接期望，除非它是作为衰退的第二个阶段出现，该阶段价格会以缓慢的速度提高。在《金色的树枝》一书中，有一段有趣的描述，对于原始人根据极少的经验而推出一般性结论的盲人摸象式的倾向，人们很容易形成“条件反射”。这一点与狗类似，当摇铃响起时，它们总是期望会有同上一次一样的经历。不过今天引起价格上涨的因素与往日有所不同。对于未能满足的需求，消费者不愿为此支付更高的价格，而厂家和零售商不仅没有提高价格的倾向，反而同样不愿要价更高，除非成本有了真正的上升。他们并不想轻视舆论和当局的意图。对于《反暴利法》的出台，他们感到很困惑。因为要缴纳超额利润税，他们追逐最大利润的积极性比平时低落了不少。总而言之，他们宁愿卖光所有商品，让后来的消费者得不到满足，也不愿把价格提高到使供求得以平衡的水平。他们并不会为此多花分毫，但是他们能够摆脱烦恼，内心也能够得到安宁。

因此，我认为，在第一个阶段宁愿出现供给短缺，也不要出现势如脱缰般的物价上涨。这种限制消费的方法是极为不公平、极为低效、极为让人不愉快的。如果这种方法造成——很有可能如此——更为广泛的定量配给，由于下面所要解释的原因，即由于人们需求与偏好的多样性，将会进一步地加重浪费、降低效率。正确的计划应当是将购买力限定在适当的数额之内，同时又容许人们能做出更多的选择来决定如何花费这笔钱。而且，来自购买力方面的压力会逐步推动通货膨胀，这是一种自然而然的解决之道，也是唯一名副其实的备选方案。

然而，这还可能进一步引起更为不尽人意的后果。相对于消费者购买力而言的供给不足将给我们的贸易平衡带来不利的影响，因为这将转移原本准备用于出口的商品，并且促使把进口商品和国内产品用于当前的消费，本来这些物资可能会用于战争用途。如此一来，我们就无法全力以赴地投入战争，并且会鲁莽地耗尽我们的外汇储备。

我们的任务非常艰巨，而不愿正视这一点并努力去征服它是懦弱无能的表现。不过，在英国并不存在这种情绪，只是需要有人来告诉它哪些事是非做不可的。但这也是非常愚蠢的，因为明显地表明我们能这样组织起自己的经济力量，从而将顽固不化的敌人无限期地驱逐出国际社会和世界贸易之外，这或许是取得胜利的关键。

J.M.凯恩斯

剑桥大学国王学院

1940年2月

一、问题的性质

为了战争，要把一个自由社会组织起来并非易事。我们不习惯倾听专家或预言家的意见，在我们的力量来自临时速成这样一种能力。然而，对那些未经验证的思想保持开放的心态也是非常有必要的。人们逐渐认识到，做好长远的打算是尽早结束战事的最好保证。对于我们目前正在着手处理的经济事务，如果试图从一个不同的假设出发来把它进行下去则是荒唐可笑的。用雷纳德先生的话说，在经济战线上，我们缺乏的不是物质资源而是洞察力与勇气。

如果各派意见的领袖们能够让他们的头脑摆脱战争的疲惫和混乱状态，培养足够的洞察力来认识自我，并向公众阐释哪些事是非做不可的，那么勇气将是唾手可得的。而后他们就可以在社会公正精神的指导下提出一项计划，对于到目前为止我们为减少不平等现象所做的种种努力，这一计划能够将现在这个人们普遍乐于做出牺牲的时期作为进一步推进此项工作的良机，而不是相反地把这个特殊时期作为借口来推迟应当进行的改革。

所以，我们首先应该保持头脑清醒，但这并不容易。因为经济问题的所有方面都是相互牵连的，没有任何一方面能够单独地加以解决，资源的每一种用途都是以放弃它的另一种用途为代价的。即使我们对于用多少资源来生产民用消费品已经做出了决定，也还要解决另外一个最为棘手的问题，即如何才能最为明智地分配这些消费品。

假设我们将把产量提高到我们的资源和管理水平所容许的最大限度，把所有剩余下来的物资用到出口方面，在考虑到可利用的船舶吨位以及在谨慎的限度内耗尽我们外汇资产的最快速度之后，我们将进口一切可以买得起的商品。从我们的总产出和进口商品的总额中，扣除出口商品和战略物资之后，剩下的就是民用消费品的数量。很明显，这一数量取决于我们在其他方面的政策。只有减少我们对战争的投入或者耗尽外汇储备，才能够使这一数量得以增加。

要保证众多单个政策结合起来能有一个毫无差错的结果，是十分困难的，这取决于在各项政策之间如何进行协调。要在供应部门范围内做出不影响这一结果的决定是无法想象的。是让陆军部留存大量的制服库存储备好呢？还是把这些布料用于出口以增加财政部的外汇储备好？我们的造船厂是制造战舰好呢？还是制造商船好？一个20多岁的农业工人是继续务农好？还是从军好？我们准备将军队扩充到何等规模？为了加强空袭的防护措施而减少工时和效率合理吗？人们可以提出无数个这样的问题，而对每一个问题的回答都与留给民用消费的物资数量有很大的关系。

我们可以通过确定平民大众的生活水平，得出预留给公务部门和用于出口的产品的数量，或者把后两者的需求加总起来得出留给民众消费的产品数量。把这两种方法得出的结果加以折中，可能就是实际的数量。目前，无法说有人解决了这个问题，似乎很大程度是出于偶然而不是预先的计划。这不过是一场拔河游戏，要么甲方占优、要么乙方更强、要么两者相持不下——然而，现在某一方，比方说甲方，大大地占了上风。

不过，无论这种结果是出自先见之明还是愚蠢而造成的，是出于偶然还是预先计划的，与我们此处所讨论的问题都没什么关系。以我们所能组织起来的最大规模的总产出这一设想为依据，将能够获得一定的剩余用来满足民用消费。整个民众的合理要求，毫无疑问会对这一剩余的数额产生影响。如果在某一特定方面的严重短缺局面愈演愈烈，那么，此时乙方的力量就会倍增，而甲方则渐显颓势，而为了缓解这种短缺局面，就必须要采取某种措施。我们可以让大众持有的货币量对民用物资的数量产生重大的影响，但从其他方面来考虑，这是不合理的。除非大大减弱我们对战争全力以赴的劲头，否则要做到这一点是很困难的。

因此，我们的基本主张是必须有一定数量的产品留作民用消费。这一数额也许与经过周详考虑、高瞻远瞩地确定的数量有些出入。这一主张的核心点是，留作民用消费的产品数量只是在较小的程度上取决于大众持有的货币量以及他们花费这笔钱的意愿。

这与和平时期的经验差别巨大，这就是我们在面对战争的经济后果时感到棘手的原因。我们总是习惯于一种生产能力尚有闲置的产出水平，在这种情况下，我们消费得越多，就会生产得越多，从而购买得越多，虽然不一定是同比例增加。满足直接消费的供给的增加可能小于需求的增长，因此，价格会出现一定幅度的上涨。不过，如果人们更加努力地工作，就会挣到更多的钱，从而能够使他们消费增加的幅度跟上价格上涨的幅度。

换句话说，在和平时期蛋糕的大小取决于工作量，而在战争时期，蛋糕的大小则是固定不变的。如果我们加倍努力工作，只会是增强战斗力，却不能使消费增加。

在民主国家，大街小巷的人们都必须试图了解他们国家的行动是不是明智——分给平民百姓的蛋糕大小是固定不变的，这是一个基本的事实。

而从中会产生怎样的结果呢?

从大体上说，这意味着当把大众被看作一个整体时，不可能通过增加货币收入来增加其消费。然而，我们大多数人总是试图增加自己的货币收入，认为这样就可以增加自己的消费——在通常情况下确实如此。实际上，在某种程度上、这一点目前也仍然是正确的。因为，人们如果有更多的钱来花费，那么他的确可以增加自己的消费份额。不过，既然蛋糕的大小是固定不变的，也很难再进一步扩大，那么这个人消费份额的增加仅仅意味着其他人消费份额的减少。

所以，有些事情对作为单个个体的每一个人而言是有利的，但对作为社会成员的每一个人来说是不利的。如果每一个人都同样地支出更多，那就没有人能够从中获得好处。这就为制定一项共同计划以及实行一种人人都须遵守的规则提供了绝佳的机会。我希望能够证明，通过实行这样一项计划，工薪阶层的消费量能够像以前一样多。另外，还能有余钱存入银行以便将来取用或备不时之需，要不然这笔财富就会落到资产阶级手中。

如果没有这项计划，我们就会全力消费，直至分文不剩，除此之外不会出现其他的情况。我们所要购买的产品，因为成本上升而引起的价格提高将足以耗尽我们为此而支出的货币。如果对于所有的货币收入，其中的每一英镑都增加两先令，而购买到的商品数量却与原先的相同，那么这就表示价格也每一英镑上涨了两先令，并且没有人能够多买到一片面包或一扎啤酒，大家的境况与以前相比并没有什么不同。

除非通过税收来筹集全部的战争经费——这是不现实的——不然其中的一部分就得靠借贷来偿付。换句话说，某些人必须延期支出货币。如果允许价格上涨，那么这仅仅意味着消费者的收入难以避免将转移到资产阶级手里。后者所获得的这笔收入，其中的大部分将以较高税率上缴到国库；一部分会留作自己消费，由此仍然会引起对其他消费者不利的价格上涨；而余下的就会被贷放出去，因此，也只有他们才会成为新增国债的主要债权人。换言之，不是每个人都有在战后开支这笔资金的权力。

工会方面提出增加货币工资以补偿生活费用的不断攀升，但由于上述原因，这一要求没获得什么好处，反而给工人阶级带来严重的不良后果。就像寓言中的狗一样，它们瞠目结舌地凝视着阴影，却错过了实物。组织得较好的部门或许能够以牺牲其他消费者的福利为代价而获益，这的确是事实。然而，除了作为一种谋取集团利益的努力、一种把其他人排挤出队列的手段外，这只是一种流氓把戏。工会的领袖同其他任何人一样，对此是一清二楚的，他们并不想要他们所要求的东西。不过，在尚未知晓可供选择的替代方案之前，他们不敢撤回这种要求。这是可以理解的，因为一直没有人告诉过他们一个自成一体的明确计划。

我一直被指责为企图在一个自由社会中运用极权主义方法，再没有比这更为风马牛不相及的批评了。在极权主义社会中，不存在对损失进行分配的问题。这是其进行战争的一个重要的有利条件。而只有在自由社会中，政府的任务才会因为社会公正的权利要求而变得错综复杂。在奴隶制社会，生产是唯一的问题，而穷人、老人只能听天由命，没有别的社会制度能够像奴隶制那样更适合为统治阶级提供特权了。

因此，本文的目的就是试图设计出一种在战争条件下与自由社会的分配制度相适应的分配手段。在此考虑的目标主要有三个：给予更多的报酬，作为一种激

▲在马萨诸塞州，康奈尔磨坊的纺纱室工作的年轻男孩和女孩。照片由刘易斯·海因于1912年拍摄

励手段，并对那些与奴隶截然不同的自由人所加倍付出的努力、所冒的风险给予赞誉；每一个人对于如何使用他收入中可自由支配的那部分享有选择自由，这种自由完全只属于那些独立存在的个体，而不属于极权主义蚁群中的那些蚂蚁；对于那些连必要的牺牲也承受不起的人，则要减轻他们的负担。

二、解决办法的性质

因为加班时间的延长，以及妇女、儿童、退休人员和其他以前的无业人员纷纷找到有报酬的工作，即便是工资水平没有提高，货币收入的总额也会有很大程度的增长。

下一章将证明一个显而易见的常识，即在这样的战争时期，用于消费的商品数量肯定将有所缩减，肯定不可能增长到和平时期的消费量之上。

如此一来，消费者手中可用于开支的货币数量增加了，而相应的消费品数量却没有增加。因此，制定严格的规章制度来限定出售的商品，规定每样消费品的最高价格，其结果只能使商品被抢购一空。除此之外，只存在两种可能的选择——必须找到某种办法把购买力从市场上收回来，或者必须把商品的价格提高到能够吸收新增支出的水平上——换言之，采用通货膨胀的方式。

所以，我们的解决办法一般是必须把一部分新增收入从支出中收回来，除去商品短缺或较高的价格水平，这是我们能够确保在货币支出和待购商品之间达成平衡的唯一办法。

如果自愿储蓄充裕，则可以满足上述目的。不管怎样，在我们的问题范围内，自愿储蓄是有益处的。目前人们正在采取行动以促进自愿储蓄，对于他们的

▼服装厂的经营者在泽西岛的“生存家园”工作，旨在将工业从拥挤的城市分散开来，并为工人提供就业机会。照片拍摄于1936年

宣传热情以及那些信从者的自我节制和公益精神应当给予赞赏和鼓励。在下面提出的计划中，并没有排斥自愿的个人节约，也没有否定它的作用与必要性。我所追求的仅仅是一个可以勉强实现最低限度目标的方案。而到目前为止实践已经证明，即使要勉强达到最低限度目标，仅仅依靠自愿储蓄是远远不够的。虽然个人消费在规定份额之外所做的任何进一步的节约，都对改善其他消费者的境况或支持我们为战争所做的努力有所帮助。

然而，在下面两个章节中，通过分析国家潜力和国家收入的分配，我将清晰地阐明充分的自愿储蓄为何不大可能实现。宣扬其他观点的那些人，不是自欺欺人就是已成为他们自己宣传的牺牲品。我认为很多人都会期待这样一项能够为他们确定最低限度职责的规定计划，而那些积极响应号召、踊跃参加储蓄的人也可以安下心来，因为他们所做的努力不会白费。不像我们的税收制度，一项最低限度的计划并不会阻塞个人为了公众和国家的利益而自愿做出自我牺牲的道路。国家仍然迫切需要更多的个人节俭的果实——但是在摘取这些果实的同时，人们又总是在到底哪种形式的节约更有价值这样一个问题上左右为难。不过，我也认为这项计划有一个优点：减少了一般人长期以来在究竟该节约多少这个问题上的困扰，并使得他们对这类事情所能起到的作用不抱太高的期望。过度地沉迷于节俭或许是有用的，但并不令人痛快。而那些打算要节俭的人并不总是真正做出牺牲的人，有时公共需要不过是一个自圆其说的措辞，借以纵容那种仍旧贪婪的本性。

因此，在我们的基本计划中（第五章和第六章），第一条措施是确定在个人的收入中必须从直接消费中收回并推迟其支出的那部分收入的比例，也就是说，这一部分的收入只能在战后用于消费。如果可以公平确定每一个收入集团的这种比例，那么这一方法将带来双重的利益。一方面这意味着与其他任何计划相比，这一计划与战时直接消费权利的分配及相应的权利牺牲有更为密切的联系。同时，这也意味着战后延期消费的权利——这是国债的另一个名称——将广泛地分布在所有那些放弃了直接消费的人群当中，而不是像上次战争那样主要集中在资产阶级手中。

第二条措施是在战后广泛征收资本税，以便在不增加国债负担的同时提供延期消费。

第三条措施是对那些生活水平很低、难以有足够剩余的人们给予保护，不让他们的现有消费量有任何减少。这一点可以通过确定应当予以豁免的最低收入水平线、规定差率极大的累进等级制以及建立家庭津贴制度来实现。这一建议的最终结果是，年轻的家庭成员每周将增加最多75先令的消费量，低收入集团的总消费量将达到每周5英镑或略低于战前水平（同时，作为对他们额外工作的回报，给予他们战后延期消费的权利），而每周超过5英镑的高收入集团的总消费量将平均减少约1/3 。

第四条措施（第八章）是要将工资、退休金和其他津贴货币价格的进一步变动与有限几种定量配给商品的成本变动联系在一起。正如人们一直所要求的那样，这种配给量是很严格的，并且政府当局将通过种种方式来防止其价格的上涨。前面几条措施的存在使这一条成为可能，然而后者对于前几条措施而言却并非不可或缺。

在根据批评进行修改和进一步的考虑之后，这里所提出的这个方案同去年11月我在《泰晤士报》专栏中提出的收入延期支付计划相比，要更为全面一些。不过，最初的那个计划是整个方案的关键，如果它失败了那么其余的措施也就很难实行了。如果没有这一计划，那么家庭津贴的费用就会促进消费的全面增长，从而使得消费问题雪上加霜，并且只会使通货膨胀的蔓延更加不可阻挡。这样的情况对于严格的廉价定量配给也同样适用。除非我们首先从市场上收回过剩的购买力，要不然对消费的补贴费用将会使财政部在财政的泥潭中越陷越深。不过，如果对收入的延期支付能够获得支持，则整个结构就可以牢固地建立起来。

这样一项总体计划要求所有人都能遵照执行，它如同交通规则一样，每一个人都能从中受益，又不会损害他人，把这种规则视为对自由的侵犯是蒙昧无知的。如果强行实施这种交通规则，那么人们依然会同过去一样可以四处游走而不会感到有丝毫不便。在这一计划下，人们的消费水平也依然同过去一样。交通规则允许人们自由选择沿着哪条路旅行，这与不存在交通规则时没有什么区别。而根据这一计划，人们可以选择的消费品种类也仍将同过去一样多。

将这一计划与交通规则相比较是恰到好处的，因为这一计划正是防止人们误入另一条花费其钱财的迷途。

三、我们的产出能力与国民收入

为了计算留作民用消费的蛋糕大小，我们需要对以下几个方面进行估计：

（1）我们能够从人员、工厂和物资这些资源中得到的最大产量；

（2）由于贸易逆差而产生的外汇流出，其速度应该为多大才是安全的；

（3）所有这些财富将被我们的战争开支消耗多少。

用于进行这些估计的统计资料非常少，自上次战争以来的每一任政府都是些愚昧主义者，没有任何科学知识，他们认为搜集基本的事实材料是在浪费钱财。今天，任何人，不管他是否来自政府机关，在这方面都不能不主要依靠科林·克拉克[1]先生突出的个人贡献（在他的《国民收入和支出》一书中，增补了一些后期论文）。不过，由于缺少那些只有政府机构才能收集得到的统计资料，他几乎是在做大胆的猜测。下面的观点所依据的材料将在附录中给出了更为详细的内容，那是在E.罗宾斯先生的帮助下制定出来的。

当然，测算产出能力的货币标准是依照工资和价格水平的变化而不时加以调整的。为了简化起见，以下的数字都是根据战前价格得出的。

截止到1939年3月31日，包括无形的输出在内，我国这一年的产值以成本来衡量大约是48亿英镑。在这一数额中：

1　科林·克拉克，在英国和澳大利亚生活过的英国籍经济学家和统计学家，开创了研究国民经济的国民生产总值（GNP）的使用。——译者注

37.1亿英镑	大众消费的当前费用（包括工厂的日常维修费用）；
8.5亿英镑	政府服务的当前费用（包括日常维持费用），不包括对领取退休金者以及国债持有者的“转移”支付，因为这些产出只是从一个人手中转到另一个人手中，但包括资本支出；
2.9亿英镑	以建筑、工厂和运输形式用于增加我们的私人基本固定资产；
48.5亿英镑	以上三项合计数

一方面，可以通过以下几个途径来增加这一产出：①当年加入了社会保险的工人中有12.75%失业，可以吸收这些失业人员中的相当一部分重新就业；②吸收未加入社会保险的人口如儿童、妇女、退休人员、无业人员等就业；③增加劳动强度，延长工作时间（例如，把工时延长半小时就可以增加7.5%的产出）。另一方面，脱离生产的武装力量（假设其产出与投入相等，则可以用军饷、津贴和给养的费用来估计其本应创造的产出），原材料的短缺和船舶运输的紧张，以及空袭预防措施的施行，这些都会引起效率减损。总的来说，如果我们的组织能够正常运行，那么增加15%～20%的产出应当是可行的。若取17.5%这个中间值，可以设想，按战前价格计算的话，将增加8.25亿英镑的产值。到目前为止，尚未出现过这样的产出增长，但补充这一点可能并不多余。

政府的需要可以从另外两个来源得到满足。在公共和私人消费的费用中，除了用于新增资本的3亿英镑以外，还包括4.2亿英镑可实现的经常性折旧费用。在这一产出中，有一部分可转用于政府用途，其价值总共约7.1亿英镑（4.2亿英镑+2.9亿英镑）。从折旧基金中拿出1.5亿英镑，从正常的新增投资中拿出3亿英镑，我估计总共可以从这一来源得到4.5亿英镑。

第二个来源，也是剩下的最后一个来源，是出售我们的黄金储备和在国外的投资以及借外债。如果我们要为一场长期的战争做准备，就必须严格限制我们消耗这些资源的速度。根据我的估计，我们可以有把握地从这一来源中获得的最大收入为每年3.5亿英镑[1]。

通过上述各种方式，我们的资源每年可以提供16.25亿英镑（8.25亿英镑+4.5亿英镑+3.5亿英镑）的产出，从而满足增加的政府需要以及当前的私人消费。

这与当前的实际情况有何关系？在1939年深秋，财政大臣宣称政府支出的速度已接近于每年15亿英镑左右。因此，如果能够实现上面所设想的产出增长速度，那么我们就可以略有剩余（大约为1.25亿英镑），从而可以用来增加私人消费。然而，每一个人都清楚，直到现在我们还远远达不到以这样的规模来组织生产。事实上，依我看，当前的政府支出速度并没有为私人消费的增长留下任何余地；而对消费水平的勉强维持则已经引起产品库存和外汇储备的急速减少，其消耗的速度快于我们在上面所设想的限度——换句话说，要快于安全的速度。

而且，毫无疑问，我们的战争支出还没有达到峰值。如果要对前景作乐观的展望，我们不妨假设与去年秋天的估值水平相比，明年的政府支出仅仅将再增加3.5亿英镑，并且成功地将产出提高到上面所建议的最大限度，这就要求按照战前价格计算的整个社会的消费需要减少2.25亿英镑。因此，8.25亿英镑的新增收入加上原先支出的2.25亿英镑收入就是我们必须从消费中收回的总额。

以上对这一问题的表述是简单明了的。某些人可能会说这一表述大打了折扣，对于需要为战争所做出的付出并没有进行充分的考虑。这话可能不假。此外，除非我们能够迅速修复道路、恢复交通，不然上面的估计就严重地夸大了我们的产出速度。不过，要确立我现在的论点，这些简明的表述实际上已经足够了，没有必要进一步再做更为复杂的论证。如果事实证明需要对消费进行缩减，那么这也只会加强我在上面所说的一切。

现在，让我们来看一看这个问题的实质究竟是什么以及它是如何产生的。在前面的假设条件下，人们能够从新增产出的生产中获得8.25亿英镑，也就是说，即使工资率并没有提高，价格也没有上涨，收入也会增加8.25亿英镑。然而，虽然这部分人的收入增加了，但他们却肯定会比以前消费得要少，也就是说在收入

1　证明这一数字合理性的具体依据见附录。

增加的同时，消费反而会减少。这个结论切中要害，大家对此并没有异议，而且人们对这一点也逐渐达成共识。不过，由于我们对失业和资源闲置问题已经习以为常，所以当面对充分就业和资源短缺问题时就应当换一换思路，调整我们的态度以适应新的情况。在战争时期，我们从丰裕时代倒退到了匮乏时代。

此外，由于在将近6个月的战争之后，仍然存在着大量统计上的失业，这一事实蒙蔽了我们的双眼，使我们觉察不到新问题的迫切性。这应归咎于组织的失败，一方面是因为时间仓促而不可避免，另一方面则是因为政府当局在这一问题上投入的精力太少、不够专心所致。不过，如果有人仍然立足于我们处于丰裕时代这一假设来论证其观点，那就大错特错了。在今天，总体说来失业的性质与一年前已经大为不同，它不再是由需求不足而引起的。我们所需的那些物资不再有潜在的剩余供给。当前有两个障碍阻碍着我们向充分就业阶段的过渡——第一个障碍是因为难以把劳动力转移到需要的地方去而造成的；第二个障碍（在当前也是首要的障碍）与劳动力的短缺不同，它是因为在把现存需要转化成有效需求的过程中存在着重重困难而产生的。举例来说，也许出口商和国内消费者都需要布料，而在纺织行业中并未实现充分就业，如果制造商由于各种原因无法获得用以满足需要的羊毛原料，那么这些需求就仍然是无效的。

不过，我要再次强调，这并不意味着我们还处在丰裕时代。相反，这

►1916年，马萨诸塞州福尔河的一名纺织厂工人，他在结束工作后，打扫工作区域。20世纪初，美国正处在经济高速发展时期，一方面奠定着日后成为强国的基础，一方面让社会的底层民众在贫困和无尊严的状态下挣扎

意味着在可利用的劳动力被全部吸收之前，匮乏时代就已经到来。我并不是说我们的产出在现有的水平上不可能再有所增加。如果我们的组织管理得到改善，那么就能够进一步增加产出。我们已正在着手让大家明白该如何去增加产出，但我们还得去学习如何生产得更多，而这是需要时间的。

当前，使得我们对于向匮乏时代过渡的趋势视若无睹的另外一个因素是我们利用库存的能力。毫无疑问，在战争的第一个月，私人消费的增长速度就已经远远超过了我们的剩余产品库存，但这一规模不可能长期地维持下去。猜想私人消费已经得到足够的压缩是没有依据的。通过利用商品库存、外汇储备和周转资金，供给不足得到了一定程度的缓解。因此，把私人消费调控到与有效供给相适应的水平，比所表现出来的要迫切得多。那种认为我们可以把这一行动推迟到充分就业实现之后的观点是无法立足的。

关于这一问题的重要性现已得到了阐明。读者会理解，在这一问题上进行一定程度的猜测是在所难免的，而我前面给出的那些数字也只是粗略的估算。如果任何人能够更好地体会这一点，那么他的批评意见将会更受欢迎。不过，我认为这一结果基本上是正确的，而更精确些的细节也不会改变这幅图景的主要脉络。

四、富人能为战争付账吗

我们在前面已经说明，除去因战争而导致的工资率上涨的因素，仅仅是产出和就业的增加就会使整个国民收入增加8.25亿英镑。与此同时，根据适中的估计，私人消费最少也将减少2.25亿英镑。因此，总共需要把10亿英镑的私人收入从消费中收回。按照战前的工资和价格水平计算，这一数字现在已经达到。但是现在工资和价格水平已经有了显著的提高，因此所有数据都应当根据现行工资和价格水平做一些相应调整。截止到1940年1月底，批发价格上涨了27%，生活费用（按季度加以修正）上涨了10%，而工资大约提高了5%，这意味着我所给出的总和数字应当增加10%，以便与现行工资和物价水平相适应。

我听到过这样一种观点，认为尽管这些数据可能是准确的，但并不能证明工人阶级有必要做出任何牺牲。另一方面，人们也公认工人阶级的工作更为辛苦。然而，果真如此的话，他们的消费也就会成比例地增加。如果生活费用提高了，那么不只是总收入，工资率也必须作相同程度的提高。该观点宣称，富裕阶层应该承担战争的全部实际费用。因为战争而增加的对劳务的需求，为工人阶级的消费水平在原有基础上更上一层楼提供了一个千载难逢的机会。

难道工人阶级真的认为他们应该成为战争中的唯一受益者，借战争之机增加自己的消费并且不承担任何的战争责任，抑或这只不过是他们的某些领袖代表他们所宣称的观点呢？若确是这样，那么这就成了一个政治问题，讨论这类问题并非我的专长，况且我也没有必要这么做。

因为从政治角度来看，我怀疑上述见解是否算得上是一种可能的选择。不管怎样，这并不是那种不用采取任何措施、只需袖手旁观就能够自动生产出来的东西。如果我们没有一项全面的计划而任其自由发展的话，结果只会出现通货膨胀或供应紧张，而不是上述情形。而我们将会看到，通货膨胀对富裕阶层而言完全是有利的，只会减轻而不会加重他们的负担。在本文即将结束之前，我将不得不多次强烈要求应该将我所给的建议与那些正在实行或即将付诸实施的、实际的可能方案进行比较，而不要与那些虚无缥缈的方案进行比较。

不过，让我们再核查一遍这些论据。我所使用的数据只是粗略地接近实际情况。我们并没有确切地了解国民收入是如何在各个不同的收入集团之间进行分配的，虽然这是一件极为重要的事情。关于年收入在250英镑以下和2000英镑以上阶层的情况，有较详细的统计资料，但对于重要的中间阶层所拥有的国民收入份额情况则缺少相关的资料。不过，虽然下面的众多细节可能不是特别精确的，但我认为这并不会使人们对国民收入分配的整体状况产生误解。同前面一样，我们将使用战前价格和工资水平作为计算标准，因为如果我们不采用这一标准，那么就会由于情况的不断变化而无从下手。

我们将以战前个人收入的总额为基数[1]，加上预期会在战争期间增加的那部分收入，并减去在战前已经支付了的费用和税款。

下表中最后一行数字给出了现有收入的余额，在考虑到现存资本所能提供的支持之后，我们必须以追加税收或公债形式从中筹集资金用以满足增加的战争支出（这一计算方法如此醒目地显示出，年收入在250英镑至500英镑的收入集团目前所负担的税额非常不合理。他们的实际税负在其战前收入中所占的比例，比年收入在250英镑以下的低收入集团还要低，后者为13.4%，而前者仅为7.8%）。

单位：百万英镑

收入集团[2]	250英镑以下	250~500英镑	500英镑以上	总额
战前收入	2910	640	1700	5250
战时所增加的收入	425	100	300	825
战时总收入	3335	740	2000	6075
战前所缴税费	390	50	780	1220
现有收入的余额	2945	690	1220	4855

我们在第三章给出的新增政府支出为18.5亿英镑，撇开正常的储蓄，其中的1.5亿英镑来自在国内无法实现的那部分自然积累的折旧基金，而有3.5亿英镑则来自出售境外资产和外国贷款。余下的13.5亿英镑则将从追加的税收和新增的自愿或非自愿储蓄（包括正常储蓄）中筹得。

在现有的条件下，即使税收水平大幅提高，同时下面提出的延期支付收入建议得到采纳，我们也至少可以指望有4亿英镑的自愿储蓄。实际上，我认为这一数字与最有可能实现的估计值相比要低很多，大概少了1.5亿英镑。我留出这一差额是为了预防在相反方面可能出现的其他一些计算错误。这一数字还包括政府手中积累的1亿英镑失业基金、健康保险和退休基金、战争风险基金及其他类似基金。既然难以辨明这笔资金是来自哪一个收入集团，那么不妨将它作为相应减少

1 这一总额的由来参见附录。

2 这些集团中的人员是按他们战前的境况来划分的，虽然战时所增加的收入可能使他们上升到更高的收入集团。

的政府对公共工程的净需求。即使个人除了其他一些需求外不进行任何的自愿储蓄，另外的3亿英镑也可以全部通过建筑业协会、人寿保险公司、退休基金会、公司的未分配利润（仅这一项估计在战前就有3亿英镑）及其他社会性渠道来筹得。如果对这一总额在各个收入集团间的分配稍做些武断的估计（因为缺少准确的资料），那么就得出如下的结果：

单位：百万英镑

收入集团	250英镑以下	250~500英镑	500英镑以上	总额
扣除了战前税费的战时收入	2945	690	1220	4855
最低限度的自愿储蓄额	50	75	175	300
剩下的余额	2895	615	1045	4555

从表中可以看出，剩下的余额仍足够为政府提供9.5亿英镑资金。甚至在为计算错误留下更大的余地之后，上述数据也表明，如果年收入在500英镑以上的人都把他们超过500英镑的那部分收入作为税款全部上交，也仅有6.25亿英镑，只能满足政府需要的2/3[1]。

然而，上述建议十分不切实际，远远超过了我们的财政系统期望筹集到的资金数额。实际上，如此大规模的征税将会引起现存合同和协议的大量违约，从而使可征税的收入迅速减少。这些收入的相当一部分花费并不是用来增加个人消费的各种花销和其他用途上，投入到现有资源最有价值的用途上，以及用于给付对受赡养者的津贴。因此，我们可以推出政府支出的相当一部分必须以各种方式从年收入低于250英镑的收入集团中筹得。

将豁免界线定在年收入250英镑上也是不可行的。大约有243万人在这一收入水平之上。如果把他们超过250英镑的剩余收入（10.5亿英镑[2]）全部拿走，又不

1　年收入在500英镑以上的家庭大约有84万户，他们在战时收入的总额除去战前税收和最低限度储蓄后，即上面的10.45亿英镑，在每户扣除500英镑以后，总共还剩下6.25亿英镑。

2　这一数字是该集团的可得总收入16.6亿英镑减去6.1亿英镑（即243万人每人250英镑的总和）而得来的。

▲纽约人在华尔街的办公室，购买新发行的政府债券，为联邦战争提供资金

会产生连锁反应或收入减少的话（这与实际情况相去甚远），这样筹得的资金用以满足政府的需要是绰绰有余的。如若战争经费由年收入在250英镑以上的收入集团来支付，那么就意味着要以储蓄和税收（包括原有的和新开征的）形式从他们的战时总收入中取走约3/4，而只留下稍多于1/4的部分用于他们自己的消费开支。

根据以上这些数据，如果设想对于每周收入在5英镑或5英镑以下阶层所增加的战时收入可以分毫不用就能支付战争费用，也是不切实际的。这一收入集团约占总人口的88%，因为产出增加而工资率不变，考虑到战时增加的收入并扣除了战前税费后，其收入占英国个人收入总额超过60%，并且其消费量占当前消费总量的2/3，而且这一集团的收入将因为战争而平均增加约15%。难道我们真的希望，允许收入低于每周5英镑的人平均增加15%的消费，而那些收入高于每周5英镑的人则只能把他们收入的1/4用于消费？所以，唯一的问题是，这一阶层该做出多大的贡献，以及如何以最小的牺牲和最大的公正来筹集这笔资金？

如果我们有一项深思熟虑的计划，那么就能够对社会公正问题加以权衡。而要是没有这样一项计划（正如当前这样），这一问题就会被人们漠然置之。

在下面两章中，我提出了一项建议并作为讨论的基础，该建议体现了这样一个原则，即比其他任何计划都更有利于实现更大的社会公正。尽管该建议的众多细节方面都有待进一步的修正和完善，但是我希望，这一原则能够始终得到贯彻落实。若要评价这一计划，应当把它同那些实际发生在我们眼前的替代方案进行比较，而不应与某些不切实际的、虚无缥缈的“完美”计划进行比较。

五、关于延期支付、家庭津贴和廉价定量配给计划

在阐述下面的观点之前，我必须考虑的是将我的想法和盘托出，还是有所保留。如果我提出一项内容翔实的具体建议，那么我就将暴露在无数的批评指责之中，而这些批评又与这项计划的基本原则没有太多的关系。如果我进一步利用这些数据来阐明这一建议，那么就会引发更深层次的猜测，并且有使读者陷入琐碎细节的危险。而这些细节可能是不准确的，完全可以在不对此计划做大的调整的情况下进行微调。如果我只限于笼统地谈论这个计划，那么就无法提供足够的东西供读者斟酌，既然所涉及的种种因素的缓急轻重并不是无关紧要的，那么我实际上就是在刻意回避这个问题。

因此，我情愿冒陷入琐碎细节的危险，也不愿言之不详，但这有赖于读者对我的这一做法给予善意的理解。不过，如果我首先在这一章中做一些概括性的说明（但并没有完全脱离数字），而把蓝图留到下一章，那么或许会有助于读者弄清基本原则和说明性的具体内容。

考虑到战时的产出增长、战前的税收收入以及在任何情况下我们都可以指望的那部分储蓄等几方面因素之后，我们可以得出一个明确的结论，即私人手中保留的大约9.5亿英镑的资金，不能用于消费而必须用来资助战争。

我认为，这笔资金的一半（5亿英镑左右），可以通过税收形式来筹得。实际上，约翰·西蒙[1]爵士的紧急预算中所开征的战时税，如果不考虑征收中存在的时滞，全年也许能够提供4亿英镑资金。即使我们可以避免明显的通货膨胀，在这部分税额中也包括至少1亿英镑的超额利润税。当然，通货膨胀可以极大地增加赋税收入。不过，即便没有这种偶然性的帮助，这笔税收也是可观的，它一方面是作为更高产出水平的反映，另一方面是因为利润在各个企业间的分配与基数年份相比大不相同。通过其他一些财政手段，包括对非必需品商品征收销售税，可以再筹集到1亿英镑。除了广泛征收销售税、工资税以及把通货膨胀作为一种税收手段以外，同时适当考虑到公平与效率，要想靠我们的财政机器来筹得一笔更大的资金将是十分困难的。

除了我们已经得到的4亿英镑信用贷款，想不依靠通货膨胀的任何帮助，只通过自愿储蓄来弥补余下的4.5亿镑缺口，这是不可能的。要知道，我们已经假设，对于9亿英镑政府贷款（3.5亿英镑来自出售境外资产，1.5亿英镑来自折旧基金，4亿英镑来自新增储蓄），公众每年所愿意提供的资金数量，相比于从投资政府基金、向国外借款和出售黄金储备的方式中所能得到的收入，要少得多。因为按照我们的假设，总的新增政府支出不是9.5亿英镑而是18.5亿英镑。因为我们已经看到的种种原因，这笔追加储蓄将不得不主要来自每周收入5英镑或5英镑以下的收入集团，而这就要求改变他们那种尚不清楚的消费习惯。

由于同样的原因，不管采用哪一种方法，对低收入集团的影响都是大同小异的，都会压缩低收入集团的潜在支出。通货膨胀是代价最高的一种选择，因为这毫无疑问会对企业家有利，却可能会使工人失去其20%的真实收入。通货膨胀还存在一个与一般销售税相同的缺点，即对最低收入阶层来说都是难以承受的。同从通货膨胀中获益的原有税种一样，新开征的税种，例如销售税、工资税，最终都会加重工人们的劳动负担，抢走他们的一部分收入。工人将被迫更加辛苦地工

1 约翰·西蒙（1873—1954年），英国政务活动家。二次世界大战和温斯顿·丘吉尔、比弗布鲁克男爵均在内阁。——译者注

作，但作为一个整体他们无法从中获取任何个人利益。如果财政部和工会领袖在他们所能最容易达成一致的地方不谋而合，即没有明确的政策而任其自然，拒绝新思想而因循故辙，那么上述结果将是无法避免的。

那有没有其他更好的办法呢？我们已经看到，社会作为一个整体，一方面要增加对战争的投入，另一方面又想同时增加同等价值的消费，这无异于痴人说梦。投入战争的资源只能用于战争而无法同时用来增加消费。所以，那些为战争而努力的人们只可能有两种选择：或者他们完全放弃这一数量的消费；或者推迟这一消费。

保留对自己劳动果实的权利，这对每个人来讲都是求之不得的，尽管他必须推迟对这些果实的享受。这样，他的个人财富就增加了，因为这种财富意味着掌握了延期消费的权利。

这给我们指明了一条出路，即每个人收入的适当比例均须采取延期支付的形式。

随着这条一般原则的确立，完成这一任务的种种困难也接踵而来。即便我们以最粗犷的可能方式，对扣除战前税费后所有的剩余收入实行延期支付，比方延期20%，这也仍然要比采取通货膨胀的方式好得多。然而，舆论要求一项深思熟虑的计划，特别是一项新计划，不应当只是比无所作为要稍好一些，而应当是要好很多，尽管新计划也同样得面对原有那些计划所受的批评指责。但是我们经常忘记这一点。人们期望这项新计划能更好地实现社会公平。

我们对这一要求表示欢迎。也许这一计划打乱了财政部所急需的既定安排，但如果我们能够把这种扰乱转变为改善社会收入分配的良机，那就再好不过了。

考虑到这一目标以后，我们可以在延期支付计划的第一条原则后面，再加上第二条、第三条原则。我们在上面已经建议过，所需资金中大约一半可以通过立即征收税费来筹集，另一半则可以通过对收入的延期支付来筹得。所以，我们的第二条原则是，新增税收的大部分应当由年收入在250英镑及250英镑以上的收入集团来承担，而低收入集团应做的贡献主要是采取延期支付的形式，即并不要求他们完全放弃消费，而仅仅只是推迟消费而已。

第三条原则是必须致力于维持最低生活保障水平——至少不低于现有水平。因此，在第二条原则加重了富裕阶层负担的同时，第三条原则又特别减轻了贫困阶层的负担。

要贯彻落实这两条原则需要两个完全不同的计划。我最初在《泰晤士报》上提出的那个方案，试图制定一条最低限度的收入豁免线，而对于已婚者则根据其家庭成员的多少作相应的上调。批评意见认为这一计划所能带来的最终津贴太少，这不是没有道理的。接下来所提出的新方案将在此基础上更进了一步，我确信它能够带来更大的改善。

在过去的几年中，舆论的重心已倾向于赞同实行家庭津贴。在战争时期我们自然会比平时更加注意生活费用问题。而且，一旦出现生活费用上涨的苗头，人们就会要求相应提高工资，家庭津贴问题也必然会被摆上台面，因为生活费用的上涨对家庭负担的影响很大程度上取决于家庭规模的大小。要在战争期间进行这样一项社会改革，其代价将是很高的，即使在和平时期我们也不一定能负担得起。所以乍看起来，这种建议似乎是自相矛盾的。然而，实际上在这样一个时期，社会改革是如此的迫切，以至于为进行这场改革提供了绝佳的机会。

其他人也持有类似的观点。因此，我提出这样一种家庭津贴方案，即对15岁以下的少年儿童给予每周5先令的现金补助。我估计实施这一方案所需的净费用是1亿英镑，得出这一数字的根据见附录。

那么是不是采取这条措施就足够了呢？我们还得考虑到有相当大一部分低收入阶层，其收入在战争时期并没有任何增长，或者怎么涨都跟不上生活费用上涨的步伐。即使工会同意实行延期支付或类似的计划，他们也会要求采取某种保障措施来防止价格上涨到工资水平之上。

这个重要的意见得到了亚瑟·索尔特爵士、R.H.布兰德先生以及希克斯夫人的大力支持。为了解决这一问题，可以对消费品实行最低限度的廉价定量配给，虽然这一措施可能需要给予一定的补贴。如果我自己就是财政部的咨

▲阿姆斯特丹的建筑工地。1889年，荷兰油画，理查德·罗兰·霍尔斯特绘制

询顾问，我将不无忧虑地看待这一措施的实施，因为在一定条件下财政部可能会因此而背上难以承受的财政负担。不过，如果这一建议是包括延期支付在内的全面计划的一个组成部分，并且得到了工会的赞同，那么我也将对此表示欢迎。

生活费用指数所涉及的那些商品不应该都纳入最低定量配给计划中，而应限定在战时能够获得的少数几种必需品的范围内。对于配给品的将来价格也不应做出肯定的保证。不过，如果最低限度配给品的价格出现上涨，工会都有权敦促相应地提高工资水平。

但是这样一种安排必须以同时接受延期支付计划为绝对条件，而且工会必须同意，他们所提出的要求只是出于防护目的，而不可以得寸进尺，以生活费用上涨为借口要求进一步提高货币工资。

如果缺少了这些条件，那么消费者手中的巨大购买力将使得任何试图固定价格的尝试变得非常危险。在这种情况下，最低限度的廉价定量配给只会引起购买力更多地在其他用途上被释放出来，并且将把其他商品的价格推高到与配给品的固定价格差距过大的水平上。试图固定消费品价格的同时，又让消费者手中的购买力无限膨胀，这肯定是一个错误。

这样的方案与渐进式的通货膨胀或工资税相比，可以给工会带来显而易见的巨大利益。尽管为了满足战争需要，工人付出了更多的劳动，但他们肯定早晚都将享受到与他们所做的贡献完全相当的消费水平。而同时，即使是在战争时期，家庭津贴和廉价定量配给也将确实改善低收入家庭的经济地位。我们将成功地把这场战争变成推进积极的社会进步的良机。有些人徒劳无益地企图逃避这样一场正义战争的合理负担，而结果却陷入了渐进式的通货膨胀。相比之下这项计划可以带来更多的利益！

六、具体内容

在上一章中，对于收入中应予以延期支付的比例，以及应免予延期支付的最低收入标准，我并没有给出具体的数字。对这一原则表示赞同的人也许会在细节上意见不一，因此，尽可能地将这两者分开来谈要更好一些。我提出下面的看法作为讨论的基础。这项计划的具体内容是一个与程度和评价有关的问题。如果这些计划误入歧途，则可能是因为对每周收入在5英镑以下的收入集团过于让步，以致使这些计划难以持续下去。我认为，在产出充分增长和政府支出不超出前述估计数额的假设下，这些让步仍然是可行的。但如果这两个假设都失效了的话，那么这些让步也就无从谈起了。

这些具体细节主要以下面几点为基础：

（1）每周收入在5英镑或5英镑以下的收入集团的真实消费总额应当尽可能长期地维持在近于战前的水平上。

（2）在这一收入集团底端的那些人，可能从战时收入的总增加额中获益甚少，甚至一无所获。因此，如果要维持他们原有的生活水平，那么其当前收入中的任何一个重要组成部分都无法负担延期的支付。

（3）既然生活费用相对于工资率（尽管不是相对于总收入）出现某种上涨是无法避免的，既然在任何计划下都无法消除个人待遇的不平等，那么我们应当确信，通过家庭津贴形式来对家庭成员提供帮助，就可以抵消这种不平等，从而使他们的境况得到某种程度的改善。

（4）既然与高收入集团相比，低收入集团新增加的战时收入可能在更大程度上代表着工作量的增加，那么后者的贡献就应该主要是采取延期支付收入的方式，而前者的贡献则主要是采取新征税收的方式。

（5）在现有的津贴和补助下，进口商品价格的上涨可能会带动生活费用相对于工资至少增加5%。

剩下的一个问题是，借助于税收和延期支付，我们能否筹集到全部所需的9.5亿英镑资金，或者更确切地说，包括家庭津贴费用在内的10.5亿英镑资金。我在《泰晤士报》和《经济学杂志》上提出的这些计划，也对这一点仍有疑问，并且公开承认很难达到所需的数额。现在我最好应该提出一个可以绰绰有余地实现这一目标的方案作为出发点，尽管它可能有些过于理想化。因为随后的让步势必会削减其最终结果，因此，如果从一个适中的、不是满打满算的方案出发，最后的结果将与我们的目标相去甚远。由于在下一章所要介绍的种种让步可能会耗去至少5000万英镑，因此我打算以总额为6亿英镑的延期支付规模为目标。

我们不可能精确地预测出我在下面所提出的这些实际规模事实上能否实现其目标。它们的目的在于贯彻前面的那些原则。若这些规模被证明是很难达到的，则可以作相应的修正。以下是旨在实现这一目的的负担分配情况：

单位：百万英镑

收入集团	250英镑以下	250英镑以上	总额
新增税收[1]	150	350	500
延期支付的收入	250	350	600
生活费用相对上涨所造成的损失	125	50	175
合计	525	750	1275
扣除新增战时收入	425	400	825
小计	100	350	450
扣除[2]家庭津贴	100	–	100
减少的真实消费	0	350	350

考虑到生活费用比战前提高了10%，而工资只提高了5%，因此工资的提高只是部分地抵消了生活费用的上涨。上面所估计的损失则主要是因为生活费用相对于工资上涨过快造成的。这就是大致现状。上面的估计假设，这一因素对高收入集团的影响比对低收入集团的影响要小一些。

从战前的真实消费水平来看，上述最终结果大致意味着，高收入集团的总消费量足足减少了1/3，而低收入集团的总消费量则没有明显变化。不过，读者可以看出我现已深陷统计困境，我大胆地、也许是过于大胆地给出了这些数字，因而在细节方面的某些严重错误可能在所难免。

这种分配负担的方案可能会引起人们的批评，认为其要求高收入集团所做的相应牺牲过大。这一计划当然是利用战时财政的机会来进行广泛的收入再分配，以实现更大的社会公平。难道任何一位认真负责的工人阶级领袖会相信，徒劳无益地跟随生活费用的上涨而提高工资，或者任何其他可能的方案将比这一计划更为公正、更要有利于低收入集团？

在此所提出的建议是强有力的。每周3英镑或3英镑以下的最低收入集团无法

1 包括战前税种的新增收入。

2 为了简化起见，我假设，为儿童提供的现存所得税津贴已经花费在对年收入250英镑以上集团每个儿童平均5先令的补助上，这是否正确有待商榷，也许稍有夸大。因为这笔津贴已经花费在对收入250英镑至400英镑的家庭的儿童每人3先令9便士，后来逐步提高到7先令6便士了。

从战时的收入增加中获益。对有的家庭成员来说，他们已经取得的任何改善都是相当珍贵、无法割弃的。上述建议为这些人提供了特别的保护。

达到这一目的的最佳方案是什么？我在《泰晤士报》上所提出的方案，其优点在于能向纳税人显示直接税和延期支付的综合结果。这一方案在具体内容上容易招致种种无伤大雅的批评。不过，在经过反复思考之后，我尚未发现一个可以更好地实现这种一般目的和结果的计划。因此，我对这一方案有所保留，以便进一步修正。例如，对于以家庭津贴形式在低收入集团内进行的再分配，以及这一方案与直接税负担之间的相互关系，都有必要进行更细致入微的考虑。在附录中给出了经过修正的方案，其具体内容如下。

（1）儿童津贴。现存所得税下的儿童津贴制度，如果仔细地考虑内容，便会发现它是极不合理的。一个年收入250英镑的人，他的第一个孩子可以获得每年7英镑的津贴，但随后出生的那些孩子一无所得。这笔津贴随着收入的增加而逐渐提高，其最高限额是每个孩子18英镑15先令。不缴纳所得税的人一般无法享受儿童津贴，虽然在某些特殊情况下也给他们发放津贴。我提出一个统一的津贴方案来代替现存的儿童津贴制度，在此方案中，每名儿童可以得到每周5先令或每年13英镑的津贴，凡是缴纳所得税的家庭和加入了人寿保险的人们都可以获得这种津贴。

（2）基本的最低收入线。关于应该免于延期支付的基本最低收入线，我认为，对于未婚者是每周35先令，已婚者是每周45先令。如果有更好的不同数字，可以通过改变超过基本最低线的那部分收入中应当上缴的百分比来进行调整。

（3）超过基本最低线的收入。超过基本最低线的所有收入，其中的一定比例，一部分作为直接税，一部分作为延期支付上缴政府，这个综合百分比会随着收入水平的增加而快速提高。计算这个百分比的准则见附录，不过，下表中我已更为清楚地列出了其在各个收入水平上的计算结果。把已婚但尚未生育的人作为标准，其收入中应用来作为延期支付（以及他应缴的所得税和附加税）的百分比见下表：

收入	百分比
每周45s及45s以下	0
50s	3 ½
55s	6
60s	8 ¾
80s	15 ⅓
100s	19 ¼
每年￡300	21
￡400	25
￡500	27
￡700	29
￡1000	35
￡2000	37 ½
￡5000	53 ½
￡10000	64
￡20000	75
￡50000	80
￡50000以上	85

注：￡：英镑；s：先令

在接下来的表格中所给出的家庭津贴与上面的方案相比，对低收入集团中有小孩的人更为有利。在截止每周75先令的各个收入水平上，如果一个人有两个孩子的话，那他将从中获益匪浅。

（4）在税收与延期支付之间的分配。按上述方式扣除收入的适当部分将用来缴纳所得税和附加税（假如有的话），最后的收支余额将以下一章所介绍的方式作为储蓄记入纳税者的贷方账户。所有这方面的最终结果按实际的个人情况见下表所示：

	每周的收入	延期支付的收入	（当前的）所得税
未婚者	35s	0	0
	45s	3s6d	0
	55s	5s9d	1s3d
	75s	9s9d	4s3d
	80s	10s9d	5s
	100s	14s3d	8s6d
已婚者	35s	0	0
	45s	0	0
	55s	3s6d	0
	75s	10s6d	0
	80s	12s3d	0
	100s	15s $10\frac{1}{2}$d	3s4 $\frac{1}{2}$d

注：s：先令；d：便士

	每周的收入	延期支付与所得税	家庭津贴	用于消费的剩余现金
有两个小孩的已婚者	35s	0	10s	45s
	45s	0	10s	55s
	55s	3s6d	10s	61s6d
	75s	10s6d	10s	74s6d
	80s	12s3d	10s	77s9d
	100s	19s3d	10s	90s9d
有三个小孩的已婚者	35s	0	15s	50s
	45s	0	15s	60s
	55s	3s6d	15s	66s6d
	75s	10s6d	15s	79s6d
	80s	12s3d	15s	82s9d
	100s	19s3d	15s	95s9d

注：s：先令；d：便士

因此，一个有两个小孩的已婚者，在截至75先令的各个收入水平上，实际获得的现金存留要多于其收入所得；而有三个孩子的已婚者在到截至95先令的各个收入水平上，实际得到的现金存留也要多于其收入所得。家庭成员用于即时消费的现金增加了，另外还有大量的延期支付的收入记在他们的存款账户上。对一个每周收入在5英镑以上的已婚者[1]，有如下结果：

单位：英镑

总收入	应缴付的所得税和附加税	延期支付的收入	剩余的收入
300	15	49	236
400	31	68	301
600	93	76	431
1000	218	135	647
2000	562	285	1153
5000	2055	630	2315
10000	5268	1156	3576
20000	13018	1896	5086
100000	80768	4133	15099

在高收入范围内，延期支付的收入占总收入的百分比下降很多。但并不能认为这一百分比就太低了，因为用于支付庞大津贴的资金很大一部分是来自他们所上缴的所得税和附加税。例如，在每年10万英镑的收入水平上，延期支付的收入只占到总收入的4%，但在缴纳了这些税费以后，在所剩的收入中延期支付的比例就上升到了21.5%。

（5）征收方式。对于加入了社会保险的人员，延期支付收入的征收方式与社会保险的征收方式相同。每一个加入社会保险的人员都应持有一张延期支付卡，并由雇主加盖印戳。对于所得税的缴纳人员，延期收入的征收方式与所得税相同。对于年收入750英镑及750英镑以下的阶层，考虑到对所得税的补贴之后可以进行相应处理。对于附加税的缴纳者，延期收入的征收方式也与附加税相同。

1　他也享有对其每个孩子每年13英镑的补助。一个已婚者要多缴纳13英镑到16英镑的所得税以及稍少一些的延期支付，也许应该增加对收入处在这一范围内的已婚者的津贴。

▲1910年，孩子们在一家商店门前玩掷骰子游戏，照片路易斯·海因拍摄

因此，延期收入的估算和征收工作都无须采取任何新的方式——这在战争时期是个很大的好处。

在收入出现波动的情况下，适于每个支付期间的延期支付比例最初可能很难理顺。不过，可以按照季度或其他方便的间隔把这一比例调整到与平均收入相适应的水平，而这样做所需的一切资料都记录在卡片上面。

（6）延期支付收入的保管。应当允许个人自由选择什么样的机构来保管他的延期支付收入。他可以选择他所支持的社团、工会或者其他任何为了医疗保险目的而批准设立的机构；或者当对上述选择都满意时，可以考虑邮政储蓄银行。所以，应当鼓励工人自己的机构来掌管他们的资金。如果工人们确实希望如此，则应当给予这些机构一定的自由处置权，决定在什么条件下，这些资金可以提取出来以缓解不时之需。我将在下一章介绍这种方案。

通过调低所得税的最低豁免线档位，以及把不同收入水平的所得税和附加税税率有效地提高到附录所列出的百分比上，可以得到同样的结果。这一点是容易理解的。对于那些讨厌空想的方案而喜欢简明易懂的办法的人来说，这一计划是个可以信赖的选择。如果该计划能够与家庭津贴方案一同实施，我找不到任何可以在财政上对其加以反对的理由。从整个社会的角度看，我更喜欢那种新颖的建议，它所抱有的奋斗精神更强烈，而牺牲意识更少，并且实际上所要求的牺牲也不多，可以让生活安全的好处惠及整个社会。这种安全是由节约下来的资源来承担的，但其范围却比以往要广泛得多。

七、延期支付收入的发放与资本税的征收

在这一计划中，延期支付的那部分收入应当作为限制其所有者使用的存款以2.5%的复利率储蓄起来。像前面提到的那样，他可以自由选择自己所支持的社团、工会或机构，或者当这些选择行不通时，可以考虑邮政储蓄银行来保管这笔资金。如果上面计划中的征收目标能够实现，那么以这种方式积累的资金总额合计大约每年有6亿英镑。实际上，由于做出种种合理的让步，积累总额可能要比这个数字小。

首先，对于某些战前签订的已确定的储蓄协议，例如，给建筑业协会的分期付款、向人寿保险公司缴纳的保险费、分期付款的购买协议，可能还有银行贷款协议，应该允许个人用其限制使用的存款来偿付。这样做应该是合情合理的（我已预留了5000万英镑作为回旋余地，倘若还不够，我认为，在延期支付计划之外，我对可以指望的自愿储蓄做了大量潜在的保留）。用延期收入来缴纳遗产税也在情理之中。

其次，应当允许人们使用其延期支付的收入去购买新的人寿保险或人寿定期保险单。保险公司应当采取与特殊环境相适应的方式来制定鼓励这类行动的

▲1914年，纽约一位富有的银行家驾驶着他的马车在街道中穿行。19世纪末，美国开始了以内燃机和电力革命为标志的科学技术革命时期，使得经济飞速发展，出现了众多银行家以及财团，掌控着金融界的命脉

方案。

再次，既然这些储蓄是个人自己计划用来增加他的安全感，以备其家庭和他自己的不时之需，因此只要能得到他所支持的社团或邮政储蓄银行的同意，就应当允许他使用其存款来应付诸如疾病、失业或家庭所需的特殊开销。

总的来说，这类存款应当在战后才能拿出来使用。政府应当安排时间来分期发放这些储蓄存款，以免出现长期的拖延。但同时，这些日期也不应该是经过冥思苦想的计算而得出的结果，这些计算的依据则是对养老金和类似下面所提出的资本税所做的家庭经济情况调查或纳税资格评审。

最终发放这些储蓄存款的适当日期将是在战后第一次衰退来临之际。因为到那时的经济形势将与现在截然不同。那时我们将有能力生产出超过当前需求的供给，而不再是供不应求。因此，延期支付制度将带来双重的好处，而且将来它在防止通货紧缩和失业方面也会起到一定的作用，与现在它在防止通货膨胀和稀缺资源的耗竭方面所起的作用，同样都是卓有成效的。因为在战后，我们很有可能像现在急于对消费需求进行限制一样，急于刺激消费需求的增长。私人支出有时很难用来增加消费，而有时却能使闲置资源得到利用，所以，把私人支出从前一个时期推迟到后一个时期毫无疑问是明智的。

如果能够在这些条件下发放这种储蓄，则这一制度不管是在实际资源还是在财政方面，都可以快速得利。在实际资源方面，它能迅速得利是因为劳动力和生产能力可以被充分利用起来满足消费；而在财政方面，它之所以能迅速得利则是因为有了这一制度，要防止失业就无须通过筹集其他形式的贷款来发放失业救济金、兴建公共工程了。

不过，根据我自己的体会，计划的这一部分可能比其他任何部分更容易引起人们的怀疑。人们担心最终偿还这种限制使用的存款时会困难重重，我对这种批评感到惊讶，因为对我来说它似乎与情理不符。如果自愿储蓄也存有类似的偿付问题，那么国债所遇到的困难跟它是大同小异的。而且财政部拥有确定发放日期的自由处置权，因此与战后可能留下的大量短期债务相比，这一部分特殊的国债实际上是比较容易处理的。我猜想，这种怀疑的依据是，与正常的储蓄相比，当以延期支付方式形成的储蓄到期以后，人们可能更倾向于立即把这笔存款取出来花费掉。我不能确定这一猜测跟实际情况相差多远。也许这种限制使用的储蓄有助于更广泛地促使人们养成进行小笔储蓄的习惯，也许人们会像对待目前的银行储蓄存款一样，对这种存款的大部分有节制地进行支取。不过，我并不指望这些。事实上，当这些存款发放的时候如果人们并不进行消费，那么我前面所预测的这种存款对于就业的好处也就不会兑现。不管怎样，社会救济和促进就业都需要资金，因此在发放这种存款的同时，必须寻找新的款项来替补它。我在此所做的不过是设想我们可以采取何种措施来防止在找到替补的贷款之前就把这种储蓄存款支取花光。

然而，不论舆论对这个问题多么放心不下，人们仍将会发现这个困难迟早能够自行解决。如果这场战争持续两年以上，国债就会急剧增加，让人无力应付，并且将在未来几年拖垮国家的财政。在我看来，就像上次战争结束之时一样，在这种情势下，如果能在战后第一次衰退来临之前就实施对资本征税的政策，那这毫无疑问是明智之举。因此，这也许是一个把延期支付和征收资本税相联系起来的绝佳时机。

我建议我们应当担负起在战后广泛征收资本税的任务，这样将会筹集到足够的资金以摆脱对延期支付收入的依赖。我仍然坚持认为发放延期收入和征收资本税这两项措施尽量不要同时进行。在严重的失业状况出现之前，我不愿放弃扣留延期支付的收入所能带来的巨大好处；而当衰退到来之时，又正好是最不适宜征收资本税的时候。如果这种资本税要求一次全额缴清，那么最好选择战争结束后可能的最早日期。特别是当暂时的繁荣即将出现之际，就更应当及早缴付。不过，选择在一段时期内分期缴付也许会更好，因为这样能减少麻烦，方便赋税的征收工作。这种做法有一个好处，即能够为征收永久性的资本税在管理方面铺平道路，而这种资本税将新增为一种有价值的财政手段，其在某种程度上也将远远胜过所得税。不管怎样，战后将有大量的国家债券等待结清，因此，在操作上也没有理由让资本税的征收与延期收入的发放同时进行。

劳工团体常常持有这样一种观点，即认为资本税应该直接构成当前战时财政计划的一个组成部分。其理由是，战争应当成为减轻当前财富不平等状况的契机，而不应加剧这种不平等。这种要求很合理，并且上述计划完全能够满足这一要求。同时，对于在战时征收资本税真正坚定有力、无可争辩的反对理由，人们反而避而不谈。我主要关心的，并不是管理上的困难，虽然这些困难可能是难以克服的。问题的重点在于资本税现在对于解决当前的难题几乎没有帮助。一项值得征收的资本税不可能从富裕阶层的当前消费中抽取，人们只能通过把他们的资产转交给政府来缴付这项税款，而这种资产的价值对于当前的财政任务并无太多的帮助。这样做除了减少当前收入下的消费外，不会有其他的作用。而且，由于我在第四章曾提过的那些原因，没有什么权宜之计足以使低收入集团能够在他们的消费中实现新增购买力的相应增长。对于这一收入集团而言，除了推迟其支出以外，没有其他的选择。通货膨胀虽然能使他们把这笔钱花出去，但通货膨胀又掠夺了这笔花销所能获得的果实。不过，在此所提出的计划可以保障他们，最终能够完全享受到自己的劳动果实。

在延期支付收入的基本管理原则确定以后，另外可能还有一些好机会来应用这类设计。特别对现役军人来说，在这一制度下，他们的经济地位与在民用部门就业的那些人相比可能更为平等一些，他们可以把与他们的服役年限成比例的适当部分的收入作为被限制使用的存款储蓄起来。通过对财产征收资本税来支付“退伍军人津贴”是一项尤为合适的义务。

这种制度对于超额利润问题的处理也是十分有用的，一项理想化的建议往往要求在战争期间不允许有任何超额利润的存在。毫无疑问，这并不是一项明智可取的建议，因为它将严重打击企业家们从事经济活动的积极性。上次战争的经验告诉我们，这种做法很容易造成资源浪费。财政部的利益在于尽可能地扩大税前超额利润的总额，而如果企业家们完全没有了从事经济活动的兴趣，那么要获得尽可能大的税基只能是竹篮打水一场空。当前的超额利润税税率是60%，包括所得税在内就增加到75%，而对附加税缴纳者来说这一比例就更高。如果这种计算的依据是公正的，那么法定的超额利润也就是实事求是的，这也就为某种适度的增长留下了余地。不过，如果这项计划能够使超额利润在扣除了超额利润税和所得税后的余额，以限制使用的存款形式储蓄起来，就再好不过了。

八、定量配给、价格管理和工资控制

工资水平盲目地随着生活费用的上涨而提高，两者通过这种方式达到平衡的机制将在下章进行说明。不过，无论从哪方面来看这都是一种最糟糕的解决办法。

有这样一种观点，即认为通过税收或延期支付方式从市场上收回足够多的购买力，以消除推动价格上涨的这种不可阻挡的力量，是避免陷入恶性循环的唯一办法。然而，还有不少人认为还存在着另外一种可供选择的办法，即通过定量配给和固定价格双管齐下的措施来控制生活费用，如果这种措施能取得成功，那么对工资的控制也将是顺理成章的。

有些人认为仅凭这些措施就足以实现均衡，我认为这是一种危险的臆想。不过，定量配给和价格管理应该构成综合性计划的一个组成部分，而且或许可以成为主体方案的一个有价值的补充。所以，在此讨论这个问题是适宜的。

存在这样两个主要的反对理由，认为实行定量配给和价格管理这种措施并不会同时促使购买力的收回。第一个反对理由来自这样一个事实，即个人之间的消费是天差地别的。如果我们的需求和偏好是千篇一律的，则取消消费者的选择自由也不会造成任何真正的损失。实际上，把完全相同的配给品分配给我们每一个人，会造成资源和效用的极大浪费。对于某些消费品——例如，面包、糖、盐，还有熏肉——这种配给制并没有什么不好的地方，尽管在这里事实上也还存在着个人消费习惯的广泛差异。但是，一旦涉及这样一些消费品——牛奶、咖啡、啤酒、烈酒、鲜肉、服装、鞋类、书籍、衣着用品、家具——需求和偏好的多样性在此就居于显著的地位。强制要求每个人以完全相同的方式在他的不同支出项目之间做出这样的划分是十分荒唐的。而且，要求对所有需要的物品都进行配给也是根本无法办到的。如果有某些商品不受控制，那么购买的压力就会促使生产朝这些方向转移，尽管这些商品是人们也许不需要并且其本身也是不值得追求的。如果有奇迹出现，这一措施取得巨大的成功，消费得到了彻底的控制，那么将有很大一部分收入留在消费者手中，不能够再花出去。若一开始实施延期支付也可以产生同样的结果，那么上述措施不过是一种精心设计、转弯抹角而又费时耗力的方法。

如果我们的目标是防止一定比例的收入被消费掉，那么唯一明智的做法应该是从目标本身开始，即通过延期支出或税收方式来扣留一部分收入，并且允许消费者对于其可支配的收入可以自由地在不同的消费项目间选择如何进行分配。

▲1921年，约瑟夫·莱特夫人在华盛顿特区经营一家规模不大的服装店，但她不得不与越来越多的百货公司和量产服装品牌展开竞争

这样就可以避免很大的麻烦和巨大的浪费，并且使消费者更为满足。最近，戴维·罗的一幅画中把约翰·西蒙爵士描绘成手拿一条皮带冥思苦想、犹豫不决，不知是该勒紧“他的肠胃还是他的口袋”，这幅漫画形象地表达出了对于这件事的深刻评论。一个自由社会更应该选择勒紧口袋。在现实中，个人之间有很大的区别，而赞同实行全面的定量配给、取消选择的自由，就是对这种差异进行粗暴践踏的典型事物，有时这被称作布尔什维主义。

一项精心设计的定量配给政策，其目的与此截然不同。这项政策的目的不是要控制消费总量，而是试图尽可能公正地把消费从某些由于特殊原因而不得不对其供应加以控制的物品上转移到其他方向去。例如，由于中断了与丹麦及波罗的海[1]国家的贸易，有必要把熏肉的供应控制在正常水平以下，唯一可能的替代办法是从美国进货，但这又会造成与其他更加重要的项目争夺我们有限的美元储备，或许不可能配给足够的船舶吨数来运输能够满足当前需要的食用糖。因此有必要让人们减少对熏肉和食用糖的消费，转而购买其他东西——与减少人们的支出量相比，这是个差异很大的问题。如果这些我们希望限制消费的商品不是日常的必需品或一般消费品，那么可以通过提高价格很容易地实现这一目的。然而如果是必需品，则对它的特别提价将是不受欢迎的，此时只能放弃这种限制消费的办法，而定量配给则有了用武之地。

实行固定价格，对价格提高进行立法限制，同时又不对购买力进行任何控制，这样的做法很容易招来非议。因为这一政策的确能够增加消费压力，促进货币收入的使用和宝贵资源的消耗。如果政府准备用于民用消费的资源数量受到严格限制，那么实行固定价格就可能会以出现商店供应紧缺和排队抢购而收场。

不过，固定价格的实施和反对价格提高的宣扬无疑要比过时的通货膨胀更加符合当今的潮流。这一政策在政治上的好处很明显。对这一政策的批评，与旧式的通货膨胀一样，它在实现平衡的问题方面用处不大。然而事实却与此迥然不同。我相信，如果在今后6个月不采取适当的措施来缩减消费者的购买力，那么我们最后有可能看到的将是供应的短缺，而不是物价的疯狂上涨。不论是公众还是厂家、零售商，都对提高物价抱有一种强烈的抵触情绪。这种心理过去常常导致迅速地通货膨胀，而今天却渐渐被一种不同的观念所代替，不管这种观念是出自私念还是公心。因此，我认为目前一场典型的通货膨胀与我们相距甚远。我对这种新态度表示赞同，因为这意味着在造成不可挽回的损失之前，我们能有更多的时间来实施一种可以真正实现平衡的政策。不过，这也并不是万全之策。供应短缺和排队抢购将引起严重的分配不公和巨大的浪费，并且会加重公众的紧张情绪。长期以来，俄国和德国都对这种方式情有独钟，而我已经说过，这种选择是

1　波罗的海国家指环波罗的海区域的国家，包括丹麦、爱沙尼亚、芬兰、德国、拉脱维亚、立陶宛、波兰、瑞典和俄罗斯。——译者注

合乎潮流的。不过，我们要寻找第三种可能的选择，这是一个真正的解决办法，它能够在增加普遍利益的同时维持消费者个人的选择自由。

我并不打算直接处理工资问题，我觉得明智的选择是对其进行间接处理。假如不能把消费者购买力的必要部分从市场上收回，那么即使不出现奔腾式的通货膨胀，物价的大幅上涨也将无法避免。政府试图控制一部分需要给予大量补贴的消费品，这肯定会进一步加剧财政预算的不平衡（财政大臣最近宣称，在这方面的临时性举措每周要消耗国库100万英镑）。而且，生活费用的大幅上升必然会引发提高工资的要求，这种要求多少可以如愿以偿。

另一方面，假如通过收回购买力可以间接地解决这一问题，那么提高工资的做法就没有必要了，因为工资的提高往往会带动价格的上涨，进而引起恶性循环。劳工阶层对于改善待遇方面已经提出了一些特殊要求，但当进口商品的价格提高而导致物价上涨时，对他们也应当给予某种补贴，或者稍加提高工资以补偿他们的部分损失。不过，这可以消除使尖锐的工资问题更加激化的主要因素，并且我们就可以放心地把在战争期间产生的经济后果怎样才能更为合理这一问题，交给工会主义者，让他们依靠自己的常识做出判断。

不过，假如延期支付计划得到了采纳，那么就可以采取进一步的措施来缓解工资问题。因为如果能够收回足够的购买力，那么实施一项审慎的政策来对有限的几种必需品的价格进行管制，其风险和所要付出的代价就不会因为太高而令人望而却步了。因此，我建议（以采纳延期支付计划为先决条件）应该合理制定基本必需品的有限范围，这个范围要比劳工部生活费用指数所涉及的消费品范围窄得多，并且政府（无须做出任何特别的保证）应当尽量防止以这些必需品为基础的生活费用指数出现任何上涨。而且工会方面（也无须做出任何特别的保证）也应该同意，除非政府不能成功地抑制生活费用指数上涨，否则他们将不会以此为理由来要求工资的任何提高。这一建议并不是我们主要计划的核心部分，而是这些计划的深入发展。

九、自愿储蓄与通货膨胀机制

对于我们前面几章所提出的计划，还存在着另一些替代方案。这些方案的激烈程度并不比前者低，如果它们能被付诸实施，所产生效果也不亚于前者。例如，征收50%的零售税或20%的工资税；或者提高所得税，使之取得与延期支付完全相同的效果。在这些力度和效果相同的备选方案中做出的选择，必须基于对公众心理、社会公平以及管理便利等诸多方面的考虑而定。

然而，那些反对延期支付计划的人，一般来说，并不是因为他们更偏爱上述某一种替代方案，而是他们认为能够通过"常规的"途径来达到我们的目的。也就是说，按照现行的方式实行严格的税收制度，并且通过积极的宣传来促进自愿储蓄。

目前的这种政策意味着有两种可能。首先这可能意味着我们是在重复上次战争中的政策（尽管在细节上做了必要的修正），即通过一定的通货膨胀把税收和自愿储蓄提高到所需的水平之上。这一过程的机制就是本章的主题。其次，这一政策还可能意味着——这也正是其鼓吹者所宣称的——某种比它自身要更胜一筹的东西，即不通过通货膨胀而实现供求平衡。

很明显，要实现如此美好的结果，其可行性只是程度上的问题。例如，如果与1938—1939年财政年度相比，增加的财政支出不超过10亿英镑，或许也可能是12.5亿英镑，那么我们当然可以认为仅凭借"常规的"方式就足以达到目的（当然是以可获得的资金为补充）。另外，如果增加的支出在17.5亿英镑或更多（依照战前价格计算），回想一下我们在第三、四章所给出的统计背景，实际上可以肯定的是此时仅仅依靠常规方式是远远不够的。正是因为对常规方式作用限度的不同估计而引发了意见上的分歧。而我更倾向于把以常规方式能够可靠地应付的最高支出额定在12.5亿英镑左右，并且我完全相信这种方式对于15亿英镑的新增支出来说是力不能及的。

接下来我们必须对一种重要万分但又经常被忽视的考虑加以强调。设想一下，在缺乏激烈方式的情形下，我们可以指望的自愿储蓄（例如）有5亿英镑，然而却需要7.5亿英镑来平衡战争预算。所以，我们被迫借助于眼前这些激烈方式中的一种来筹集资金，以填补2.5亿英镑的缺口。这正是现在我们必须面对却又容易忽视的基本问题。只要我们限于“常规”方式的范围内，就总可以指望能够获得这一数量的自愿储蓄，而一旦我们采取激烈的方式，就无法再得到等量的自愿储蓄了。因为在我们所获取的资金中，有一部分必然是以牺牲以前所获得的自愿储蓄为代价的。举个简单的例子，自愿储蓄的数额与所得税的水平是紧密相关的。假如提高所得税，那么这项税收总收入的增加并不意味来自税收和自愿储蓄的总收入增加，因为更高的税收不可能全部靠凭借少消费来缴付，而是至少有一部分要靠减少储蓄来满足。

所以，只要支出增加的速度超出了常规方式所能容纳的最大限度，那么激烈的方式就必须足以提供高于这一超支额的收入，我们就再也无法指望有以往那样多的自愿储蓄来源。因此，有别于公共机构的储蓄和契约性储蓄，我对私人自愿储蓄不抱丝毫希望，尽管我希望这一论调能被证实是过度悲观了。

顺便说一下，很明显，从统计意义上说，战时储蓄运动所获得的非凡业绩并不能对于储蓄这一方式的前景给出任何有用的提示。与邮政储蓄银行和股份银行的储蓄率相比，战时储蓄提供了更为优越的条件，自然能够吸引以往其他地方的原有储蓄。而且雇主为了取得营业执照而预付的支出也往往有利于储蓄集团的形成，这些支出是通过将来从收入中扣除而逐步偿还的。所以，公开发表的这种储蓄总额的数字中包含着过去和未来的储蓄，目前人们已经提前认同了这一名义上的总额。因此，如果当前储蓄的含义是当前收入超过当前支出的余额，那么在这一点上，很难区分上述总额中的哪一部分是当前储蓄。

依我来看，这个一般理由充分证明了，类似凭借现行政策下的税收并以自愿储蓄为补充的常规方式就能实现最大限度的战争努力诸如此类的观点，是不成立的。如果我们不采取任何激烈的方式而仅仅依赖自愿储蓄，就存在无形中陷入以通货膨胀来刺激自愿储蓄的泥潭中去的危险。这样就引出了本章的主题。

用自愿储蓄来筹集战争经费并不存在什么困难——前提是不考虑其后果。然而这正是危险所在之处。一个控制了银行业和货币发行体系的政府总是能够筹集到足够的资金来购买国内产品。再加上把用税收和外汇储备来清偿的进出口贸易的逆差，政府支出的余额必然会以自愿储蓄的方式存留在公众手中。从计算上来看是正确无疑的，因为政府已经购买了大量商品，公众收入的一部分正是从其中赚取的，而这部分收入却无处可消费。这笔额外的进账增加了人们的收入，如果出现物价上涨，那么存留下来的收入将正好与以往一样多。这是一个尤为重要的观点，但又只有很少人能理解，因而值得我们花一些时间做一番仔细探究。

让我们设想，依照战前价格计算，国家的产值是55亿英镑，个人收入（包括转移支付）大约60亿英镑，税收收入是14亿英镑，用来支付进出口逆差的外汇储备或国外借款是3.5亿英镑，而政府支出是27.5亿英镑，即不包括转移支付是22.5亿英镑。在除去用来支付税收的14亿英镑后，剩下的个人可支配收入是46亿英镑。然而，既然政府已经购买了22.5亿英镑的商品，那么就只剩32.5亿英镑（55亿英镑-22.5亿英镑）的商品（依照战前价格计算）留给公众去购买。现在，假如公众自愿地储蓄了13.5亿英镑，换句话说，依照战前价格计算，在他们的46亿英镑收入和32.5亿英镑可购商品价值之间的差额共计有13.5亿英镑，很明显，问题就这样得以解决了，无须对价格做出提高，商品的供应与需求就恰好能相平衡。

然而，假如在这些条件下，公众不愿储蓄13.5亿英镑这么多的数额，那么以自愿储蓄的方式来筹集战争经费的制度会不会因此失效了呢？当然不会这样。因为我们在上次战争中这种制度的运用就很成功。不过，由于价格上涨的速度快于工资提高的速度，这样公众进行储蓄的意愿就不再符合上述条件。那么问题到底在哪里？又该如何解释这个悖论？

首先，我们可以假设，公众的自愿储蓄不再是13.5亿英镑，而只有7亿英镑，而且他们打算用余下的39亿英镑来购买依照战前价格算价值只有32.5亿英镑的商品。显而易见，只有把价格提高20%才能使供求达到平衡，因为这样一来这些商品将值39亿英镑（32.5亿英镑+6.5亿英镑），恰好与人们的预算支出持平。而且，那些出售39亿英镑商品的人事实上只消耗了32.5亿英镑，所以他们将得到6.5亿英镑的差额作为待用的额外收入，这刚好是政府所需资金的数目。

不过，我们很快会发现这种方法只可以解决暂时的问题，因为我们没有理由指望这6.5亿英镑待用的额外收入可以全部转化为永久性储蓄。这笔资金落入有权支配它的人手中尚需一些时日。不过，比如说，在这盘棋的下一个回合中，这笔资金将纳入潜在的可支配收入总额当中，如此我们将有52.5亿英镑收入（46亿英镑+6.5亿英镑），再把20%的价格上涨考虑其中，待购商品的价值也只有39亿英镑。而且，如果公开市场上的价格已经涨了有20%，则政府也难以在政府采购时控制住价格。所以，我们不久便会发现自己又返回原位，在公众准备支出的货币数量和可供其购买的商品的价值（依据新的物价水平估算，较之前提高20%）之间又出现了巨大的差额，因而不得不要求暂时防止价格进一步提高。就是这样的情况。

还好上面只是大略地描述了这个故事的第二章。如果情况真如上述一样，那么我们将不得不面临通货膨胀失控的局面。不过在上次战争中上述情况并没有出现，而这一次我们实施同样的自愿储蓄政策，这种通货膨胀也依旧不可能发生。

那么，这件事的实际情况如何呢？最初的价格上涨会涉及那些以较低的战前价格生产出来的商品，而就像我们已然所见的那样，其最终利润将为这些商品的所有者所有。也就是说，总收入将实际增加6.5亿英镑（撇开政府所购买的商品价格上涨而产生的影响），然而，并非每个人的收入增加比例都相同，最初增加的收入主要属于个人、商业和制造公司等少数阶层，可以简称他们为“暴发户”（这并非出于恶意，因为这不是他们的责任，他们也并不是有意为之）。现在这些暴发户应缴纳的税赋是相当高的，一方面是因为要缴纳超额利润税，另一方面是因为他们的收入已经达到了必须缴纳高额所得税和超额所得附加税的水平。因此，这些暴发户好比成了财政部的税务员。在新增的6.5亿英镑中，超过一半

（某些时候，超过3/4）[1]的收入将以税款的形式上缴国库。而且，可能有很大一部分余额将被自愿地储蓄起来。因为相对地富裕起来了，这部分人就会更加愿意进行储蓄，然而这些利润大多是属于公司的，由于各种原因，公司不愿意以更高的股息把大部分利润分配给股东，宁可在这种情势下代表股东把它们储蓄起来，所以并不是全部的6.5亿英镑都会成为个人的自愿储蓄。所以，事实上在6.5亿英镑当中（如果政府以高价进行其采购时，这一数字将会更大）只有一小部分资金会在第二回合中被投放到消费市场。如此，要维持供求平衡就无须将物价再提高20%，而只需提高2%或3%就足矣。在这种情况下，只要适当增加一般大众应缴纳的税赋就完全可以抵消暴发户们新增的消费，并避免必需品（若不是因为下文即将提到的原因）在最初提价20%以后，出现任何进一步的价格上涨。

很不幸的是，这个故事还并没有结束，因为我们现在已然走向另一个极端，陷入了一个远比实际情况简单顺当得多的假设之中。我们一直假设，尽管物价上涨了20%，但工人照样会满足于同以前一样多的货币工资。如此一来，暴发户们在第二回合就可以继续赚得6.5亿英镑的利润，并继续充当财政部的税务员，无须借助任何的价格上涨而缴纳与之前同样多的税额。然而，实际上工人将会强烈要求提高工资待遇——在某种程度上能如愿以偿。在这种情况下，较之平时，雇主将更容易接受提高工资的要求。在劳动力短缺的形势下，如若他想要留住他的雇员，那么就只好被迫做出让步，并同意调整工资。既然政府要以税收形式征取他们70%的超额利润，那么将他牟取的暴利分享给他的雇工和职员也不会让他破费太多。实际上，假如工资和其他货币费用的提高与生活费用的增长完全成比例，我们同过去一样面临势如脱缰的通货膨胀，这种通货膨胀以每一级20%的速度节节攀升——这一过程即为众所周知的恶性循环。

不过，我们手中还有一张牌。某些费用是经法律和契约固定下来的，如此，那些依靠地租、利息以及养老金等固定货币收入的阶层必然会遭受损失。工资的

1　超额利润+所得税，即新增收入的75%，而超额利润+所得税+附加税（超额所得为5000英镑），其结果等于新增收入的83.5%。

调整等需要时间，甚至于即便工人的压力强大到足以使这种调整迟早无法避免，要将其付诸实施也得需要时间，有时甚至是很长一段时间。正是这种时滞以及其他阻碍因素使得上述政策绝处逢生。战争不会无止境地进行。工资和其他费用会随着价格的上涨节节攀升，而物价水平依旧会一直（依据前面的假设条件）保持超出它们20%的速度上涨着。无论工资增长多少，对这些收入的花销都将再次推动价格的相应上涨。如若6个月后工资及其他费用平均提高了10%，那么物价就会上涨32%（110%×120%－1）。如若两年后成本增加了40%，这样价格将上涨68%（140%×120%－1）。因此，自愿储蓄制度最终将会产生效果。换言之，这笔资金能够“自愿地”筹集起来而不会引发大幅度的物价上涨。应该使价格相对于工资上涨到一个必需的水平以使工人阶级的工资和其他收入在适当程度上转移到暴发户们手中，从而再大部分以税收形式、少部分以额外的自愿储蓄的形式转入国库，这是此方案获得成功的仅有条件。

每个阶段的自愿储蓄量越大，对每个人来说自然就越有益。如果全民储蓄运动能够顺利地扩大自愿储蓄额，那么价格较之于工资的必要提高幅度就可以相应小一些。我们再用数字来加以说明。假设（依照战前价格计算）相对于可获得的消费品供给的价值，可支配的收入多出了13.5亿英镑，而当中的7亿英镑被自愿地储蓄起来。这样还余下6.5亿英镑，也就是比超过可获得的商品供给（依照战前价格计算）多了20%。然而，如果全民储蓄运动又多增加了（假设说）1亿英镑的自愿储蓄，这样自愿储蓄的总额就将是8亿英镑而非7亿英镑，那么可支配的收入的超出额就减少到了5.5亿英镑，也就比可获得的商品供给（依照战前价格估算）多出17%。这时，价格的上涨只需高出工资和其他费用增长水平的17%（而不是20%）就可以使供求达到平衡。

所以，自愿储蓄的增长百益而无一害。除了犹恐不够以外，对于此政策的推行人们没有任何异议。对个人而言有两种选择，一种是延期支付收入方案，由此他可以增加2英镑的收入，而且完全不受任何物价高涨的威胁；另一种是自愿储蓄方案，这样他可以增添1英镑收入，但却必须承受通货膨胀的恶劣社会后果。

▲由通用汽车公司和重建金融公司认购的资本，在底特律新成立的国家银行大厅挤满了人，人们等待着把自己手里钱存入银行

就个人来说（除非他属于赚取利润的阶级）答案是显而易见的，如若选择前者他必定会受益良多。这就好比有两种交通规则，一种是强制遵守的规则，另一种是自愿遵守的规则，当人们选择前者时，就可以免受交通事故和道路拥挤之苦；而选择后者时，就会陷入事故频发的尴尬局面。但是对财政部和将来的纳税人来说答案就不这么明显了。

按真实价格计算，与不完全成功、补充以通货膨胀的自愿储蓄相比，延期支付收入制度——非常成功的自愿储蓄制度也同样——将会给我们留下更多的国债，因为通货膨胀是一位威力超群的收税官。然而，财政部和将来的纳税人依旧犹豫不决，不清楚是否应当把通货膨胀所达到的物价水平永久地保持下去。以货币计算，通货膨胀制度下的国债可能要比强迫储蓄制度下的国债规模更加庞大；这样，假如物价随后回落，则通货膨胀的好处对财政部来说甚至也成了水中捞月。

千真万确的是，当把税收收入计算进去以后，总是能够通过“自愿的”储蓄来筹得平衡政府支出所需的储蓄数量。至于这个名称是否恰当，只不过是个人喜好而已。此种方法是将工人手中其不愿储蓄起来的收入中的适当部分“强行地”转化为企业家的自愿储蓄（以及税收）。“我们将借助于自愿储蓄制度”不过是“我们将借助于必要程度的通货膨胀”的另外一种说法而已。罗伯特·金德斯利爵士在他的储蓄运动中完全可以用下列说法为其辩释：

“政府需要资金。可这是一个自由国家，某些人应该自愿地进行储蓄。假如你（和你的朋友）不如此行事，那就只能通过提高物价来强行从你的真实收入中拿走一部分并转交给暴发户。如果他不需缴纳强制性的税赋，这笔数目的收入就会完全变成他的自愿储蓄。依靠这种方法，我们便可以避免背离自愿制度，这种背离对国家来说是不祥之征。”

作为对自由原则的辩护，上述所言尽管可能有些不太明确，对于那些支持增加储蓄的工人来说，若不是因为存在一个致命的缺陷，这不失为一种合乎常理、令人信服的说法。对于进行自愿储蓄的个人来说，如果别人不效仿他的做法，他就无法通过进行更多的储蓄来保护自己免受通货膨胀的影响，就如同如果别人对交通规则置之不理，那他也就无法通过遵循交规以确保其人身安全一样。

上述是对通货膨胀运行机制的基本分析。这种分析是十分简明的。然而，它还是未能被每个人都理解——因为这一缘故，通货膨胀机制对很多人来说是十分新奇的，这可能多少有点让人感到惊讶。经济学家们只是在最近几十年才把它弄清楚（尽管这要比发生在和平时期的情形简单得多，在和平时期，我们需要着重考虑的是就业波动对产业的影响，而不是对固定的最大产出的影响），因此，也就是说那些现在成为权威人士的人由此树立了他们自己的教条。上次战争期间，我就职于财政部，但在那时我从没听说过我们的财政问题是以这些方法来商讨的。

依照上面的分析，回头再来想一想那时到底是怎么一回事，将会非常有意思。

年份	货币工资率：这是以下所指出的工人的大致指数[1]	生活费用		真实工资率	
		劳工部公布的指数	修正后的指数[2]	劳工部公布的指数	修正后的指数
（7月）					
1914	100	100	100	100	100
1915	105 ~ 110	125	（120）	84 ~ 88	87 ~ 92
1916	115 ~ 120	145	（135）	79 ~ 83	85 ~ 89
1917	135 ~ 140	180	（160）	75 ~ 88	84 ~ 88
1918	175 ~ 180	205	180	85 ~ 88	79 ~ 100

这样，劳工部公布的生活费用指数每年上升大约25%，而1918年编制的经过修正的指数每年上升大约20%，真实情况可能是两者的折中。到战争结束前，货币已贬值了将近一半。相反，货币工资率在战争的前半期平均每年提高了大约10%，而在后半期大约每年提高了30%。在截至1917年7月战争的头三年期间，工资率的购买力比战前净下降约15%。在战争的后半期以及最后一年，形势大有好转，主要是因为美国的参战减轻了财政压力，但其影响程度无法准确地估算出来。在引入严格的定量配给和固定价格以后，因为制度发生了改变，消费方向也出现了转化，进而致使统计上存在失真。

1　瓦工、瓦工助手、排字工人、铁路工人、码头工人、棉纺工人、毛纺和精纺工人、工程匠人、工程雇工、造船工人的计时工资率，英格兰和威尔士的采煤业和农业。

2　经过修正的指数是根据萨姆纳委员会在1918年的调查结果得出的。它与官方指数的主要区别在于对服装、食糖、黄油、人造黄油等商品的处理上。当难以在市场上获得战前的品种时，萨姆纳指数就把其相应的替代品纳入进来，而官方指数则没有这样处理。

上述的分析告诉我们该怎样解释这些结果。可支配的收入量（因为就业情势的改善和加班工作等，这一数量要比工资率增长得更快）相对于消费品的供应量增长了15%（战争初期比这更少，而在末期则比这更多），这一点可以从物价相对于工资上涨了15%的情况看出来。生活费用的上涨会引起工资率的相应提高，但是工资率的提高刚好存在一年的时滞，因而与同等程度的物价的进一步上涨相抵消。工资率在每年刚好上涨到上一年度的物价水平上，所以这一跨度的时滞足以防止灾难的发生。如果物价可以一直保持在高出工资15%的水平上，并且第一年工资只涨到这一数字的一半，接着以一年的时滞随物价的上涨而作相应的增长，这样我们就可以平安度过这四年的战争，而物价大约只增长了一倍。下表显示了这一大致估计与实际情况的近似程度：

	理论指数		实际指数[1]	
年份	物价	工资率	物价	工资率
1914	100	100	100	100
1915	122.5	107.5	122.5	107.5
1916	141	122.5	140	117.5
1917	161	141	170	137.5
1918	185.5	161	192.5	177.5

然而，这种工资和物价轮番追赶、攀升的机制是何等的荒诞不经！除了暴发户以外，没有人可以从中获利。这一过程为随之而来的诸多麻烦埋下了火种。若最后按货币计算，我们将背上无比沉重的国债负担，这些国债已经远远超出了必要的限度，并且在整个社会中的分配也非常不合理。我们可以将这种制度与延期支付制度相对比——平均征收15%的延期支付收入就能够使货币工资率和生活费用同以往那样建立对等的关系；如此一来，前者追赶后者上涨的压力便可消除。总体上，工人阶级的真实消费水平与通货膨胀制度下的消费状况持平。如果依照

1　指两种估计的平均数。

原来的工资率，平均收入由于充分就业和加班工作（真实情况大致如此）而比过去增加了15%，这样工人阶级的消费水平就会维持在战前的水平上，而且除了要完成更辛苦的工作以外，并不需要做出任何其他牺牲。这种辛苦的工作也会有所回报，工人将成为很大一部分国债的债权人。因为到战争结束的时候（此处所给的数字是相当保守的），国债总量将减少20亿英镑，甚至比这还多，而在剩下的国债总量中，将最少有5亿英镑属于工薪阶层，不属于暴发户。这也就是说，在上次战争中，通过“自愿”储蓄这一方式，大约有25亿英镑落到了企业家的手中。

在上次战争中我们完成了这一壮举，即把工人阶级的总消费量维持在（近似于）战前水平——真实工资率的下降被就业的增加和加班工作所抵消。我尚无法断定，这一次是否可以实现同样的结果。唯有彻底弄清楚战争在经济上的需要才可以得到答案。但是，如果按照目前的工资率，总收入因为充分就业和加班工作而增加了，则基本工资率的提高将完全可以抵消价格的上涨，进而会给我们的国民经济提出一项力不能及的任务，即把消费水平提升至战前水平之上。我们不可以用这种方法来回报工人，任何试图勉强行之的尝试都只会引发通货膨胀。但是，我们可以通过把原来可能归属于企业家的国债所有权分配给工人来回报他们。

十、法国所采用的制度

值得一提的是，这本小册子中的建议——与另外两个参战国（一个是敌对国，一个是同盟国）所采用的措施相对比——是特别温和的（而且事实也许能够证明，该建议比我们需要做的还要温和很多）。

据说，德国采用了一种与上述所讲的延期支付在表面上类似的制度。但是，如果这种传言属实，那么这种举措就会比现在已经付诸实施的其他措施都好，而这些措施又要比在此所提议的一切方案都要激烈得多，例如把工资、工时和物价完全固定住，全面实施定量配给制度，并辅之以限制商店的供应和广泛的禁令，以及对工资的一系列扣减等；这些措施与任何延期支付制度都相差甚远，如果把它们结合起来，那么将会给低收入集团压上可怕的重负，其总额要比延期支付所要求的规模高出数倍。我希望能够给出更确切的具体数字。德国在对一般消费品的控制上已经取得成效。但是，如果在我们这个国家以相同的激烈程度来践行这种政策，我猜测完全可以使我们为战争所尽的努力提高50%，可能还会更高。所以，我们应该至少在此处所建议的规模上避免承受我们最初的那些举措或其他类似政策所可能带来的风险。

整体来看，即使将德国所采用的制度作为一种权宜之计，也正是我们所必须避免的，只要这样做不妨碍我们获得最终的胜利。既然这样，引用法国所采用的制度可能要更加合适。但法国所发生的一切对我们来说总好像是雾里看花，而且比笼罩在德国上方的雾还要浓密。这是由于诸多原因所导致的，并不完全是检查制度的缘故。我觉得，英国的舆论几乎完全没有意识到法国对工资和劳动条件的控制程度是何等之高。

法国政府颁布了一系列的条规法令，并在1939年11月16日到达了高潮，完全确立起了对工资和劳动条件的官方控制。相比于其他行业，这种控制在军工行业中更为集中。在非军工行业中，工资不允许通过集体协议或者经劳工部批准的个人协议来进行调整，而必须保持战前的水平。在军工行业中，工资则由劳工部和军工部（或其他公务部门）来制定；不允许雇主支付超过最高限定额度的工资（与战前工资水平大致相当）；未经允许雇员不可擅自离岗，而且应服从当局的任意派遣。因此，从一开始起，任何提高工资水平的意图都被明文禁止。

此外，法国还建立起了所谓的“国民团结基金”，用来在民用范围内偿付由于战争引发的所有特殊支出，我认为，这包括由于官方控制生活费用的举措所引发的所有损失。通常用超额利润税和一般工资税来充实这项基金。对工资税的征收包括以下两个部分：

（1）对于那些本应服兵役，但由于他们从事某种特殊的职业而被豁免的工人，征收其工资的15%。对于这一政策，我们应加以借鉴以从中获益。

（2）所有每周工作40小时到45小时的工人，他们在这5小时内获得的收入全部上交，至于每周工作时间在45小时以上所获得的那部分收入，征收1/3（因为当前在很多情况下工作时间是每周50小时或更长，这就相当于再征收15%的工资）。

在此基础上，法国政府为了将生活费用维持在战前水平上，采取了一系列严格的措施，但到目前为止他们仍然避免使用定量配给制度。我不知道法国采用的这种制度在实际运作中的具体状况会如何，也不知道它是否使法国财政部在对进口商品和农产品的补贴上耗费颇多。

由于目前我无法获得足够的资料，因此，在对最新情况的披露方面，此处的描述或许是不完备、不准确的。我希望本文的发表可以促使某位法国人站出来对法国后方战线的情况给予更全面的说明。

1940年1月，M.达勒迪尔在对法国的一次广播讲话中，说了如下这样一段话，对这些严厉的措施予以了赞扬，并呼吁法国民众心悦诚服地去加以接受：

“当我们的孩子们出走边疆之时，他们的生活就此发生了巨大的转变。那些留守后方的人们，不需要去犯难涉险，也无须忍受同样的艰苦磨难，但他们也必须改变自己的生活。他们必须牺牲个人利益，放弃对某些商品的消费；必须把所有的力量和动力集中到法国军队中去，这是当务之急，没有军队他们将一无所有。德国拥有世界上最强大、最令人畏惧的物质力量，企图隐瞒这一点是毫无裨益的，甚至是一种犯罪。这个问题不仅关系到国家的生死存亡，还关系到我们整个的生活面貌……今天我所讲的话是给那些留守后方的法国人听的。我希望能够直言不讳，哪怕是有些冷酷无情……一句话，那些留守后方的人们，只有通过勤俭节约和严于律己才能赢得前方将士们对他们的尊敬。”

在讲话即将结束的时候，他把德国人如山坦之流所做的宣传概括如下：

“他对富人说，‘你将要失去财富’。他对工人说，‘这是一场富人的战争’。他对知识分子和艺术家说，‘你所热爱的一切将遭到灭顶之灾’。他对宗教信徒说，‘你的信仰如何能接受这样的大屠杀？’他对投机分子说，‘像你这样的人完全可以从你的国家的祸乱中大捞一把。’”

以这样一位领袖——他的国家也正陷于战争的火海中——的雄辩之辞来结束这本小册子是恰到好处的，即使这会使本书中谨言慎行的人道主义观点和辩护性的温和建议相形失色，显得可怜兮兮、柔弱无力。

附录

一、国民收入

目前在对国民收入所做的各种估计之间存在分歧，主要是因为人们对这一概念的含义有着不同的看法。下面的注释使用了科林·克拉克先生的统计数据，但并没有接受他的国民总收入概念，在此我也不打算去探究批评这些估计。这里所给出的实际数据是罗思伯斯先生对克拉克先生的估计加以修正后的结果，以根据当年价格反映1938年4月1日—1939年3月31日财政年度的最新情况。

这里有两个适用于一般目的的基本概念。第一个概念是根据货币费用计算的当前总产出，在正文第三章中已经给出其结果，我建议把这一结果称作国民产值，即：

单位：百万英镑

3710	私人消费的当前价值，不含间接税，并剔除了当前货币的真实贬值；
290	在建筑、工厂、运输和存货上的新增净投资的当前费用，即当前资本支出，并剔除了当前资本的真实贬值；
850	政府行动计划的当前费用，不包括对养老金领取者、国债持有者等的转移支付以及已经包含在上面项目中的支出；
4850	以上三项的总和

第二个概念是应征税的那部分收入，即个人收入的总和（包括慈善团体、私人机构和企业）。与国民产值不同，它包括5亿英镑的“转移”收入，但其中没有包含政府从贸易利润中获得的非税收入。这样其总额是53亿英镑（48.5亿英镑+5亿英镑-5000万英镑）。还可以将这一收入拆分为以下几个组成部分：

单位：百万英镑

4380	按市场价格计算的私人消费，包括6.7亿英镑间接税费和剔除当前货币的真实贬值的37.1亿英镑当前消费支出的价值；
370	私人储蓄，包括上面所提到的2.9亿英镑新增投资和借给政府用来偿付其行动计划的费用超过税收和贸易利润收入的8000万英镑差额；
550	直接税；
5300[1]	以上合计

下面补充列出用以构成上述及其他收入概念的最主要要素也许是有用的。

政府的收入和支出（包括中央和地方）

单位：百万英镑

政府收入：		
	直接税	550
	间接税	460
	各种杂费	210
	政府贸易利润	50
	来自民间的净贷款	80
	合计	1350
政府支出：	转移支出	500
	政府服务	850
	合计	1350

1　我在《经济学杂志》上的估计数字是57亿英镑。两者之所以有出入，是由于以下几个原因：在克拉克先生的数字中对3.8亿英镑做了两次扣除（总的当前贬值为4.2亿英镑，减去4000万英镑政府的养路费，即为3.8亿英镑，其中3.8亿英镑在我的估计数字中没有做两次扣除）；政府的5000万英镑贸易利润原先是包含在私人利润项目中的；还有修正估计后3000万英镑的政府赤字。我在1940年3月的《经济学杂志》上（《凯恩斯全集》，第22卷）详细讨论了这些数字背后存在的某些逻辑上的困难。

上表中的政府支出不包括政府在新建住房和道路等项目上的支出（这方面约有5000万英镑到1亿英镑），因为这已经包含在对投资的估计数字中（因为这一数字是根据生产普查而得来的，无论它是来自政府还是私人机构，都必须要把所有的投资包括在内）。为了收支相平衡，对上表中政府从民间筹借的贷款做了扣除，低于政府实际借贷的数量。所以，政府支出这一数字只代表用来偿付当前净赤字的款项，不包含政府的投资支出。

私人收入的支出

单位：百万英镑

私人收入：	
来自当前产出的工资和利润	4800
转移收入	500
合计	5300
私人支出：	
按市场价格计算的消费	4380
储蓄	370
直接税	550
合计	5300

国民产值

单位：百万英镑

扣除真实耗损和货币贬值后的私人和政府消费	4140
真实损耗和货币贬值	420
新增投资	290
合计	4850
来自上述项目的私人工资和利润	4800
政府利润	50
合计	4850

总投资

单位：百万英镑

净增投资	290
真实损耗与货币贬值	420
合计	710

储蓄

单位：百万英镑

新增投资	290
政府赤字	80
合计	370

私人收入的分配

单位：百万英镑

250镑以下的个人年收入总和	2910
250镑以上的个人年收入总和	2340
慈善团体的收入	50
合计	5300

公司的未分配收入在此作为一个组成部分，包含在拥有这笔资金所有权的个人的收入中。

年收入250英镑以下阶层的收入来源

单位：百万英镑

工资和薪金	2390
非工资收入	240
转移收入	280
合计	2910

年收入250英镑以下阶层的支出

单位：百万英镑

消费的价值[1]	2420
税费	390
储蓄	100
合计	2910

1　扩展到私人消费和政府服务时，真实损耗的费用是8.5%。这包含在上面的消费价值中。

年收入250英镑以上阶层的收入来源

单位：百万英镑

薪金和利润	2170
转移收入	220
合计	2390

年收入250英镑以上阶层的支出

单位：百万英镑

消费的价值	1290
税费	830
储蓄	270
合计	2390

以上数据的来源见1939年11月的《经济学杂志》，第638页。

二、对我国国外资产的估值

凭借我们战前以黄金和国外投资形式积累起来的资源为贸易逆差提供财政支持，这种能力是获得军事力量的重要源泉，尤其是与敌国的军力相比较，这一源泉的作用显得尤为重要。

在1939年3月31日，英格兰银行的外汇平衡账户所储备的黄金共计7995万盎司，依照当前黄金价格（每盎司168先令）计算共值6.7158亿英镑。从3月31日到9月1日，为了偿付从伦敦提取的外汇结余，黄金储备大幅减少，但此后的数据尚未公布。不过，美国联邦储备委员会在战争前夕（1939年8月底）发布了各交战国黄金储备的大致数量，此时英国的黄金储备已经降到了5亿英镑左右。截止到8月底，法国的黄金储备为7.5亿英镑，加拿大是5400万英镑。这个数据并没有把各帝国的其他黄金储备和每年各帝国新开采出的黄金算在账上，这两部分估计有1.87亿英镑。

关于英国在同一时期所持有的美元结余，据权威人士估计大概为1.5亿英镑。

法国的美元储备约为8000万英镑，加拿大约为9000万英镑。对于英国的其他外汇结余仍没有可靠的来源。

据罗伯特·金德斯利爵士推测，1938年末英国海外投资的名义资本总额大约为37亿英镑，但是其中只有一部分是易于变现的。在这一总额中约有30亿英镑为英镑贷款和在大不列颠注册的公司的股票，其中的大部分是不易出售变现的。不过这些资产每年都大约有4000万英镑到5000万英镑按常规流程得到偿还。而且在这一总额中，还有一些大额贷款可以安排在当前条件下偿还（一笔大额的加拿大贷款已经采用这种方式处理，这是一个恰当的例子）。也许我们可以用三年的时间变现至少2.5亿英镑。

据罗伯特·金德斯利爵士估计，在国外注册的公司资产将近7亿英镑，这些资产被认为变现要容易得多。据美国联邦储备委员会估计，在战争爆发之际，英国所持有的易于出售的美国证券大约有1.85亿英镑，如果需要还可以再加上2.25亿英镑的其他证券，包括英国在美国直接拥有的财产。有趣的是，据美国方面的报告，以上可出售的证券中大约有10%，即1800万英镑，事实上在战争的头两个月就已变现。

因为在战争初期外国人撤走了他们在英国所拥有的资产，上面的数字随之被抵消了一部分。现存的

▶这是一幅公益海报，内容是光着脚丫的孩子推着装满蔬菜的手推车。因为美国在经济危机后，对民众发放补助，以便他们能够生活下去

兑换限制对英国国民是有效的，但是因为一种奇怪的疏忽（除非这是为了伦敦工商界的利益而做出的一个深思熟虑的决定，以使伦敦在战后可以继续保持国际金融中心的地位），这种限制对外国资产的撤走却束手坐视。对此我并没有太放在心上，部分是因为当前自由兑换的水平（上述交易即是在此基础上进行的）并没有显露出这种撤资所产生的任何严重的压力，而部分则是我们无法想象的，如果这种压力继续发展，人们还会更看重伦敦工商界的战后利益甚于赢得战争这一迫在眉睫的任务。战争爆发之初，外国投资者仍然在伦敦持有的、也许是表面上的外汇结余和其他资产，其中有相当大一部分严格来说并不是闲置的资产，而是以英镑形式来应付可能发生的各种债务和当前的业务所需。

实际上，我们完全没有必要过于顾虑外资撤走的问题，我认为英国的国际收支平衡问题与英帝国或英镑区的国际收支平衡问题是迥然不同的，我们可以有把握地指望英帝国或其他国家存留在伦敦的收支余额每年会有很大的增长。在上次的战争中，甚至是在其间最黑暗的时期，这种增长都起到了很大作用，并且到战争结束之时已经达到了一个巨大的数目。我推测每年至少可以从这一源泉中获得1亿英镑，可能还会比这更多。

为了对能够获得的外汇资源做出一个最终的估计，把上面所有这些可能包含错误的数字加起来，我认为这种做法过于草率。不过，在经过仔细考虑之后，我建议把我们较为容易变现的资产的大概数字估计为至少10亿英镑；并且由于我们的外债在逐渐增加，那么可以得出这样的结论：我们能够为三年以上的收支逆差提供财政支持，其大概数字为每年3.5亿英镑。

与1914年相比我们的黄金与美元资产有了明显增加（参见下表），尽管我们的美元证券已减少了很多，但由于其中的大部分是黄金，因此变现起来更为容易，流动性也大大提高。同时法国的黄金与美元储备也增加了将近两倍，加拿大则增加了10倍之多。把英国、法国和加拿大加在一起，美元与黄金资产也比1914年增加了近两倍。相反，德国的美元与黄金储备在1914年大约是我们的1/2，在今天则不到我们的1/25，并且不到盟国总储备的1/50。而且，上次战争中在美国参战之前债务问题是重中之重的财政任务，但在今天我们对盟国的债务问题相比较之下则是微乎其微的。既然今天所有的金融协议的规模都要比25年前大得多，而无限的忍耐力是始终如一的，那么当前的首要任务应是尽量节约使用外汇储备，以及全力以赴地通过出口增加这种储备。不过，在考虑了各种因素以后，我不认为应以比1914年还差的财政持久力为基础。英镑区和法郎区偿付持续的贸易逆差的能力，在作为一个整体来看时是极为巨大的，而敌国的外汇储备已化为乌有，取而代之的是债务累累。

美国联邦储备委员会估计（1939年8月底）

单位：百万英镑；　汇率：4美元=1英镑

	中央银行黄金储备	美元结余	在美国持有的易于出售的证券	在美国的直接投资和其他投资	每年的黄金产量（1938）
英国	500	149	184	225	–
法国	750	79	46	20	–
加拿大	54	89	125	140	41
其他英联邦国家和法语国家	135	–	–	–	146
总计	1439	317	355	385	187

1　美国，《联邦储备公告》。

2　《经济学统计评论》所给出的估计。G.佩利爵士在1910年为美国国家金融委员会提供了一个高得多的估计。不过上面的数字参考了更新的资料，因而更为可靠。

3　只含黄金。

黄金和美元资产比较（1914年和1939年）

以百万美元为单位的粗略数据[1]

	黄金和美元资产总量		中央银行黄金储备	在中央储备之外用作货币的黄金	美元资产
年份	1939	1914	1914	1914	1914[2]
英国	4230	3365	165	600	2600
法国	3580	2045	680	965	400
加拿大	1630	115[3]	115	—	?
以上合计	9440	5525	960	1565	3000
德国	160	1505	330	475	700

三、家庭津贴的费用

在英国，15岁以下的少年儿童大约有1000万。每个孩子每周有5先令的补贴，每年就有13英镑的补贴，所以这些儿童每年总共需要花费1.3亿英镑。更精确地说是花费1.32亿英镑。然而，以下几点把这一数字抵消了很多：

（1）上述费用中大约有2000万英镑与所得税缴纳者的孩子有关。我们前面一直假定，现存所得税补贴的费用投入与这种将要取代它的新补贴所需要的费用量相同，因此在这一项上无须追加费用。

（2）如果在1937年现存的各种补贴都能够有所节省，那现在可从中筹得如下的资金：

普通退休金	250万英镑
失业救济金	275万英镑
失业援助	850万英镑
合计	1375万英镑

（3）与1937年相比，1940年对失业者的孩子的救助要少一些。另外，用以支付被疏散儿童的补助和分居津贴将形成额外的战时储蓄。

因此，把各种因素考虑进来，最后的费用为1亿英镑，这一数字应该是准确的。

假若只对第二个孩子和随他之后出生的孩子给予补助，那么这笔津贴的费用将减少一半多，估计不会超过5000万英镑；如果给他们的津贴是每周每人3先令，而不是5先令，那么费用将不超过3000万英镑，更准确地说是2700万英镑；如果补助只限于第三个孩子和随他之后出生的孩子，那么费用将再次减少一半多，总计大约为2000万英镑；如果补助只限于第四个孩子和随后出生的孩子，那么费用还会再次减半，大约会下降到900万英镑。

四、计算延期支付和直接税的准则

正文第六章给出的结果是根据下面的计算准则得出的。对于年收入750英镑的人来说，其收入中超过基本收入线（未婚者是每周35先令，已婚者是每周45先令）的部分占35%。当然，这并不是唯一的，就像第六章的表所显示的那样，固定津贴的相应影响在低收入范围内要大得多。而对于高收入阶层，其超过最低基本线的部分占总收入的比例也有了提高，如下表所示：

收入（英镑）	超过基本收入线的百分比（%）
750～2000	40
2001～3000	45
3001～5000	55
5001～10000	65
10001～15000	70
15001～20000	75
20001～50000	80
50000以上	85

以上所尝试建议的这种津贴制度，并不像所得税制度那样经过精心设计，尤其是它没有将挣得的收入和转移的收入加以区分。因此，一部分在所得税方面受到特殊照顾的人，则可能会比那些未享受特殊照顾的人缴纳更多的收入。对于这些特例，在一个足够周详的计划里很容易得到解决，但在此加入试图处理的这些细节问题，只会造成喧宾夺主，无法突出主要问题。也许对已婚者的津贴是不够的，也许应该引入更多的等级来对各种不同情况加以更细致的分类，从而避免突然的跳跃。有一部分人的收入水平与战前相比大幅下降，制定一项与《财政法》中的条例相类似的条款，以减轻他们的负担，毫无疑问，这是值得做的。